Tobias Röhl

Dinge des Wissens

Qualitative Soziologie · Band 16

Herausgegeben von

Jörg R. Bergmann
Stefan Hirschauer
Herbert Kalthoff

Die Reihe „Qualitative Soziologie" präsentiert ausgewählte Beiträge aus der qualitativen Sozialforschung, die methodisch anspruchsvolle Untersuchungen mit einem dezidierten Interesse an der Weiterentwicklung soziologischer Theorie verbinden. Ihr Spektrum umfasst ethnographische Feldstudien wie Analysen mündlicher und schriftlicher Kommunikation, Arbeiten zur historischen Sozialforschung wie zur Visuellen Soziologie. Die Reihe versammelt ohne Beschränkung auf bestimmte Gegenstände originelle Beiträge zur Wissenssoziologie, zur Interaktions- und Organisationsanalyse, zur Sprach- und Kultursoziologie wie zur Methodologie qualitativer Sozialforschung und sie ist offen für Arbeiten aus den angrenzenden Kulturwissenschaften. Sie bietet ein Forum für Publikationen, in denen sich weltoffenes Forschen, methodologisches Reflektieren und analytisches Arbeiten wechselseitig verschränken. Nicht zuletzt soll die Reihe „Qualitative Soziologie" den Sinn dafür schärfen, wie die Soziologie selbst an sozialer Praxis teilhat.

Dinge des Wissens

Schulunterricht als sozio-materielle Praxis

von Tobias Röhl

Lucius & Lucius · Stuttgart

Anschrift des Autors:

Tobias Röhl
Johannes Gutenberg-Universität Mainz
Institut für Soziologie
Jakob-Welder-Weg 12
55128 Mainz

tobias.roehl@uni-mainz.de

Die vorliegende Arbeit wurde vom Fachbereich 02 – Sozialwissenschaften, Medien und Sport – der Johannes Gutenberg-Universität Mainz im Jahr 2012 als Dissertation zur Erlangung des akademischen Grades eines Doktors der Philosophie (Dr. phil.) angenommen.

Veröffentlicht mit Unterstützung der Forschungsförderung der Johannes Gutenberg-Universität Mainz.

Bibliographische Information der Deutschen Nationalbibliothek

Die Deutsche Nationalbibliothek verzeichnet diese Publikation in der Deutschen Nationalbibliographie; detaillierte bibliographische Daten sind im Internet über http://dnb.d-nb.de abrufbar

ISBN 978-3-8282-0594-9
ISSN 1617-0164

© Lucius & Lucius Verlagsgesellschaft mbH · Stuttgart · 2013
Gerokstraße 51 · D-70184 Stuttgart · www.luciusverlag.com

Umschlagentwurf: Isabelle Devaux, Stuttgart
Druck und Einband: Rosch-Buch, Scheßlitz
Printed in Germany

Inhaltsverzeichnis

Danksagungen

Zuallererst möchte ich den Schülern und Lehrern danken, die mir erlaubt haben, an ihrem Unterricht teilzunehmen. Dank ihnen konnte ich einen reichhaltigen Einblick in den schulischen Umgang mit Dingen erhalten.

Herbert Kalthoff hat meine Dissertation in einer Weise betreut, wie man sie jedem Doktoranden nur wünschen kann. Dem Dialog mit ihm und den Teilnehmern des Forschungskolloquiums »Theoretische Empirie« verdankt die Arbeit wichtige Erkenntnisse.

Stefan Hirschauer und Elke Wagner gilt mein Dank dafür, als Gutachter bzw. kritische, aber faire Gesprächspartner im Prüfungskolloquium zur Verfügung gestanden zu haben.

Hans-Georg Soeffner und seine Mitarbeiter haben mich während meiner Konstanzer Zeit das genaue Hinschauen im Umgang mit qualitativen Daten gelehrt. Besonderer Dank gilt hier Dirk Tänzler für seine Unterstützung und Förderung.

Namentlich erwähnen möchte ich zuletzt eine Reihe von Menschen, die auf die ein oder andere Art zum Gelingen der Arbeit beigetragen haben. Für hilfreiche Anregungen danke ich Torsten Cress, Kornelia Engert, Björn Krey, Nils Lindenhayn sowie Antonius Weixler. Gerda Röhl-Maier gilt mein herzlicher Dank für ihr Vertrauen und ihre Unterstützung. Besonderer Dank gebührt schließlich Bettina Grimmer für ihre Geduld und ihre kritischen, aber stets hilfreichen Fragen.

Mainz, im September 2013

1 Für eine sozio-materielle Unterrichtsforschung

Schulunterricht ist auf eine Reihe von Dingen angewiesen, die zu seinem Gelingen beitragen: An Tischen und Stühlen nehmen Schüler Platz, mit Kreide schreiben Lehrer den »Stoff« an die Wandtafel und Schüler übertragen das dort Angeschriebene mit Stiften in ihre Hefte. Im naturwissenschaftlichen Unterricht veranschaulichen experimentelle Arrangements Gesetzmäßigkeiten; in den Fächern Geographie und Geschichte verdeutlichen Landkarten räumliche Bezüge; im Deutschunterricht bringen Bücher den Schülern die Welt der Literatur nahe. Seit einigen Jahren bevölkern auch digitale Medien den Unterricht: Beamer und Computer sowie das interaktive Whiteboard sind angetreten, dem analogen Medium Wandtafel seinen Platz streitig zu machen.

Gängige Bestimmungen des Schulunterrichts blenden diese materielle Dimension der Bildung in der Regel aus. Unterricht – so heißt es – sei die »planmäßige, regelmäßige Unterweisung eines Lernenden durch einen Lehrenden« (Wahrig 1984). Auch in den einschlägigen pädagogischen und erziehungswissenschaftlichen Wörterbüchern, Einführungen und Lexika fristen die Dinge in den Einträgen zum Stichwort »Unterricht« (Helsper/Keuffer 2010; Hericks/Meyer 2006) ein eher stiefmütterliches Dasein. Die Beschäftigung mit ihnen überlasst man Spezialdisziplinen wie etwa der Mediendidaktik (Martial/Ladenthin 2002). Als Medien gelten sie dort bestimmten Unterrichtszwecken mehr oder weniger dienlich, man schlägt verschiedene Anwendungsszenarien vor und gibt Tipps für den ›richtigen‹ Gebrauch, das heißt für ihren didaktisch sinnvollen Einsatz. Gleichzeitig bleiben die Dinge selbst relativ unbestimmt. Eine Antwort darauf, was Dinge in ihrer Materialität leisten und vor allem wie sie es leisten, wird nicht gegeben.

Die qualitative Unterrichtsforschung folgt mit ihrer Konzentration auf menschliche Kommunikation und Kultur dieser humanistischen Sichtweise auf Bildung und Erziehung. Zwar dezentrieren insbesondere interaktionistische Forscherinnen und Forscher einige gängige Annahmen, indem sie etwa Schüler und Lehrer nicht als aus sich heraus agierende Akteure, sondern im Anschluss an Erving Goffman und Harold Garfinkel als Teilnehmer an Unterrichts*situationen* begreifen und sich nicht für Handlungsmotive, sondern für die schulische Interaktionsordnung interessieren (Vanderstraeten 2001; Wiesemann/Amann 2002). Eine humanistische Annahme bleibt hiervon aber ausgenommen: Zentrale Dinge des Schulunterrichts gelten als relativ neutrale Werkzeuge in den Händen der Lehrer und Schüler, an denen sich mikrosoziologisch nichts weiter sehen lässt. Das Interesse gilt den Interaktionen menschlicher Unterrichtsteilnehmer; Schulunterricht ist dementsprechend in erster Linie »ein Interaktionsgeschehen, das durch die Regeln der face-to-face Interaktion bestimmt ist« (Breidenstein 2002: 12).

Ich behaupte im Folgenden etwas anderes und schlage vor, Unterricht als sozio-materielle Praxis zu verstehen. Hiermit nehme ich eine praxistheoretische Blickverschiebung vor, mit der die aktive Rolle didaktischer Artefakte in der Situation des Unterrichtsvollzugs konzeptualisierbar wird. Den Schulunterricht so zu verstehen, heißt die darin vorkommenden Dinge nicht als willfährige und neutrale Werkzeuge zu begreifen, die in den Händen der Lehrer und Schüler ohne weiteres ihren Dienst verrichten, sondern in ihrem konstitutiven Beitrag zur Praxis des Unterrichtens ernst zu nehmen. Dinge sind – wie ich im Laufe der Arbeit zeigen werde – sowohl Ergebnis als auch Ko-Produzenten schulischer Praxis. Eine wachsende Zahl von Theoriesträngen innerhalb der Technik- und Wissenschaftsforschung teilt diese Ansicht: Technische Artefakte sind keine unschuldigen Ressourcen, sondern grundlegend an Praxis beteiligt (Knorr-Cetina 1984; Latour 1987; Pickering 1995). Neuere Strömungen innerhalb der Unterrichtsforschung nehmen solche Überlegungen auf und untersuchen in diesem Sinne die Materialität der Erziehung und Bildung (Hillman 2012; Sørensen 2009; Waltz 2004). Diese Studie schließt daran an und geht ethnographisch der Frage nach, welche Rolle im Unterricht diejenigen Dinge spielen, die schulisches Wissen zur Darstellung bringen. Die praxistheoretische Perspektive, die ich hier einnehme, sucht die Antwort darauf aber auch in der (post)phänomenologischen Technikphilosophie (Ihde 1990; Introna et al. 2008; Verbeek 2005) und berücksichtigt damit auch die Sinnlichkeit der Dinge.

Im Folgenden lege ich zunächst meine Fragestellung dar und nehme einige Gegenstands- und Begriffsbestimmungen vor (1.1), um dann verschiedene theoretische Perspektiven vorzustellen und zu diskutieren (1.2). Diese Überlegungen münden in das Programm einer sozio-materiellen Bildungsforschung, die Dinge als Teil der Interaktionsordnung des Unterrichts begreift (1.3). Abschließend stelle ich ethnographische und analytische Überlegungen vor, die einen Zugriff auf Unterricht als einer sozio-materiellen Praxis ermöglichen (1.5).

1.1 Erste Bestimmungen

Die schulischen Dinge – so eine Annahme dieser Studie – sind für den Schulunterricht als soziale Praxis konstitutiv. Ohne Wandtafel und Kreide, Schulhefte und Stifte, Bücher und geometrische Objekte, aber auch ohne profane Dinge wie Pult, Stuhl, Fenster, Wand und Tür sähe die Unterrichtspraxis anders aus. Aus dieser Vielfalt schulischer Dinge greife ich solche heraus, die in besonderer Weise für die Wissensvermittlung im mathematisch-naturwissenschaftlichen Unterricht relevant sind: (1) Wandtafel und Overheadprojektoren sowie Beamer, interaktive Whiteboards und Computer auf der einen, (2) experimentelle Arrangements und Anschauungsobjekte auf der anderen Seite. Natürlich tragen auch Stühle und Tische maßgeblich zum Gelingen des Unterrichts bei, etwa indem sie Schüler und Lehrer in bestimmter Weise aufeinander ausrichten (siehe Kap. 2). Die von mir ausgewählten *Dinge des Wissens* unterscheiden sich jedoch dadurch von anderen Gegenständen, dass sie in der einen oder anderen Form Wissen vor einer Klassenöffentlichkeit darstellen und für das Unterrichtsgespräch verfügbar machen. Die Beschäftigung mit ihnen eröffnet deshalb auch Fragen nach der Darstellbarkeit von Wissen in unterschiedlicher materieller Form.

Man mag sich fragen, warum ich diese Dinge nicht – in Anlehnung an die Sprache der Teilnehmer oder der Fachdidaktik – Unterrichtsmedien oder Lehrmittel nenne. Die Arbeit behandelt ganz bewusst alle aufgezählten Artefakte als Dinge und zunächst einmal nicht als Medien oder Lehrmittel. Ich lote so die Vorzüge und Grenzen der sozio-materiellen Perspektive auf Unterricht aus und übe mich in ethnographischer Enthaltsamkeit. Es gilt, den Akteuren zu folgen und nachzuzeichnen, wie diese mit den Dingen umgehen, ohne von vornherein den Zweck der Dinge zu bestimmen. Behandelt man die Dinge zu früh als Medien bzw. Mittel, so verliert man aus den Augen, was diese als sozio-materielle *Mittler*[1] leisten. Der Begriff des Mittlers macht auf die konstitutive Rolle dieser Dinge aufmerksam, die bestimmte Praktiken (etwa des Unterrichtens) nicht nur ermöglichen, sondern dabei auch grundlegend transformieren. Wie verändert sich also die soziale Praxis des Schulunterrichts mit ihnen? Wie schaffen sie es Wissen darzustellen? Wo scheitern sie an der Darstellung? Mit diesen Fragen begreife ich hier sowohl Unterrichtsmedien als auch klassische Lehrmittel gleichermaßen als Dinge des Wissens.

In Anlehnung an phänomenologische Überlegungen spreche ich hier dementsprechend von Dingen und nicht etwa von Objekten oder Artefakten. Der Ob-

---

[1] Zum Begriff des Mittlers siehe sowohl Latour (2007b) als auch Verbeek (2005).

jektbegriff beruht auf der cartesianischen Trennung von erkennendem Subjekt und zu erkennendem Objekt. Das Objekt begegnet dem – zumeist schauenden – Subjekt in Form eines distanzierten Schauspiels (Ihde 2003b: 9ff.). Stattdessen gehe ich hier davon aus, dass Menschen und Dinge schon immer aufeinander bezogen sind und sich gegenseitig konstituieren (Verbeek 2005: 135ff.). Genauso wenig wie es ein Objekt an sich gibt, gibt es Subjekte für sich. Dinge sind immer für jemanden präsent: Die Wandtafel ist als Wandtafel *auf* die Schüler gerichtet und *für sie* eine sichtbare Fläche im Klassenzimmer. Die Schüler sind umgekehrt auch deshalb Schüler, weil sie Betrachter solcher Flächen sind. Der Artefaktbegriff engt hingegen auf durch Menschenhand geschaffene Dinge ein. Einerseits überhöht er dadurch den menschlichen Schöpfungsakt und verliert die Eigenständigkeit der Dinge aus den Augen (Heidegger 1986), andererseits setzt er eine moderne Dichotomie natürlicher und künstlicher Dinge voraus, die ich hier zunächst vermeiden will. Der Dingbegriff soll hingegen zum einen die Eigenständigkeit der Dinge, zum anderen ihre Einbindung in menschliche Weltbezüge und Praktiken betonen.[2]

Wissen soll hier in einem wissenssoziologischen Sinne verstanden werden. Es geht nicht um ein nach der Maßgabe objektiver äußerer Kriterien als wahr befundenes Wissen, sondern um das, was den Akteuren des Feldes als Wissen gilt.[3] Genau so wenig interessiere ich mich für Handlungsmotive – statt in den Köpfen der Teilnehmer suche ich das Wissen in deren beobachtbaren Praktiken (Garfinkel 1967; Schatzki 2002). Die Studie nimmt damit auch die unhinterfragten Selbstverständlichkeiten und das implizite Wissen des schulischen Alltags in den Blick. Anders als viele erziehungswissenschaftliche Studien entwerfe ich hier keine didaktische, sondern eine den unterrichtlichen Praktiken gegenüber offene praxistheoretische Perspektive.[4] Die Studie fragt also nicht nach Lösungen für didaktische oder pädagogische Probleme, sondern nimmt eine soziologisch-distanzierte Haltung gegenüber ihrem Gegenstand ein. Folgende Fragestellungen stehen im Mittelpunkt der Studie:

---

[2] Der Pragmatismus betont ebenfalls diese Verwicklung von Praxis und Dingen und lehnt eine starke Gegenüberstellung von Subjekten und Objekten ab (Balke 2008).

[3] Der deutschsprachigen Wissenssoziologie ist diese agnostische Haltung gegenüber dem Wissensbegriff vor allem durch Peter L. Bergers und Thomas Luckmanns *Die gesellschaftliche Konstruktion der Wirklichkeit* (2004) geläufig. Siehe aber auch Karin Knorr-Cetinas Idee eines »empirischen Konstruktivismus« (1989).

[4] Aber auch innerhalb der Erziehungswissenschaft finden sich Bemühungen praxistheoretische Perspektive und qualitative Unterrichtsforschung zusammenzubringen (Kolbe et al. 2008).

(1) In welcher Weise sind die Dinge des Wissens am Schulunterricht beteiligt? Wie leisten sie die Vermittlung von Wissen? Wie gehen die Unterrichtsteilnehmer mit ihnen um? Was bewirken schulische Dinge und wie affizieren sie Schüler und Lehrer?

(2) Wie kann man das Verhältnis von Praktiken und Dingen über den Fall Schulunterricht hinaus bestimmen? Wie ist das Wirken der Dinge praxistheoretisch zu begreifen? Wie gehen menschliche Akteure praktisch mit der Wirkmacht der Dinge um?

Mit den Fragen unter (1) versteht sich die Arbeit als Beitrag zur qualitativen Unterrichtsforschung. Indem sie Unterricht als sozio-materielle Praxis begreift, kann die Untersuchung der Unterrichtsforschung eine Sichtweise anbieten, die schulische Dinge in ihrer Wirkmacht ernst nimmt. Die Fragen unter (2) lassen den konkreten Fall Schulunterricht hinter sich und zielen darauf ab, der soziologischen Theorie im Allgemeinen eine Antwort darauf zu geben, wie man Dinge als Teilnehmer der Praxis einbeziehen kann, ohne ihnen den Status eines Akteurs zuzuweisen. Hier folge ich der Idee der »theoretischen Empirie« (Kalthoff et al. 2008) und nutze qualitative Sozialforschung dazu, einen über den Gegenstand hinausgehenden theoretischen Beitrag zu leisten: in meinem Fall zu einer Debatte nach der angemessenen Berücksichtigung der Dinge in der Soziologie.

Ich gehe diesen Fragen empirisch nach und suche den Schulunterricht und andere Bildungskontexte ethnographisch auf. Der Fokus der Arbeit liegt dabei auf der Materialität der ›klassischen‹ Unterrichtsordnung des Zusammenunterrichtens, wie sie sich im 18. Jahrhundert entwickelt und im 19. Jahrhundert an den deutschen Schulen durchgesetzt hat (Petrat 1979). Diese bisweilen von Reformpädagogen als »Frontalunterricht« verschmähte Sozialform ist aller Kritik zum Trotz immer noch die vorherrschende Art des Unterrichthaltens an deutschen Schulen (Breidenstein 2006: 94f.; Hericks/Meyer 2006: 473). Reformpädagogische Entwicklungen und Gegenmodelle blende ich hier größtenteils aus. Ob sie in Bezug auf die hier zur Debatte stehende Fragestellung einen Kontrastfall darstellen, ist unklar und Gegenstand weiterer Forschungen.

Der hier beschriebene Unterricht ist auch insofern klassisch, als er hinsichtlich der dort auftauchenden Dinge eine große Konstanz aufweist. Sowohl Wandtafel als auch experimentelle Arrangements und Anschauungsobjekte sind seit dem Siegeszug des lehrerzentrierten Zusammenunterrichtens fester Bestandteil der Unterrichtsräume. Freilich haben weitere Dinge ins Klassenzimmer Einzug gehalten: Tageslicht- und Filmprojektoren, Fernsehgeräte und schließlich Computer in eigens dafür eingerichteten Räumen. Dennoch bleibt das Modell des lehrerzentrierten und tafelbasierten Schulunterrichts vorherrschend und relativ unberührt davon. Deshalb zeichne ich in erster Linie den >klassischen< Typus des Unterrichts als sozio-materielle Praxis nach. Erst auf Grundlage dieser Analyse frage ich danach, wie sich diese Praxis durch die >Neuen Medien< ändert. Dabei dienen mir Computerpräsentationen mit Beamer und Laptop sowie die im öffentlichen Diskurs viel beachteten interaktiven Whiteboards als Fallbeispiele.

1.2 Theoretische Perspektiven

Noch bis vor wenigen Jahren sprach man freimütig von einem »horror materiae« (Verbeek 2005: 1) der Kultur- und Sozialwissenschaften, konstatierte eine »antitechnische Haltung« in der soziologischen Theorie (Eßbach 2001) oder fragte sich, ob eine Soziologie ohne Objekt (Latour 2001) möglich sei. Materialität, so lautete der Tenor, ist die vergessene Dimension der Kultur und Dinge die missachteten Teilnehmer gesellschaftlicher Vorgänge. Sicher, in der westlichen Nachkriegssoziologie spielten die Dinge eine nur untergeordnete Rolle. Nur vereinzelt tauchten sie damals als Thema der Soziologie auf, zumeist in der Technik- und Industriesoziologie (Joerges 1979; Linde 1972; Popitz 1976).

Mittlerweile sind Dinge und Materialität jedoch zurück auf der Agenda der Sozial- und Kulturwissenschaften. Ein kurzer Überblick: *Literaturwissenschaftler* befassen sich einerseits mit der literarischen Thematisierung der stofflichen Welt, andererseits aber auch mit den literarischen Texten in ihrer Materialität (Köhler et al. 2004; Strässle/Torra-Mattenklott 2005). Die *Medienwissenschaft* hat bereits mit Marshall McLuhan (2001) größeres Interesse an den materiellen Trägern der Botschaft als an der Botschaft selbst – prominent im deutschen Diskurs ist Friedrich Kittlers gegen einen geisteswissenschaftlichen Idealismus gerichtete Hinwendung zu den technischen »Aufschreibesystemen« (1985). Dank der Idee der »distributed cognition« kennt die *Kognitionswissenschaft* Dinge als Medien zur Bewältigung praktischer Aufgaben (Hutchins 1996). Mit den *material culture studies* (Hahn 2005; Miller 1998; Tilley 2006) hat sich aus der Kulturanthropologie und benachbarten Disziplinen heraus ein äußerst produktiver Ansatz entwickelt, der sich für die (symbolische) Bedeutung kultureller Artefakte – etwa innerhalb menschlicher Biographien (Hoskins 1998) – interessiert.

Zur *Soziologie*: Ein Blick in die sozialwissenschaftlichen Klassiker zeigt, dass sich auch bei ihnen Überlegungen zu den Dingen finden. So dingvergessen wie oft behauptet waren die Sozialwissenschaften nie. Um nur einige Beispiele zu nennen: Emile Durkheim (1984: 113) verstand materielle Dinge als »gefestigte Arten des Handelns«. Georg Simmel (1957) hat sich unter anderem damit auseinandergesetzt, wie Brücke und Tür den Raum strukturieren. Und die philosophische Anthropologie kennzeichnete Dinge als einen »Außenhalt« (Gehlen 1956) des Menschen. Seit dem Erstarken praxistheoretischer Ansätze in der zeitgenössischen Soziologie gerät auch dort die materielle Seite menschlicher Praxis wieder verstärkt in den Blick (Reckwitz 2003; Schatzki 2002) und im Zuge einer Dezentrierung des klassischen, humanistischen Akteursbegriffs beanspruchen neben Göttern, Tieren oder gar unserem zukünftigen Selbst auch die Dinge einen Status als Akteur (Cerulo 2009). Für die Gegenwartsgesellschaft diagnostiziert Karin Knorr-Cetina (2007) eine Zunahme »postsozialer« Beziehungen, innerhalb derer Objekte menschliche Interaktionspartner ersetzen können. Manch einer spricht in der Soziologie gar von einem umfassenden »turn to things« (Preda 1999).

Zu den wichtigsten zeitgenössischen Vertretern einer Hinwendung zu den Dingen zählen zweifelsohne Ansätze, die aus dem interdisziplinären Forschungsfeld der neueren *Wissenschafts- und Technikforschung* hervorgegangen sind. Ende der 1970er-Jahre bzw. Anfang der 1980er-Jahre grenzte sich eine Reihe von Studien zum wissenschaftlichen Arbeiten von der klassischen, stark von Robert K. Merton geprägten Wissenschaftssoziologie ab (z. B. Garfinkel et al. 1981; Latour/Woolgar 1979; Pickering 1984; zusammenfassend Heintz 1993). Statt die Wissenschaft als Institution und Organisation in den Blick zu nehmen, stehen für diese Studien das wissenschaftliche Wissen und die lokalen Praktiken seiner Hervorbringung in den wissenschaftlichen Laboren im Mittelpunkt. Mit diesem Blick auf das profane Wirken der Wissenschaftler geraten auch die Messinstrumente und Gerätschaften des Labors in den Blick. Technische Artefakte – so die Beobachtung der frühen Laborstudien – sind maßgeblich an wissenschaftlicher Praxis und damit an der Entstehung von Erkenntnis beteiligt.

Allen diesen Perspektiven gemein ist eine Anerkennung der konstitutiven Rolle der Dinge für menschliche Praxis. Dinge erscheinen hier nicht als neutrale Werkzeuge, die bloße Projektionsfläche oder Wachs in den Händen menschlicher Nutzer sind. Ebenso wenig sind sie aber gesellschaftslose Entitäten, die gleichsam von Außen an das menschliche Leben herantreten und es determinieren. Menschliche Akteure bestimmen mit, was Dinge sind; Gesellschaft schreibt sich in die Dinge ein. Für diese Arbeit sind Ansätze wichtig, die Dinge nicht nur als Träger kultureller Bedeutung verstehen, sondern in ihrer praktischen Dimension ernst nehmen und für eine praxistheoretische Soziologie der Dinge stark gemacht werden können.[5] Drei Forschungsrichtungen sollen hier skizziert und kritisch diskutiert werden, die diesem Anspruch – auf je eigene Art – genügen: (1) die Akteur-Netzwerk-Theorie und ihre Weiterentwicklungen, (2) konstruktivistische und ethnomethodologische Ansätze sowie (3) die (post)phänomenologische Technikphilosophie.

Akteur-Netzwerk-Theorie

Ein prominenter Ansatz, der sich den Dingen widmet, ist die ursprünglich von Bruno Latour, Michel Callon, Madeleine Akrich und anderen in zahlreichen Studien (etwa Akrich/Latour 1992; Callon 1986; Latour 1991, 1994b) entworfene und weiterentwickelte Akteur-Netzwerk-Theorie (ANT). Nirgendwo sonst findet sich die Forderung nach der Berücksichtigung der Dinge in der Soziologie derart stark formuliert wie hier. Folgt man der »symmetrischen Anthropologie« (Latour 2008) der ANT, so soll die Soziologie die Dinge gleichermaßen als Akteure behandeln wie menschliche Akteure.

Die ANT beschreibt die soziale Welt als Netzwerk, in dem heterogene Akteure miteinander verwoben sind. Dabei weitet die ANT das wissenschaftssoziologische Symmetriepostulat David Bloors[6] aus und fordert, dass Annahmen über den ontologischen Status und die Handlungsträgerschaft beobachteter Entitäten zurückgestellt werden sollen (Callon 1986). Dementsprechend minimal sind sowohl Handlung als auch Akteur in der ANT gefasst: »*jedes Ding*, das eine gegebene Situation verändert, indem es einen Unterschied macht, [ist] ein Akteur« (Latour 2007b: 123; H. i. O.). Neben menschlichen Akteuren treten so eine Reihe von nicht-menschlichen Akteuren in den Fokus der Beobachtung: Texte und Begriffe, das Ozonloch und Cyborgs, Götter und Engel, Tiere und Erreger, aber eben auch technische Artefakte und Dinge. Erst im Verbund eines Netzwerks solch unterschiedlicher Akteure zeitigt sich eine Wirkung (Latour 1994a).

Damit stellt sich die ANT in die Tradition anderer – vornehmlich poststrukturalistischer– »theories of arrangement« (Schatzki 2002: xii), die der Wirk-

---

[5] Braun-Thürmann (2006) grenzt eine symbolisch-kommunikative Dimension der Dinge von einer praktisch-materiellen Dimension ab. Es soll in dieser Arbeit (zunächst) um letztere Dimension der Dinge gehen.

[6] Bloor (1991) plädierte mit dem von ihm formulierten Symmetriepostulat ursprünglich dafür, das Zustandekommen wissenschaftlicher Theorien unabhängig von ihrer Anerkennung als »richtiger« oder »falscher« Erkenntnis mit der gleichen Terminologie zu erklären.

mächtigkeit eines einsamen humanistischen Subjekts eine Absage erteilen und stattdessen die Leistungen von Arrangements und Dispositiven betonen. Ziel der ANT ist dementsprechend eine Soziologie, die sich der »study of associations« und nicht der »study of social questions« (Johnson 1988: 298)[7] widmet. Die von der ANT beschriebenen Verbindungen schließen auch räumlich und zeitlich weit entfernte Akteure mit ein (Latour 2001). So sind beispielsweise im Zaun, der eine Schafherde am Weglaufen hindert, der Schäfer und dessen Anliegen, die Schafe zu behalten, anwesend. Latour versucht so auch zwischen struktureller Makro- und situativer Mikroebene zu vermitteln. Dinge rahmen Interaktionen und lokalisieren sie dadurch. Gleichzeitig verbinden sie zeitlich und räumlich entfernte Situationen miteinander. Soziale Ordnung kann dank der »Interobjektivität« auf Dauer gestellt werden.

Damit sich die heterogenen Akteure in einem Netzwerk versammeln und verbinden, sind allerdings »Übersetzungen« notwendig (Callon 1986). Sowohl menschliche als auch nicht-menschliche Akteure müssen dafür gewonnen werden, sich einem Netzwerk anzuschließen und sich diesem anzupassen. So müssen für ein biologisches Forschungsprojekt zum Rückgang der Kammmuscheln in der St. Brieuc-Bucht sowohl die zu untersuchenden Kammmuscheln dazu bewegt werden, sich an den Kollektoren der Wissenschaftler anzulagern, als auch die Fischer davon überzeugt werden, dass eine Beteiligung am Projekt für sie von Vorteil ist. Am Ende steht ein wissenschaftlicher Bericht, in dem die Wissenschaftler als »obligatorischer Passagepunkt«, durch den die anderen Akteure hindurch müssen, jedem Akteur eine Rolle zuweisen. Dadurch unterliegen die Akteure einer Transformation. Aus Muscheln werden Forschungsobjekte und aus Fischern problembewusste Befürworter der Forschung. Nachdem die unterschiedlichen Akteure dazu gebracht wurden sich zu assoziieren, ist das so entstandene Netzwerk relativ stabil und ein Großteil seiner Bestandteile tritt in den Hintergrund zurück (Callon/Latour 1981). Dadurch können die Wissenschaftler als Repräsentanten der Muscheln und der Fischer auftreten und für diese im wissenschaftlichen Bericht sprechen. Assoziationen bzw. Netzwerke sind für die ANT so das Ergebnis von Übersetzungen, in denen einzelne Akteure transformiert und zum Schweigen gebracht werden. Am Ende steht eine *black box*, die als handelnde Einheit auftritt.

Um die Wirkmächtigkeit der Dinge gegenüber menschlichen Akteuren zu fassen, greift Latour auf den von Madeleine Akrich vorgeschlagenen Skriptbegriff zurück (Johnson 1988). Menschliche Akteure delegieren Aufgaben an materiel-

---

[7] Latour hat diesen Artikel unter dem Pseudonym Jim Johnson veröffentlicht.

le Artefakte, indem sie Handlungsprogramme (»Skripte«) in sie einschreiben. So übernimmt ein automatischer Türschließer die Aufgabe, eine Tür hinter den durch sie Hindurchgehenden wieder zu schließen. Damit können einerseits die in Zeichen auf einem Schild festgehaltene Aufforderung (»Bitte schließen Sie die Tür hinter sich!«) und ein menschlicher Portier andererseits ersetzt werden. Neben diese »Inskription« tritt die »Subskription«, d. h. die Dinge verlangen den menschlichen Akteuren bestimmte Handlungen und Gebrauchsweisen ab. Personen, die beispielsweise durch die vom Türschließer modifizierte Tür hindurch möchten, müssen nun mehr Kraft aufbringen, um die Tür zu öffnen, und darauf achten, dass sie hinreichend schnell hindurch gehen, um sich nicht an der Tür zu stoßen. Dadurch diskriminieren technische Artefakte und schließen bestimmte Akteure aus: hier z. B. alte Menschen, denen die nötige Kraft fehlt, um die Tür aufzudrücken. Natürlich kann man sich dem (quasi-moralischen) Handlungsprogramm der Dinge verweigern (»De-Inskription«) und sich einem »Anti-Programm« anschließen. Die Übersetzung des Handlungsprogramms in die Form technischer Artefakte ist für Latour dennoch wesentlich erfolgreicher als z. B. eine schriftliche Ermahnung. Dinge erscheinen hier als ›harte‹ Stellvertreter menschlicher Akteure. Folglich gilt für Latour: »Technology is society made durable« (1991). Erst materielle Artefakte ermöglichen es deshalb, dass gesellschaftliche Strukturen und Hierarchien auf Dauer gestellt werden können (Latour 2001).

Sowohl beim Netzwerk- als auch beim Skriptbegriff stützt sich die ANT auf semiotische Überlegungen. Latour sieht die Assoziation verschiedener Akteure als syntagmatische Verbindung, während er die Delegation und Substitution eines Akteurs durch einen anderen als paradigmatische (und damit austauschbare) Verbindungen behandelt (Latour 1991). Die ANT kennt deshalb keine wesensmäßigen Eigenschaften von Akteuren, sondern nur aus der Position im Netzwerk resultierende Effekte. Die Verbindungen und Relationen zwischen den Akteuren bestimmen, welche Rolle einem Akteur zukommt und ob er sich durchsetzen kann. Welche Art von Akteur (Menschen, Artefakte, Organismen etc.) diese Position einnimmt, ist letztlich nicht von Bedeutung. Diese semiotische Indifferenz entspricht dem Prinzip der »generalisierten Symmetrie« insofern, als ontologische Vorannahmen über den Status einzelner Akteure in einem solchen Modell unsinnig sind.

Früh monierten Kritiker aus den Reihen der neueren Wissenschafts- und Technikforschung – auch unter Rückgriff auf feministische und poststrukturalistische Autoren –, dass die ANT mit ihrem Fokus auf erfolgreiche Akteur-Netzwerke dazu neige, einmal gebildete Assoziationen als relativ stabile Entitäten zu begreifen (Mol/Law 1994) und darüber deren Brüchigkeit und Heterogenität zu vernachlässigen (Star 1991). In Latours und Woolgars Studie zum naturwissenschaftlichen Labor (1979) geht es dementsprechend um das Entstehen stabilen wissenschaftlichen Wissens in Form von »Inskriptionen« (hier: Texten, Graphen, Diagrammen etc.), die ihren kontingenten und situierten Entstehungskontext sukzessive zum Verschwinden bringen. Für die weiteren Geschicke dieses erfolgreich »gehärteten« Wissens interessiert sich die klassische ANT nicht. Die Inskriptionen des Labors gelten als »immutable mobiles« (Latour 1990), die von Ort zu Ort wandern können, um dort mit anderen Akteuren Verbindungen einzugehen ohne selbst einer Veränderung zu unterliegen. Die sogenannte »After ANT« (Law 1999) betont hingegen stärker den dynamischen, fragilen und performativen Charakter unterschiedlichster Assoziationen.

So stellen Annemarie Mol und John Law (1994) der Netzwerkmetapher zwei weitere zur Seite. Zum einen nennen sie die »Region«, womit klar abgegrenzte, homogene Räume gemeint sind. In den Netzwerken der ANT sind hingegen keine klaren Grenzen auszumachen und wir haben es mit heterogenen Elementen zu tun. Allerdings müssen einzelne Bestandteile vorhanden sein und dürfen nicht ausgetauscht werden. Ein Labor ist nur »immutable mobile«, solange alle Bestandteile vorhanden sind. Fehlt einer der Bestandteile (ausgebildetes Personal, erforderliche Geräte etc.), ist es ein »failed network«. In der Metapher des »Fluiden« löst sich die Stabilität und Homogenität der sozialen Welt noch weiter auf. Während ein Netzwerk darauf angewiesen ist, dass seine Bestandteile konstant bleiben, trifft dies auf das Fluide nicht zu. Hier können einzelne Bestandteile ausgetauscht, modifiziert oder sogar weggelassen werden. Manche technischen Artefakte können so äußerst flexibel an lokale Bedingungen angepasst werden und sich gerade deswegen erfolgreich durchsetzen (De Laet/Mol 2000). Neben das Netzwerk treten mit den Konzepten der Region und des Fluiden unterschiedliche »Topologien« der Assoziation (Law 2002).

Seit einiger Zeit gewinnt bei Latour der Begriff der Assoziation gegenüber dem Netzwerk- und dem Skriptbegriff an Bedeutung (Latour 2007b). Auch hier treten stärker die Performativität und das Ereignis in den Vordergrund. Latour begreift das Soziale als ein beständiges Geschehen, in dem heterogene Akteure miteinander Verbindungen eingehen und sich wieder voneinander lösen. Aufgabe der Soziologie ist es nun dieses Assoziieren zu verfolgen und die Elemente innerhalb der Assoziationen nicht als neutrale »Zwischenglieder«, sondern als »Mittler« zu verstehen, die in der Relation zu anderen Elementen eine Veränderung bewirken. In einer Neubestimmung der Soziologie als einer »Soziologie der Assoziationen« (2007b: 23) sieht Latour die Frage danach, was zum Sozialen dazugehört, als von den Akteuren und nicht von den Soziologen zu bearbeitendes Problem. Die Forscherin soll einer »flachen« Ontologie folgen, die von *a priori* formulierten und von außen an das Soziale herangetragenen Konzepten absieht. Der Latour der ›harten‹ Objekte und ihrer Skripte wurde abgelöst durch einen radikalen Relationisten, für den es keines substantialistische Rückführung eines Akteurs auf eine andere Instanz geben darf. Jeder Akteur ist ausschließlich durch seine Relationen und Allianzen mit anderen Akteuren bestimmt (Harman 2009).

Konstruktivismus und Ethnomethodologie

Im Folgenden stelle ich eine Reihe von unterschiedlichen konstruktivistischen und ethnomethodologischen Forschungsperspektiven vor, die Bedeutung und Gebrauch der Dinge fokussieren. *Sozialkonstruktivistische* Ansätze in der Techniksoziologie betonen, dass technische Artefakte und Systeme Ergebnis sozialer Prozesse sind (Bijker et al. 1987; Grint/Woolgar 1997).[8] Diese Prozesse bestimmen darüber, wie ein Artefakt zu benutzen ist, welche Entwicklung es nimmt und ob es sich durchsetzt. Der bekannteste Vertreter einer solchen Techniksoziologie findet sich im entsprechend benannten Ansatz der *Social Construction of Technology*, wie er von Trevor Pinch und Wiebe Bijker (1987) am Beispiel der geschichtlichen Entwicklung des Fahrrads in Großbritannien entwickelt wurde. Betritt ein neues Artefakt die Bühne der Technikgeschichte, liegen zunächst unterschiedliche Deutungsangebote im Wettstreit miteinander. Das Artefakt unterliegt einer »interpretativen Flexibilität« (Collins 1981), die im Laufe seiner Entwicklung geschlossen wird, bis sich eine »relevante soziale Gruppe« mit ihrer Deutung durchsetzt.

Wenngleich sowohl Pinch (2010) als auch Bijker (2010) in jüngeren Publikationen klarstellen, dass eine einmal vollzogene Schließung nicht permanent ist, so liegt der Fokus bei ihnen doch auf den frühen Phasen der Entwicklung eines Dings: auf den Design- und Herstellungsprozessen sowie der frühen Geschichte eines technischen Artefakts, das seinen Platz und seine Bedeutung erst noch

---

[8] Zunächst fanden sich unter dem Label »social constructivism« innerhalb der Wissenschafts- und Techniksoziologie grundsätzlich alle Ansätze wieder, die sich dem Öffnen technischer und wissenschaftlicher *black boxes* verschrieben hatten; siehe hierzu den Sammelband von Bijker et al. (1987) sowie die Kritik von Winner (1993) an diesen Ansätzen.

finden muss. Insofern geht es der sozialkonstruktivistischen Techniksoziologie nach Pinch und Bijker weniger um Dinge im Gebrauch als vielmehr um zu fixierende Dinge, deren Gebrauchsweisen sich erst etablieren müssen (Hörning 2001: 206f.). Im Mittelpunkt stehen dabei widerstreitende Deutungen.

Die *ethnomethodologischen Studies of Work* und die daran anschließenden *Workplace Studies* untersuchen professionelle Praktiken in unterschiedlichen Arbeitskontexten. Zentral für diese Studien ist die Forderung danach, die lokalen und ganz und gar profanen Praktiken der beruflich tätigen Menschen nachzuzeichnen und ihre Arbeit als Ergebnis dieser Praktiken zu bestimmen. Statt einer soziologischen Klassifizierung anhand vorgefertigter Kategorien (etwa zur Interaktion in Gruppen) geht es ihr um die Bestimmung der Arbeit als Praxis, statt »studies *about* work« – so die Forderung – geht es um »studies *of* work« (Garfinkel et al. 1981: 132ff.).

Mit dem Fokus auf lokale Praktiken des Berufslebens geraten freilich auch die zahlreichen Artefakte in den Blick, die unterschiedliche Arbeitsumgebungen bevölkern (Goodwin 2003; Heath/Luff 2000).[9] So kann beispielsweise Goodwin (1996) zeigen, dass das, was das Personal einer Flughafenleitwarte auf Überwachungsmonitoren sieht, Ergebnis von lokalen Praktiken der Verständigung über das auf den Monitoren Sichtbare ist. Selbst dem offensichtlich Sichtbaren gehen Praktiken der interaktiven Herstellung voraus, die eine »transparent vision« ermöglichen. Auch in anderen Studien dieser Forschungsrichtung erhalten die Dinge am Arbeitsplatz erst in der Interaktion ihre Relevanz und Bedeutung (Rouncefield et al. 2011). Die Berufstätigen zeigen sich gegenseitig nicht nur ihr Verständnis der Dinge an, sondern erzeugen in der sprachlichen und gestischen Bezugnahme »interindividual objects« (Hindmarsh/Heath 2000: 555), über die man sprechen kann und die Anlässe zum Sprechen liefern. Einer technikdeterministischen Sichtweise halten die ethnomethodologisch orientierten Arbeiten entgegen, dass die Rolle technischer Artefakte keineswegs fixiert, sondern das Ergebnis lokaler Praktiken ist:

> [...] the sense and significance of objects emerge within the developing course of action and interaction; their objective and determinate sense is intersubjectively and momentarily accomplished ›here and now.‹ [...] [T]he object is ongoingly and momentarily (re)-produced.
> (Hindmarsh/Heath 2000: 558)

---

9 Latours Kritik an der Ethnomethodologie als objektblinder »Soziologie der Affen« (Latour 2001: 241) ist insofern unzutreffend, als er die frühe Zuwendung ethnomethodologischer Studien zu Objekten wie dem Labortisch (Lynch et al. 1985) und die Leistungen der späteren ethnomethodologischen Workplace Studies übersieht (siehe hierzu Koschmann 2008: 364).

Damit erteilt dieser Ansatz auch der Vorstellung eine Absage, dass das Design technischer Artefakte fernab des Gebrauchskontexts als rein technisches Problem gefasst werden kann, das mithilfe rationaler Planung zu lösen ist (Suchman 2007).

Die *praxistheoretische Techniksoziologie* Karl H. Hörnings interessiert sich für den alltäglichen Gebrauch technischer Artefakte und erforscht das implizite Gebrauchswissen der »Experten des Alltags« (2001). Da technische Artefakte für ihn nicht handlungsdeterminierend wirken, sondern durch ihre Unbestimmtheit Irritationen innerhalb routinierter Praktiken hervorrufen können, kommt dem praktischen Gebrauchswissen im Umgang mit den Dingen eine entscheidende Rolle zu. Erst durch den Gebrauch – so der »post-wittgensteinianische« (Reckwitz 2003: 298) Kniff Hörnings – erhalten die Dinge ihre Bestimmung: »Die Alltagsbedeutung eines technischen Dings, einer Sache, eines Sachverhalts, steckt in den sozialen Praktiken« (Hörning 2005: 309). Die *mikrosoziologische Technikforschung* betont ebenfalls die situative Verwendung technischer Artefakte (Rammert/Schubert 2006). Anders als die ANT interessiert sie sich für die Zurechnungen und Grenzziehungen innerhalb »soziotechnischer Konstellationen« (Rammert/Schulz-Schaeffer 2002). Die entscheidende Frage ist hier also weniger, was solche Konstellationen als Ganzes leisten, sondern wie Handlungsträgerschaft in ihnen auf unterschiedliche »Agenten« verteilt ist. Technik kann dann hinsichtlich eines »gradualisierten Handlungsbegriffs« typisiert werden: von der Passivität eines einfachen Hammers bis hin zur Interaktivität hochkomplexer Multiagentensysteme (Rammert 2006: 171).

In den *laborkonstruktivistischen* Arbeiten Karin Knorr-Cetinas (1984, 2002) ist die »Fabrikation von Erkenntnis« nicht zuletzt an die Verfügbarkeit technischer Geräte gebunden. Angesichts der gewachsenen Bedeutung »skopischer« Bildschirmmedien plädiert sie in neueren Arbeiten (z. B. Knorr-Cetina 2009) für eine Erweiterung interaktionistischer Konzepte. Statt in lokalen Situationen findet Interaktion zunehmend in räumliche Grenzen überschreitenden »synthetic situations« statt. Vermittelt über technische Medien begegnen Menschen einander in Videokonferenzen oder tätigen Finanzgeschäfte an Bildschirmen, die Daten aus verschiedenen Quellen und Orten ständig neu zusammensetzen. Entscheidend ist dann nicht mehr, dass man sich in körperlicher Kopräsenz zueinander findet, sondern in »response Präsenz«: Man ist verpflichtet in angemessener Zeit auf medialem Wege zu antworten. Das Beispiel der Finanzmärkte macht ferner deutlich, dass man sein Handeln nicht mehr notwendigerweise auf ein menschliches Gegenüber ausrichtet, sondern auf technisch vermittelte Bestandteile der synthetischen Situation – etwa wenn die Akteure des Finanzmarkts auf Schwankungen des Markts am Bildschirm reagieren.

(Post-)Phänomenologische Technikforschung

In der Technikphilosophie hat sich Don Ihde darum bemüht, Denkfiguren nach-Husserlscher Phänomenologen für die Erforschung von Technik zu nutzen (Ihde 1990, 2009). Dementsprechend sind Martin Heideggers Überlegungen zu den Dingen und Maurice Merleau-Pontys Analysen des Leibs als Vermittler zwischen Mensch und Welt zentrale Bezugspunkte für diese *postphenomenology*. In Abgrenzung zur Husserlschen Transzendentalphänomenologie versteht Ihde die Phänomenologie nicht als Mittel, um die Letztbegründung der Erkenntnis im transzendentalen ego zu suchen, sondern als Möglichkeit über Technik in konkreten Verwendungszusammenhängen nachzudenken. Ziel einer solchen Postphänomenologie sind also nicht etwa Beschreibungen von Bewusstseinsakten, sondern relationale Analysen von Mensch-Ding-Beziehungen. Nicht mehr das subjektive Bewusstsein ist Ausgangspunkt der Analyse, sondern die über Technik vermittelten Beziehungen zwischen Mensch und Welt. Damit verabschiedet sich die Postphänomenologie auch von der frühen europäischen Technikphilosophie, die – wie etwa bei Karl Jaspers und Jacques Ellul – Technik nicht konkret, sondern als transzendentales Prinzip der Moderne fasst und kulturkritisch betrachtet (Ihde 2003b: 23f. Verbeek 2005: 6ff.). Mit Ihde erfährt phänomenologisches Denken eine pragmatistische Wendung, die von epistemologischen Fragen der Repräsentation hin zu pragmatischen Fragen der Praxis führt (Ihde 2009: 9f.).

Für die Postphänomenologie Ihdes ist vor allem die Werkzeuganalyse Heideggers in *Sein und Zeit* (2006: 63ff.) zentral (Ihde 1990: 31ff.). Werkzeuge – wie etwa ein Hammer – sind nur unzureichend als Objekte bestimmt. Das westliche Denken – zumal das wissenschaftliche – lässt außer Acht, dass Dinge jenseits einer objektiv anzugebenden Größe und Form vor allem als alltäglich zu gebrauchendes »Zeug« auftauchen. Als »Zeug« verweist der Hammer auf ein damit praktisch zu verwirklichendes Ziel (»um-zu«), auf anderes Werkzeug (den Nagel, die nicht gewählte Feile), auf die Werkstatt, den Gebrauchszusammenhang, auf mich als Nutzer usw. (Biemel 1996: 355ff.). Diese praktischen Verweisungszusammenhänge sind im Gebrauch zwar präsent, entziehen sich aber gleichzeitig dem Denken darüber. Im Gebrauch ist der Hammer »zuhanden«; er ist verlässliches, aber quasi-transparentes Werkzeug. Dass es diese Verweisungszusammenhänge gibt, tritt dann zutage, wenn Dinge zerbrechen oder schlichtweg fehlen. Der zerbrochene Hammer ist nicht mehr »zuhanden«, sondern »vorhanden«. Er liegt seiner Zwecke beraubt als plumpes Objekt vor uns und uns wird gewahr, was alles nötig ist, damit wir einen Nagel in die Wand schlagen können. Damit stellt Heidegger nicht nur das westliche Denken zu den Dingen, sondern auch zum Dasein vom Kopf auf die Füße. Nicht das reflektierte Denken bietet den Zugang zur Welt und den Dingen darin, sondern das praktische »In-der-Welt-Sein«.[10]

Der zweite Gewährsmann für die Postphänomenologie Ihdes ist Merleau-Ponty mit seinen Überlegungen zur Leiblichkeit des menschlichen Daseins in *Phäno-menologie der Wahrnehmung* (1976). Für Merleau-Ponty stehen nicht intentio-nale Bewusstseinsakte, sondern der Leib zwischen menschlichem Ego und der Welt. Der Körper ist für ihn dementsprechend nicht nur ein Ding unter ande-ren, sondern auch gelebter Leib, der sich schon immer im praktischen Bezug zur Welt befindet (Merleau-Ponty 2004: 180; Ihde 2003b: 36f.). Bezieht sich Ihde bei Heidegger in erster Linie auf den Hammer, so ist es bei Merleau-Ponty eine Hutfeder. An ihr – sowie an einem Automobil und dem Stock eines Blinden – verdeutlicht Merleau-Ponty, dass Dinge zum Bestandteil des Leibs werden kön-nen und dadurch unsere Erfahrung strukturieren:

> Eine Frau hält ohne jede Berechnung zwischen der Feder ihres Hutes und Gegenständen, die sie zerknicken könnten, einen Sicherheitsabstand ein, sie hat es im Gefühl, wo ihre Feder ist, so wie wir fühlen, wo unsere Hand ist. Habe ich die Gewohnheit, einen Wagen zu führen, so sehe ich, in einen Durchgang einfahrend, daß ›ich vorbei kann‹, ohne erst die Breite meines Weges mit dem Abstand meiner Kotflügel vergleichen zu müssen, so wie ich eine Tür durchschreite, ohne deren Breite mit der meines Körpers zu vergleichen. Hut und Automobil sind hier nicht mehr Gegenstände, deren Größe und Volumen sich durch Vergleich mit anderen Gegenständen bestimmte. Sie sind zu voluminösen Vermö-gen geworden, zum Erfordernis eines bestimmten Spielraums. Korrelativ sind der Einstieg der Untergrundbahn und die Straße zu einengenden Vermögen geworden und erscheinen in eins als für meinen Körper und seine Anhänge praktikabel oder unpraktikabel. Der Stock des Blinden ist für ihn kein Gegenstand mehr, er ist für sich selbst nicht mehr wahr-genommen, sein Ende ist zu einer Sinneszone geworden, er vergrößert Umfänglichkeit und Reichweite des Berührens, ist zu einem Analogon des Blicks geworden. Bei der Er-kundung von Gegenständen spielt die Länge des Stockes keine ausdrücklich vermittelnde Rolle mehr: der Blinde kennt eher die Länge seines Stockes von der Stellung der Gegen-stände her als diese durch jene.
> (Merleau-Ponty 1976: 172f.)

---

[10] Zur Relevanz von Heideggers Technikphilosophie für die soziologische Forschung siehe Kalt-hoff 2014.

Einerseits finden sich hier Parallelen zu Heideggers sich entziehender Zuhandenheit des Hammers, andererseits kommt hier eine weitere Ebene ins Spiel: eine durch ein technisches Artefakt vermittelte Erweiterung des menschlichen Leibs. Die Hutfeder ist zu einem selbstverständlichen Teil des Leibs der Frau geworden. Als solchen berücksichtigt sie die Feder bei ihren Bewegungen ohne ihr bewusst Aufmerksamkeit schenken zu müssen. Insbesondere der Blindenstock macht ferner deutlich, dass wir vermittelt über ein Artefakt die Welt anders wahrnehmen. Auch er ist nicht länger »Gegenstand«, sondern Teil der leiblichen Erfahrung. Die Grenzen des Leibs fallen somit mit den Grenzen unserer Wahrnehmung und nicht mit der uns einhüllenden Haut als cartesianischer *res extensa* zusammen.

Für Ihde sind sowohl Heideggers Hammer als auch Merleau-Pontys Feder Beispiele für das Phänomen des »embodiments«. Dinge sind nicht bloß uns gegenübergestellte Objekte, sondern können vermittelnder und zugleich quasi-transparenter Teil unserer Welterfahrung werden. Erst in der Störung oder im Zusammenbruch verlassen diese Dinge ihre vermittelnde Rolle im Hintergrund und drängen sich selbst in den Vordergrund unserer Wahrnehmung und unseres Handelns. Innerhalb dieses Kontinuums von Transparenz und Objekthaftigkeit spannt Ihde verschiedene Mensch-Ding-Beziehungen auf und verdeutlicht dies am Beispiel unterschiedlicher technischer Artefakte. Er unterscheidet dabei drei grundlegende Arten, wie Mensch und Technik aufeinander bezogen sein können (Ihde 1990: 72ff.):

(1) *relations of mediation*: Technik kann zwischen Mensch und Welt vermitteln. Sie erweitert und verändert die menschliche Wahrnehmung und damit den menschlichen Bezug zur Welt. Ihde unterscheidet zwei Arten derart vermittelter Wahrnehmung. Zum einen spricht er von »embodiment relations« und bezeichnet damit Artefakte, die als gebrauchte Dinge so transparent sind, dass sie ein selbstverständlicher Teil des menschlichen Leibs werden. Man schaut durch eine Brille *hindurch*, um so die Welt in anderer Form wahrzunehmen. Die Brille selbst tritt dabei in den Hintergrund. Neben den »embodiment relations« sieht Ihde in »hermeneutic relations« eine wichtige Form der technischen Vermittlung. Hier bringen uns die Artefakte die Welt mittels zu interpretierenden Repräsentationen nahe. Man sieht in diesem Fall durch die Artefakte zwar nicht hindurch, aber wir erfahren mit ihrer Hilfe etwas über die Welt. So teilt ein Thermometer uns etwas über den Zustand der Welt mit, indem wir die von ihm erzeugte Repräsentation interpretieren. Wir fühlen mittels des Thermometers aber nicht, ob es kalt oder warm ist – eine Übersetzung eines Aspekts

der Welt in Zeichenform hat stattgefunden. In »hermeneutic relations« begegnen uns Dinge als Produzenten von Zeichen, die der Interpretation bedürfen.

(2) *alterity relations*: Hier tritt uns Technik als relativ autonome Entität gegenüber und interagiert mit uns und wir mit ihr. Folglich schreiben viele Menschen der Technik bisweilen einen akteursanalogen Status zu. Für Ihde sind Computertechnologien, Roboter aber auch das Spielzeug des Kindes ein Beispiel für »alterity relations«. Für die Postphänomenologie ist hier bemerkenswert, dass von der Alterität der Dinge eine Faszination ausgehen kann, die uns gefangen nimmt. Wenn ein Kind mit einem Brummkreisel spielt, dann begeistert es sich für dessen eigenwilliges Verhalten.[11]

(3) *background relations*: Technische Artefakte wie eine Klimaanlage oder eine Zentralheizung sind zumeist gänzlich im Hintergrund unserer Wahrnehmung und Erfahrung. Sie verändern zwar den Zustand der Welt, ihre Anwesenheit nehmen wir aber oftmals nur dann wahr, wenn sie ausfallen oder eine Fehlfunktion auftritt. Anders als in »embodiment relations« verändern technische Artefakte in »background relations« nicht direkt unseren Bezug zur Welt, sondern verändern den *Kontext* unserer Erfahrung.

Während technische Artefakte in »embodiment relations« nahezu transparent sind, treten sie uns in »alterity relations« als von uns unterschiedene Objekte entgegen. »Hermeneutic relations« stehen gewissermaßen dazwischen und weisen eine »hermeneutic transparency« (Ihde 1990: 82) auf. Einerseits blicken wir durch die Zeichen hindurch auf etwas anderes, gleichzeitig müssen wir unseren Fokus auf sie richten. »Background relations« stellen einen Sonderfall dar. Sie sind im Hintergrund der Wahrnehmung, wirken aber durchaus wahrnehmbar auf unsere Umwelt ein.

Dinge sind dabei keine neutralen Werkzeuge zwischen Welt und Mensch, sondern *Mittler*, die aktiv an dieser Beziehung mitwirken. Dies versteht Ihde als »technological intentionality« (1990: 141). Während Husserl Intentionalität für das menschliche Bewusstsein reservierte, ist für Ihde auch Technik gerichtet und vermittelt, wie wir die Welt leiblich erfahren. Was technische Artefakte dabei leisten, beschreibt Ihde anhand des Begriffspaares »amplification/reduction« (Ihde 1990: 78). Einerseits verstärkt ein technisches Artefakt – wie etwa

---

[11] In ähnlicher Weise spricht Heinrich Popitz von den »allozentrischen Spielen« (2000: 73 ff.), in denen Dinge wie ein Ball und dessen unberechenbare Andersartigkeit im Mittelpunkt stehen.

ein Teleskop – eine Dimension der Erfahrung von Welt (ferne Dinge wirken visuell nah), andererseits geraten andere Dinge aus dem Blick (alles jenseits des
Ausschnitts, den das Teleskop meinem Blick darbietet). Indem technische Artefakte dermaßen unseren Weltbezug vermitteln und dadurch transformieren,
verändern sie auch uns. Postphänomenologisch muss deshalb von einer »interrelational ontology« (Ihde 2009: 44) gesprochen werden, in der Technik und
Mensch sich ko-konstituieren.

Ihde bedient sich an verschiedenen Stellen in seinem Werk des phänomenolo-
gischen Denkwerkzeugs der Variation (etwa Ihde 1993: 7f. 2003a). Anders als
Husserl mit seiner eidetischen Variation will Ihde aber nicht zu den invarianten
Wesenseigenschaften eines Gegenstands gelangen. Indem man die Eigenschaften und den Kontext eines vorliegenden technischen Artefakts – gedanklich,
aber auch anhand konkreter Fallbeispiele – variiert und sie unter verschiedenen
Gesichtspunkten betrachtet, tritt ihre *Multistabilität* (Ihde 2009: 12ff.) zutage.
Es gibt für die Postphänomenologie keine den technischen Artefakten inhärente Eigenschaften, sondern kontextabhängige, mögliche Verbindungen von Menschen, Dingen und Welt. Technik muss deshalb immer in konkreten sozio-his-
torischen Gebrauchskontexten betrachtet werden. Menschen in verschiedenen
Kulturen und Epochen benutzen sie auf ganz unterschiedliche Weise, sie ist kulturell eingebettet. Wie Ihde anhand historischer Beispiele zum Bogenschießen
zeigt, kann ein Artefakt ganz unterschiedlich gestaltet sein und in verschiedenen
– kulturell geprägten – Verwendungszusammenhängen auftauchen: als schwer-
fälliger, aber rüstungsdurchdringender Langbogen der englischen Bogenschüt-
zen im späten Mittelalter oder aber als flinker, vom Rücken eines Pferdes abzufeu-
ernder Kompositbogen der mongolischen Reiter. Neben den sich in den Mensch-
Ding-Beziehungen zeigenden Vermittlungen der sinnlich-leiblichen Erfahrung,
die Ihde als Ebene der »microperception« bezeichnet, tritt so der lebensweltli-
che Kontext als kulturelle »macroperception« auf (Ihde 1990).

Das Programm der Postphänomenologie ist von Peter-Paul Verbeek (2005) aufgenommen und in der Auseinandersetzung mit der ANT weiterentwickelt worden. Während Ihde sich vor allem dafür interessiert, wie technische Artefakte
menschliche Erfahrung vermitteln, will Verbeek mit Latour auch die technische
Vermittlung menschlichen Handelns beschreiben. Hierzu entwickelt er eine heuristische Matrix, die es ihm erlauben soll, konkrete Objekte empirisch zu untersuchen (Verbeek 2005: 195ff.). Dabei unterscheidet er zwei Ebenen, wie Artefakte
menschliche Weltbezüge verändern. Während Ihde sich vor allem mit der Ebene der Erfahrung und Wahrnehmung befasst hat (»hermeneutic perspective«),

will Verbeek die Ebene der Existenz und der Handlung in seine Analysen einbeziehen (»existential perspective«). Technische Artefakte können nicht nur unsere Wahrnehmung der Welt verändern (wie etwa das Teleskop bei Ihde), sondern uns auch zu bestimmten Handlungen auffordern und andere unterbinden (»invitation/inhibition«). Sie machen uns dadurch erst in bestimmter Weise in der Welt präsent. Ein Auto fordert beispielsweise dazu auf, mit ihm zu fahren und dabei weite Strecken zurückzulegen. Es macht uns so zu automobilen Menschen, die die Welt fahrend erleben (Dant 2004). Dieses Präsentmachen der Welt und menschlicher Existenz mittels technischer Artefakte ist es, wofür sich die Postphänomenologie interessiert.

Neben diesem Programm der Postphänomenologie finden sich weitere Autoren, die phänomenologische Denkfiguren für die Erforschung materieller Dinge in Anschlag bringen (Jonas/Lembeck 2006; Introna et al. 2008). So versteht etwa Tim Dant (2004) mit Bezug auf Merleau-Ponty das Autofahren als leibliche Verbindung von Fahrerin und Fahrzeug (»embodied driver-car«) und beschreibt, wie sich dadurch die Wahrnehmung und Erfahrung der fahrend erschlossenen Umwelt verändert. Und in der phänomenologisch ausgerichteten Pädagogik beschäftigen sich einige Autoren mit den Dingen kindlicher Welten und betonen dabei die Verwobenheit von Mensch und Welt (Langeveld 1955; Meyer-Drawe 1999; Simms 2008). Dinge als Teil der Welt sind nicht bloße Empfänger einer menschlichen Sinnzuschreibung, sondern greifen auch sinnlich und leiblich auf die Menschen über. Sie affizieren, fordern auf und heraus: »Irgendeine Dingeigenschaft appelliert an uns, und der Gegenstand spricht uns sozusagen im Gerundivium an: der Gegenstand verlangt von uns, daß wir etwas mit ihm tun« (Langeveld 1955: 73).

Um diesem »Appell der Dinge« nachzugehen, schlägt Claus Stieve (2008) vor, dem kindlichen Zugang zur Welt zu folgen. Sie sind in noch viel stärkerem Maße als Erwachsene empfänglich für die vorsprachliche und vorkonventionelle Aufforderung der Dinge. Während bei Erwachsenen die westlich-rationale Weltsicht als mehr oder minder gefestigt gelten kann, kann man mit den Kindern einen Blick auf eine Welt erhaschen, in der sich die Dinge in noch ganz anderer Art und Weise darbieten: Ein Schuh kann für die Kinder auch ohne weiteres Puppenkrippe sein. Das impliziert eine Offenheit im Umgang mit den Dingen, die es überhaupt ermöglicht, dass sie für Bildung und Erziehung unmittelbar relevant werden. Nur wenn man mit den Dingen auch anders handeln könnte, ist man in der Lage etwas zu lernen (Stieve 2008: 286; siehe auch Nohl 2011: 132f.). Dinge sind dabei für die phänomenologische Pädagogik durch eine Ambivalenz gekennzeichnet: Sie sind »zugleich Produkt unserer Sinngebungsarbeit und autonome Bürger einer Welt der offenen Sinnlosigkeit« (Langeveld 1955: 83). Einerseits verleiht der Mensch ihnen Sinn, andererseits gehen sie nicht in der menschlichen Sinngebung auf und bleiben eigenständig.

Einige weitere Autoren weisen mit dem Spätwerk Heideggers (1959, 1986) in ähnlicher Weise darauf hin, dass Dinge sich als eigenständige Entitäten auch stets dem menschlichen Zugriff entziehen (Biemel 1996: 359–378; Harman 2010; Waldenfels 2006: 379f.). Dinge sind widerständig und lassen sich nicht in gewünschter Weise gebrauchen, sie gehen zu Bruch, entgleiten unseren Händen und reagieren in unerwarteter Weise. Sie lassen sich deshalb auch nicht vollständig durch ihren Gebrauch bestimmen oder auf relationale Bezüge (etwa Netzwerke oder Mensch-Ding-Beziehungen) zurückführen. Stattdessen gibt es etwas an ihnen, das solche Bezüge ermöglicht: »Relations do not exhaust a thing – instead, they rely on the thing« (Harman 2009: 132). Dinge, so lässt sich hier festhalten, lassen sich in ihrer Eigenständigkeit nur gegen Widerstände mit Sinn belegen und im Gebrauch bestimmen.

Resümee

Die ANT hat mit ihrem dezentrierenden posthumanistischen Blick auf Technik und Gesellschaft dazu beigetragen, der Soziologie die Dinge zurück ins Gedächtnis zu rufen. Dinge sind hier weder neutrale Werkzeuge noch Symbole oder essentialistische Substanzen, sondern relationistisch gedachte Elemente eines Netzwerks. Die Position innerhalb des Netzwerks bestimmt sowohl den Status der Dinge als auch deren Wirkung. Damit kann die ANT eine Reihe von Phänomenen in neuartiger Weise beschreiben und eine Vielzahl unterschiedlicher »Akteure« in ihren Analysen berücksichtigen. Der Fokus auf Assoziationen ermöglicht es nachzuzeichnen, wie Dinge und Menschen sich wechselseitig stabilisieren, ohne einen rational handelnden menschlichen Akteur zu unterstellen. Ferner gerät mit der »Interobjektivität« die Verknüpfung von Situationen in den Blick.

Die semiotische Indifferenz der ANT öffnet den Gegenstandsbereich soziologischer Analysen, bringt aber auch ein Problem mit sich. Letztlich macht es für die ANT keinen Unterschied, ob man es mit einem in einem Text auftauchenden oder einem in der Praxis gebrauchtem Ding zu tun hat. Im Text und in der Praxis wird ein Netzwerk aufgespannt, in dem sich heterogene Akteure versammeln – seien es nun Protagonisten einer Geschichte oder Schüler und Lehrperso nen im Klassenzimmer. Der semiotische Blick – den Latour (2010) jüngst selbst kritisiert hat – fasst die Praxis als zweidimensionalen sozialen Prozess, in dem die Körper der menschlichen Akteure, aber auch die Stofflichkeit der Dinge und die besondere Materialität von Zeichen zum Verschwinden gebracht wird (Kalthoff 2009: 277; Lindemann 2009: 162ff.). Damit einher geht auch der Verlust eines tragfähigen Wissensbegriffs, der fassen kann, welches explizite und implizite Wissen im Gebrauch der Dinge von den menschlichen Akteuren in Anschlag gebracht werden muss: Über welches Wissen müssen beispielsweise Schüler und Lehrer verfügen, wenn sie am Demonstrationsexperiment etwas zeigen bzw. sehen wollen? Verschiedene Autoren haben deshalb vorgeschlagen, empirisch nachzuzeichnen, wie Dinge zu Praktiken beitragen, statt nach der *agency* eines umfassenden Netzwerks zu fragen (Gomart/Hennion 1999; Hirschauer 2004; Rammert 2006). Dadurch kann genauer beantwortet werden, wie unterschiedliche Entitäten auf je eigene Weise an Situationen beteiligt sind.

Mit ihrem Fokus auf das Zustandekommen weitreichender Netzwerke verzichtet die ANT auf einen mikrologischen Blick für die Situation. Was hat das für Konsequenzen? Die semiotische Perspektive der ANT hinterlässt letztlich eine sinnliche Wüste. Wer nur auf weitreichende Transformationsprozesse blickt und indifferent gegenüber den Nuancen unterschiedlicher Akteure ist, übersieht leicht, dass die Dinge auf ganz unterschiedliche Art für menschliche Akteure präsent sind und mit ihnen unterschiedliche Beziehungen eingehen (Ihde 2002). Latours und Woolgars Labor (1979) ist ein semiotischer Apparat, der letztlich immaterielle Inskriptionen erzeugt (Ihde 1993: 5). Wie Dinge und Wissenschaftler dort füreinander präsent sind, wird ausgeblendet. Ziel der ANT ist nicht die analytische Beschreibung des Innenlebens eines Labors, sondern die Fokussierung auf das zu erzeugende Ergebnis. Dieser Fokus bringt allerdings auch eine gezielte Blackboxierung der vielschichtigen Dimensionen des Laborinnenlebens mit sich (etwa die Vernachlässigung menschlicher Körper).

Gerade für die hier angestrebte Erforschung der schulischen Dinge ist die semiotische Indifferenz der ANT problematisch, da sie das Wissen auf ganz unterschiedliche Art und Weise darstellen und die Schüler in ihrer je eigenen Sinnlichkeit auch leiblich ansprechen. Damit geraten auch die Unterschiede zwischen verschiedenen Elementen des Netzwerks aus dem Blick. Einzig die These von der mit technischen Artefakten stabilisierten Gesellschaft (Latour 1991) unterscheidet >harte< Dinge von menschlichen Körpern und Zeichen. Wie Dinge, Körper und Zeichen dies jeweils leisten, bleibt – zumindest in der klassischen ANT –

aber ebenso unterbelichtet, wie Dinge, die nicht ›hart‹, sondern wesentlich offener sind.

Ansätze, die Gebrauch und Deutung ins Zentrum stellen, machen uns darauf aufmerksam, dass Dinge ihre Bestimmung erst in den Händen menschlicher Nutzer erhalten. Allerdings lösen sozialkonstruktivistische Ansätze Technik in einer sozialen Erklärung auf, indem sie Technikentwicklung auf die Deutungen und Interessen sozialer Gruppen zurückführen (Sharrock/Button 2011). Mit ihrem Fokus auf die (Be-)Deutung technischer Artefakte verlieren sie den praktischen Gebrauch aus den Augen. Mikrosoziologische und ethnomethodologische Arbeiten wenden sich hingegen den Dingen im Gebrauch zu. Gegen technikdeterministische Positionen kann man mit ihnen den teils kontingenten und kreativen Umgang mit Dingen nachzeichnen und verfolgen, wie situierte Praktiken Dinge rahmen. Allerdings mangelt es ihnen an einer Begrifflichkeit für die sinnlich-leibliche Verwicklung von Menschen und Dingen, mit der sich unterschiedliche Typen von Mensch-Ding-Beziehungen beschreiben lassen.

Die (post)phänomenologische Technikforschung widmet sich solchen Mensch-Ding-Beziehungen und macht die sinnlich-leibliche Dimension der Dinge für die Analyse greifbar. Sie erinnert ferner daran, dass Dinge widerständig sind und sich dem menschlichen Zugriff entziehen. Dadurch kann einerseits bestimmt werden, wie Dinge zwischen Mensch und Welt vermitteln und wie sie etwas zur Erscheinung bringen. Andererseits erlaubt dies, zu beschreiben, wie Dinge zum Handeln auffordern, sich aber auch gegen eine eindeutige Verwendung sperren. Freilich, die vorgestellten phänomenologischen Autoren formulieren kein soziologisch-empirisches Forschungsprogramm. Dennoch sind sie nicht empiriefern, sondern arbeiten mit historischen und aktuellen Fallbeispielen. Was der (Post-)-Phänomenologie aber fehlt, ist ein mikrosoziologischer Blick auf den Dinggebrauch. Während sich die Postphänomenologie mit dem Begriff der »macroperception« dafür interessiert, wie Dinge kulturell gerahmt sind, so fasst sie mit der »microperception« zwar die körperliche Situiertheit, nicht aber einen die Dinge rahmenden Gebrauch. Die Frage danach, wie der praktische Gebrauch und die situative Rahmung bestimmte Vermittlungsbeziehungen zwischen Mensch und Welt möglich machen, bleibt unbeantwortet. Die Studie wendet daher das (post)phänomenologische Vokabular mikrosoziologisch und praxistheoretisch, um die eigene Perspektive herauszufordern und für die sinnliche Dimension des Dinglichen zu sensibilisieren.

Zugespitzt lässt sich Folgendes festhalten: Die hier vorgestellten sozial- und kulturwissenschaftlichen Ansätze dezentrieren technische Artefakte und andere materielle Gegenstände auf ganz unterschiedliche Weise. Sie verweigern sich gleichermaßen einer essentiellen Bestimmung der Dinge und verorten deren praktische Wirkmacht und Bedeutung in Beziehungen und Bezügen. Die ANT beschreibt Netzwerke, innerhalb derer die Wirkmacht der Dinge überhaupt erst zum Tragen kommt. Konstruktivistische und ethnomethodologische Ansätze führen die Bedeutung der Dinge für die Praxis auf deren Gebrauch zurück. Und die (Post-)Phänomenologie interessiert sich für die sinnlich-leiblichen Bezüge, in denen die Dinge zwischen Mensch und Welt vermitteln.

1.3 Die Social Studies of Teaching and Education

Im Folgenden führe ich theoretische Perspektiven und Unterrichtsforschung zusammen und stelle eine sozio-materielle Unterrichtsforschung vor, die sich im Programm der *Social Studies of Teaching and Education* (Kalthoff 2011; Kalthoff/Röhl 2011) verortet. Auf Grundlage dieses Programms entwickle ich in Auseinandersetzung mit der diskutierten Literatur eine sozio-materielle Heuristik, die einen analytischen Zugang zu den schulischen Dingen ermöglicht. Zentral ist dabei die Frage nach dem Zusammenspiel von in den Dingen eingeschriebenem Wissen und praktischem Gebrauch. Wie präfigurieren die Dinge des Wissens den Schulunterricht als soziale Praxis und inwieweit bestimmen Praktiken des Gebrauchs die Dinge?

In Abgrenzung von der klassischen Bildungssoziologie hat sich spätestens mit den 1970er-Jahren ein dezidiert qualitativ ausgerichtetes Forschungsfeld innerhalb der Bildungsforschung entwickelt (Walford 2008: 4ff.). Statt einer funktionalistischen Bestimmung der Bildung als gesellschaftlicher Institution (Parsons 1987) oder der Erklärung sozialer Ungleichheiten im Bildungssystem mittels quantitativer Daten (Becker/Lauterbach 2008), begegnet uns hier eine mikrosoziologische Perspektive, die sich für schulische Interaktion und Kommunikation interessiert und Bildung *in situ* erforscht. Unterricht ist aus Sicht dieser Forschungsrichtung eine interaktiv zu leistende Hervorbringung seiner Teilnehmer (Breidenstein 2006; Kalthoff 1997; Hammersley 1990). Viele dieser Studien beschäftigen sich mit der sprachlichen Dimension des Unterrichts und zeigen so die von Alltagskonversationen abweichende Spezifik schulischer Kommunikation auf (Ehlich/Rehbein 1986; McHoul 1990; Mehan 1998). Die qualitative Unterrichtsforschung leistet damit einen wichtigen Beitrag zur Erforschung des Schulunterrichts und macht die Kommunikation sowie die alltäglichen Praktiken von Schülern und Lehrern für die Forschung verfügbar. Der Fokus dieser Arbeiten liegt auf dem interaktiv-sprachlichen Vollzug des Unterrichts. Die materiellen Dinge, die jeden Klassenraum bevölkern, finden dementsprechend kaum oder nur als neutrale Werkzeuge Berücksichtigung.[12]

Was kennzeichnet nun die *Social Studies of Teaching and Education*? Als mikrosoziologisch ausgerichtete Bildungsforschung interessieren sie sich für die Unterrichtssituation und ihre »Interaktionsordnung« (Goffman 1983). Im Fokus stehen dabei Praktiken, mit denen Wissen im schulischen Unterricht in Vermittlungs- und Aneignungsprozessen zirkuliert. Mit der neueren Wissenschaftssoziologie versteht sie schulisches Wissen als Ergebnis der Praktiken der Unterrichtsteilnehmer. Das hat unter anderem zur Folge, dass es kein externes Kriterium zur Beurteilung der Richtigkeit dieses Wissens gibt. Stattdessen gilt es, den Teilnehmern darin zu folgen, was sie in ihren Praktiken als Wissen verstehen und bearbeiten.

In Auseinandersetzung mit der neueren Wissenschafts- und Technikforschung geraten neben der interaktionalen und kommunikativen Dimension der Vermittlung und Aneignung von Wissen hier aber auch die materiellen Träger des Wissens in den Blick. Zum einen sind es die Dinge, in die Wissen eingegangen ist und an denen etwas gelernt werden soll: etwa das Schreiben mit Stift und Heft oder das wissenschaftliche Sehen am Versuchsaufbau. Erste Studien innerhalb der Bildungsforschung weisen in diesem Sinne darauf hin, dass Dinge nicht als bloße Werkzeuge, sondern als die Praxis verändernde Mittler an Bildung und Erziehung beteiligt sind (Fetzer 2010; Nohl 2011; Sørensen 2009). Ethnomethodologische Arbeiten betonen hingegen, wie Praktiken des Gebrauchs die schulischen Dinge in Szene setzen, damit sich an ihnen etwas zeigen kann (Macbeth 1994; Lynch/Macbeth 1998; Birmingham et al. 2002). Neben den Dingen sind es außerdem semiotische Repräsentationen (Schriften und andere Zeichensysteme), die als kognitive Werkzeuge schulisches Wissen verfügbar und bearbeitbar machen (Kalthoff/Röhl 2011; Krummheuer 2008; Pitsch 2007). Ohne den Tafelanschrieb gäbe es beispielsweise in den allermeisten Unterrichtsstunden nichts, worüber Lehrer und Schüler miteinander sprechen könnten. Schließlich sind es aber auch die Körper, die in je unterschiedlicher Weise für die Vermittlung und Aneignung von Wissen relevant sind (Alkemeyer/Pille 2008; Falkenberg

---

[12] Auch die Forschung zum mathematisch-naturwissenschaftlichen Schulunterricht ist davon nicht ausgenommen und fokussiert vor allem sprachliche Aspekte des Lehrens und Lernens (Bauersfeld 1995; Krummheuer 1997; Mortimer/Scott 2003). Es geht für die Schüler darum, das »Talking Science« (Lemke 1990) zu beherrschen: »Science learning can be conceptualized as students coming to know how to use specialized language, given the constraints of particular social configurations and cultural practice« (Kelly 2007: 443).

2013; Schindler 2011). So erfordert das Schülerexperiment einen anderen körperlichen Bezug als das Abschreiben des Tafelbildes. Und in die Körper der Schüler und Lehrer schreibt sich Wissen auch unterschiedlich ein.

Die Interaktionsordnung des Unterrichts muss dementsprechend erweitert werden. Es ist nicht nur die (oft sprachlich gefasste) Interaktion der Unterrichtsteilnehmer, die Unterricht als ein geregeltes Unterfangen konstituiert. In je unterschiedlichem Maße sind auch Dinge, Zeichen und Körper daran beteiligt.[13] Erst in der Überschneidung dieser unterschiedlichen Materialitäten entsteht die Ordnung des Unterrichts und Wissen kann prozessiert werden. In der vorliegenden Studie stehen die Dinge im Mittelpunkt. Die anderen materiellen Dimensionen schulischer Praxis sollen auch zu ihrem Recht kommen – sie sollen aber stets in ihrem Bezug zur Dinglichkeit gefasst werden. Sozio-materiell ist eine solche Perspektive, weil sie materielle Entitäten weder als der Praxis äußerliche Determinanten noch als gänzlich durch soziale Praktiken und Kontexte bestimmbar fasst. Praktiken und Dinge können nicht mehr eindeutig der Sphäre des Sozialen auf der einen bzw. der Sphäre des Materiellen auf der anderen Seite zugeordnet werden. Es geht vielmehr darum, das Zusammenspiel und die Verwobenheit von Praktiken und Dingen jeweils empirisch nachzuzeichnen.

Mit dieser sozio-materiellen Erweiterung der Interaktionsordnung gerät auch der klassische Situationsbegriff an seine Grenzen. Über die Dinge, Körper und Zeichen verknüpfen sich vergangene Schulstunden, aber auch an die Schulen angrenzende Felder miteinander (zur Idee der Verknüpfung siehe Schatzki 2005). Um nur einige Beispiele für solche Verknüpfungen zu nennen: Eine ganze Lehrmittelindustrie ist damit beschäftigt, Dinge herzustellen, die schulisches Wissen darstellen sollen. Über die theoretische Induzierung dieser Dinge ist die Lehrmittelindustrie mit ihren Ethnotheorien des Unterrichtens in den Klassenzimmern anwesend. Die Mitschriften der Schüler und das Tafelbild machen vergangene Schulstunden und Experimente auch in späteren Schulstunden verfügbar. Und in die Körper der Schüler ist das Wissen vergangener Schulstunden eingegangen. Dementsprechend können (mindestens) drei Felder benannt werden, die zum Unterricht hinzugehören: (1) Der durch die Kopräsenz von Schülern und Lehrern geprägte Schulunterricht selbst, (2) vergangene Schulstunden und die Vor und Nachbereitung des Unterrichts durch Lehrer und Schüler sowie (3) an die Schule angrenzende Felder wie etwa die Lehrmittelindustrie und die Kultusministerien. Dennoch bleibt die situierte Praxis des Unterrichts hier zentraler Bezugspunkt der Forschung (und nicht etwa ein ausuferndes, rhizomatisches Netz-

---

[13] Zur Ausweitung des Materialitätsbegriffs jenseits der Dinge siehe Schatzki 2010.

werk). Hier treffen die verschiedenen materiellen Träger (und damit mittelbar die unterschiedlichen Felder) aufeinander und das in Dingen, Zeichen und Körpern anwesende Wissen wird aufgerufen und vermittelt. Ob und wie die Dinge jeweils für die situierte Praxis des Unterrichts relevant sind, ist für die Teilnehmer ein lokal zu lösendes Problem und für den Ethnographen eine in der Beobachtung zu beantwortende Frage.

1.4 Eine sozio-materielle Heuristik

Wie kann man nun Schulunterricht als sozio-materielle Praxis erforschen? Zunächst einige Vorbemerkungen zur Rolle theoretischer Überlegungen innerhalb der Untersuchung: Qualitative Sozialforschung, die die Prämissen praxistheoretischer und konstruktivistischer Theoriestränge innerhalb der Soziologie ernst nimmt, ist notwendigerweise »theoretische Empirie« (Kalthoff et al. 2008). Eine solche qualitative Forschung wendet sich nicht nur gegen szientistisch-positivistische Ansätze, sondern zeigt sich auch skeptisch gegenüber einer naturalistischen Lesart qualitativer Forschung. Nur weil der Forscher die Menschen zu Wort kommen lässt oder vor Ort gewesen ist, kann er nicht für sich beanspruchen, näher am Leben der Menschen zu sein als die Fragebogenforschung. Mit der »Krise der Repräsentation« ist ein solch naiv-naturalistischer »Hurra-Empirismus« (Hitzler 1993: 231) insbesondere in der ethnographischen Forschung in die Kritik geraten (Berg/Fuchs 1993). Ethnographisches Schreiben ist eben eine textuale Repräsentation einer Kultur durch den ethnographischen Autor, nicht aber die Kultur selbst (Geertz 1987: 21f.). Bisweilen müssen stumme Praktiken und Dinge durch das Schreiben überhaupt erst zum Sprechen gebracht werden (Hirschauer 2001). Im Schreiben werden Beobachtungen in das Medium des Texts überführt und durch die Performativität des Textes in je spezifischer Weise transformiert (Kalthoff 2003). Diese Skepsis gegenüber der Möglichkeit der einfachen Abbildung sozialer Wirklichkeit liegen kulturwissenschaftliche Annahmen über Repräsentation zugrunde, die besagen, dass ein unbekümmerter direkter Zugriff auf eine Wirklichkeit »da draußen« nicht möglich ist. Stattdessen befinden wir uns immer schon in einem hermeneutischen Zirkel, in dem wir mit Vorwissen an die Dinge herangehen. Nicht zuletzt die Wissenschaftssoziologie hat uns darauf hingewiesen, dass Beobachtungen immer theoriegeladen sind (Heintz 1993). Und auch die soziologische Forschung schafft sich ihren Gegenstand und ihre Wirklichkeit, indem sie in je unterschiedlicher methodischer Weise auf die Welt zugreift (Law 2004).

Gerade weil die Soziologie also immer schon mit einem (theoretischen) Vorwissen hantiert, das seine je eigene Wirklichkeit mit erzeugt, ist es notwendig, das eigene Suchraster auszubuchstabieren. Theoretische Konzepte dienen als beobachtungsleitende Annahmen zunächst einmal dazu, aus einer Vielzahl von Gegenständen einen forschungsrelevanten auszuwählen und – bei aller ethnographischen Offenheit – passende Forschungsfragen zu formulieren (Kalthoff 2008). Ferner erlauben es uns theoretische Überlegungen, mit einem bestimmten Blick ins Feld und in die Datenanalyse hineinzugehen und überhaupt etwas zu sehen: »theory is more about interpretation and explanation, seeing something as something, rather than corresponding to or mirroring ›reality‹« (Trondman 2008: 130). Die Lektüre theoretischer Literatur kann dazu dienen, die dafür notwendige »theoretische Sensibilität« (Strauss 2007: 33f.) des Sozialforschers zu erhöhen und stellt eben keine Verunreinigung eines unbefangenen ethnographischen Blicks dar.

In diesem Sinne entwickle ich in Auseinandersetzung mit den hier diskutierten theoretischen Perspektiven eine Heuristik, die Schulunterricht als sozio-materielle Praxis erschließt. Mit der ANT öffnet sich die sozio-materielle *black box* des Unterrichtens und die konstitutive Rolle schulischer Dinge gerät in den Blick der Forschung. Die relationistische Perspektive macht außerdem deutlich, dass Dinge nur als Teil von sozio-materiellen Arrangements wirken. Es gilt deshalb, den Dingen des Wissens innerhalb solcher Anordnungen zu folgen. Die ANT macht – gewissermaßen als Gleichstellungsbeauftragte der Dinge – so einerseits die Wirkmacht der Dinge stark, andererseits zeigt sie, dass diese nicht auf einen Wesenskern zurückgeht. Praxistheoretisch gewendet heißt das, dass Dinge erst innerhalb bestimmter sozio-materieller Praktiken in *dieser* Weise als *dieses* Ding wirken können. Von ethnomethodologischen bzw. mikrosoziologischen Ansätzen kann eine sozio-materielle Unterrichtsforschung deshalb lernen, dass die Dinge im Gebrauch ihre Bestimmung erhalten.

Statt einer semiotischen Perspektive, die nach der *agency* eines heterogenen schulischen Netzwerks fragt, soll hier die Leistung der Dinge genauer bestimmt werden. Dazu sehe ich von einer semiotischen Vorgehensweise ab und frage danach, wie die Dinge neben den menschlichen Unterrichtsteilnehmern zum Unterricht als situierter Praxis beitragen. Mit der phänomenologischen Technikforschung soll es hier um die sinnlich-leibliche Dimension der Dinge als Mittler gehen. Dadurch dass sie sich und die Welt in je bestimmter Weise darbieten, fordern sie dazu auf, ihnen und der Welt in je spezifischer Weise zu begegnen. Folgende Begriffe leiten die Untersuchung also an:

▶ *Räumliche Arrangements*: Der Begriff des Arrangements dient hier in erster Linie dazu, die *lokale* – d. h. in den Schulen unmittelbar vorzufindende – räumliche Ordnung rund um die Dinge des Wissens zu untersuchen. Mit der neueren, relationalen Raumsoziologie (Löw 2001) gehe ich so der Frage nach, wie die Unterrichtsräume Dinge und Menschen zueinander in Beziehung setzen und wie schulische Architekturen Unterricht organisieren. Statt eines Containermodells des Raums wird hier ein ein relationales Modell in Anschlag gebracht. Raum entsteht in der Relation von Dingen und Menschen zueinander – die einzelnen Elemente erhalten dadurch einen bedeutsamen Ort.[14] Das Suchen nach den sozio-materiellen Arrangements der Schule schließt an die raumsoziologischen Überlegungen einiger Unterrichtsforscher an. Zum einen finden sich Studien, die mit Michel Foucault untersuchen, wie die Architektur der Schulen und Klassenzimmer Schülersubjekte diszipliniert (Göhlich 1993; Hnilica 2010; Markus 1996). Zum anderen weisen einige Autoren unter Rückgriff auf Pierre Bourdieu darauf hin, dass Raum auch eine symbolische Dimension hat (etwa Rieger-Ladich/Ricken 2009). Mit dem Fokus auf die sozio-materielle Praxis des Unterrichts erweitere ich aber die Perspektive dieser Studien und frage danach, wie konkrete Dinge an den räumlichen Arrangements beteiligt und durch diese Arrangements als bestimmte (nämlich: schulische) Dinge gerahmt sind. Arrangements und Praktiken des Gebrauchs – so die Annahme – treten in ein Wechselspiel, in dem sie sich gegenseitig kontextuieren (Schatzki 2002: 138ff.).

▶ *Gebrauchsweisen*: Die Praktiken des Gebrauchs rund um die Dinge des Wissens sind wichtiger Bestandteil sozio-materieller Praxis. Mit Ansätzen, die den Gebrauch der Dinge betonen, geraten die mundanen Praktiken und das damit verbundene implizite Wissen in den Blick. Einerseits zeigt sich so, welche Praktiken durch die Dinge in den Schulunterricht kommen. Andererseits wird sichtbar, wie Praktiken die Dinge performieren und hervorbringen. Erst im Gebrauch klärt sich die Bedeutung der Dinge und erst hier werden sie zum bedeutungsvollen Bestandteil der Unterrichtspraxis. Aus profanen Gegenständen aus Plastik, Stahlemaille oder Papier werden didaktische Objekte, auf die Lehrer und Schüler im Unterrichtsgespräch Bezug nehmen können. Mit dieser Wittgensteinschen Gebrauchstheorie der Bedeutung (Wittgenstein 2003) vermeidet die Stu-

---

[14] Mit dem relationalen Raummodell haben sich zwischen Raumforschung und ANT zahlreiche Anschlussmöglichkeiten ergeben. Hier ist vor allem die Kulturgeographie zu nennen (Murdoch 1998).

die vorschnelle technikwissenschaftliche Rückschlüsse von der technisch vorgesehenen Funktion auf die Bedeutung für und in der Praxis.

▶ *Die Aufforderung der Dinge*: Mit dem (post)phänomenologischen Begriff der Aufforderung wird eine Qualität von Dingen deutlich, die die ANT und andere Ansätze vernachlässigen – ihre sinnlich-leibliche Dimension. Folgende Fragen schließen sich mit dem Begriff an: Wie fordern die Dinge uns auf, sie in bestimmter Weise zu nutzen? Wie stellen sie sich dem Blick und den anderen Sinnen dar und wie wirkt sich dies leiblich auf die Akteure aus? Wie sprechen uns die Dinge in ihrem »pathischen Dialekt« (Langeveld 1968: 151) an? Die Aufforderung der Dinge darf dabei nicht als kommunikativer Akt verstanden werden. Vielmehr ist damit angesprochen, dass Dinge vieldeutig und vorreflexiv bestimmte Handlungen nahelegen und ermöglichen. Es geht also weniger darum, dass Dinge relativ unerbittlich Praktiken erzwingen (wie im Fall einer Bremsschwelle für Autos), sondern um Passungen in der Praxis (Schatzki 2002: 210ff.). Die Dinge bieten sich in ihrer sinnlich erfahrbaren Gestalt für bestimmte Gebrauchsweisen an:[15] Die Wandtafel – so kann zunächst vermutet werden – bietet sich für Schreibpraktiken an und legt nahe, Schriftzeichen auf ihr zu betrachten. Sie kann aber auch gänzlich anders verwendet werden – in den Pausen etwa als Sichtschutz vor den Mitschülern. Dabei soll im Sinne einer »interrelational ontology« (Ihde 2009: 44) auch danach gefragt werden, in welcher Weise die Unterrichtsteilnehmer innerhalb unterschiedlicher Mensch-Ding-Beziehungen präsent sind. Oder um es zeitgenössisch auszudrücken: Welches Subjekt performieren die Dinge?

Einerseits soll es mit dieser Heuristik also um die sozialen Praktiken gehen, die sich rund um die Dinge finden lassen und die ihnen einen bedeutsamen Platz in der Praxis zuweisen (z. B. als Werkzeug). Diese *Praxis mit den Dingen* suche ich vor allem in den Gebrauchsweisen, aber auch in den sozio-materiellen Ar-

---

[15] Hier finden sich Parallelen zu James J. Gibsons (1977) Konzept der »affordance«. Bestimmte Gegebenheiten in der Umwelt bieten einem spezifischen Tier unterschiedliche Verhaltensmöglichkeiten an. Einem Tier mit Beinen bietet eine hinreichend feste Oberfläche die Möglichkeit darauf zu laufen. Einem Tier mit Flossen hingegen bleibt die Fortbewegung an Land verwehrt. Und ein Schraubenzieher bietet sich der menschlichen Hand zum Festdrehen von Schrauben dar. Der Begriff hat in der Forschung zum Technikdesign großen Anklang gefunden und wurde dort adaptiert (etwa Norman 1988). Tim Dant (2004: 66ff.) weist allerdings auf die Schwächen der »theory of affordances« – zumindest in ihrer ursprünglichen Ausformulierung – hin. Sie lässt die soziale Dimension des Dinggebrauchs unterbelichtet und vernachlässigt die bisweilen enge leibliche Verwicklung von Dingen und Menschen (siehe auch Bloomfield et al. 2010).

rangements als Ergebnis vergangener Praktiken (»spacing«; Löw 2001: 224ff.). Arrangements und Gebrauchsweisen rahmen also die Dinge und weisen ihnen eine praktische Bedeutung zu.

Diese die Dinge rahmenden Praktiken stehen andererseits aber in einem Wechselspiel mit der *Praxis der Dinge*. Dinge tragen zur Praxis bei. Sie tun dies – so die beobachtungsleitende Annahme meiner Studie –, indem sie in Mensch-Ding-Beziehungen sinnlich-leiblich zu etwas auffordern. Anders als die (post)phänomenologischen Analysen von Technik verstehe ich die Mensch-Ding-Beziehungen auch als Ergebnis einer situierten Praxis und wende die Begriffe mikrosoziologisch. Da Dinge auffordern (statt zu handeln) und da sie sich eindeutigen Verwendungsweisen verweigern, sind sie für den Gebrauch relativ offen. Erst in den sozio-materiellen Arrangements und in den Praktiken des Gebrauchs kommen Mensch-Ding-Beziehungen zustande, in denen Dinge als Mittler zu etwas auffordern und den menschlichen Weltbezug verändern. Gleichzeitig verstehe ich die Aufforderung als Ergebnis eines in die Dinge eingeschriebenen Wissens. So ist etwa die Lehrmittelindustrie damit beschäftigt, Dinge so herzustellen, dass sie in bestimmter Weise Schüler zu etwas auffordern. Im folgenden Abschnitt skizziere ich eine sozio-materielle Ethnographie, die das hier entwickelte Vokabular ins Feld führt.

1.5 Zum methodischen Vorgehen

In der Arbeit folge ich der Idee der Ethnographie und suche den Schulunterricht und andere Bildungskontexte als teilnehmender Beobachter auf. Eine praxistheoretische Perspektive legt ein solches Vorgehen nahe. Einerseits bietet die »prozedurale« Ethnographie nicht nur einen Zugriff auf das explizite, sondern auch auf das implizite Wissen der Praxis (Kalthoff 2003; Hirschauer 2001), andererseits verabschiedet sie sich von der praxistheoretisch unschlüssigen Annahme, Datensammlung und Theorieentwicklung strikt voneinander trennen zu müssen (Have 2004: 107).

Durch einen längeren Aufenthalt im Feld, so die klassische Idee, soll der Ethnograph zum kompetenten Teilnehmer einer ihm (mehr oder minder) fremden Kultur oder Gruppe werden. Hierdurch justiert sich ein wichtiges Forschungsinstrument des Ethnographen: sein Körper. Dadurch erhält er einen Zugang zum verkörperten und materiellen Wissen der Teilnehmer (Have 2004: 131). Um einen solchen längeren teilnehmenden Aufenthalt im Feld sicherzustellen, muss der Forscher an der Beziehung zum Feld arbeiten und ein vertrauensvolles Verhältnis zu den Teilnehmern aufbauen (»Rapport«; Wolff 1987). Von relativ einfachen technischen Instrumenten (hier in erster Linie: Photoapparat, Notizbuch und Stift) einmal abgesehen, ist der Ethnograph auf sich allein gestellt. Gerade deswegen verbessert sich aber sein Gespür für das im Feld wichtige und relevante Geschehen. Im Dialog mit der Literatur versucht er sich einen Reim auf das im Feld Beobachtete zu machen und schärft auch dadurch seinen Blick. Diese Beobachtungen werden erst in Notizen (»jottings«) und dann in Beobachtungsprotokolle in Schriftform überführt (Emerson et al. 1995). Zur Ethnographie gehören aber neben der Verschriftlichung der teilnehmenden Beobachtungen noch eine Reihe von weiteren Datentypen. Zum Datenmaterial kann grundsätzlich alles werden, was der Ethnograph im Feld auffindet oder dort produziert: schriftliche Dokumente (Prospekte, Flugblätter, Zettel, Formulare u. ä.), Artefakte, Photographien, Skizzen, transkribierte Interviews usw.

Die hier betriebene Ethnographie grenzt sich auch von naturalistischen Spielarten einer solchen Forschung ab. Irgendwann muss der Forscher bei aller Teilnahme und Teilhabe im Feld mit der emischen Perspektive brechen und sie in die soziologische Perspektive übersetzen (Knorr-Cetina 2002: 71f.; Schütz 1971). In diesem Sinne folgt die Studie dem oben skizzierten konstruktivistischen Verständnis einer mit theoretischen Linsen arbeitenden qualitativen Soziologie. Für die Bildungsforschung heißt das auch, dass sie davon absehen muss, die Selbstverständlichkeiten des Feldes zu übernehmen und sich in Distanz zu den Problemen des Feldes bringt. Als vertrauter Teil der eigenen Kultur stellt der Schulunterricht eine besondere Herausforderung für die Ethnographie dar. Gerade hier besteht die Aufgabe des Ethnographen im »fighting familiarity« (Delamont et al. 2010). In dieser Studie betrifft dies vor allem die humanistische bzw. instrumentalistische Sicht auf die Dinge des Wissens. Statt davon auszugehen, dass Schulunterricht ein rein menschliches Unterfangen ist, in dem Dinge als Werkzeuge das Lehren und Lernen effektiver machen, nähere ich mich dem Gegenstand relativ indifferent und verfolge, wie Menschen und Dinge am Unterricht beteiligt sind.

Einerseits zeichne ich in dieser Weise nach, wie Schüler durch die Dinge affiziert werden, indem ich darauf achte, wie sie körperlich und sprachlich auf die Dinge Bezug nehmen. Andererseits kann ich an mir selbst beobachten, was die Dinge mit mir als Beobachter machen. Mit Geoffrey Walford (2008) gehe ich davon aus, dass ich als *teilnehmender* Beobachter des Schulunterrichts eine schüleranaloge Position einnehme. Auch für mich sind die aufgeführten Demonstrationsexperimente sowie die an der Wandtafel festgehaltenen Rechnungen und Aufschriebe unbekannt. Auch ich weiß oft nicht, was uns erwartet, welche Schlüsse wir ziehen sollen. Die eigene Schulzeit liegt mittlerweile mehr als zehn Jahre zurück, das mathematische und naturwissenschaftliche Wissen habe ich zu einem (erschreckend) großen Teil vergessen. Freilich, ich bin kein Schüler. Ich erhalte keine Zensuren und unterliege keiner Schulpflicht. Mein Interesse gilt weder dem schulischen Wissen um seiner selbst oder einer Zensur willen noch der *peer culture* meines Klassenverbands, sondern der Beantwortung analytischer Fragen eines desinteressierten soziologischen Beobachters im Sinne Alfred Schütz' (1971). Mein Körper ist ferner bereits durch die Institution Schule gegangen. Ihr Wissen hat sich in ihn eingeschrieben und ihn diszipliniert.

Davon unbenommen bleibt jedoch, dass meine Position im Raum und meine Ausrichtung auf die Dinge des Wissens in Teilen denen der Schüler entspricht. Wie die Schüler sitze ich an einer der Schulbänke, Körper und Blick zumeist Richtung Wandtafel und Lehrerpult ausgerichtet. Ich erlebe das Spektakel des Unterrichts aus einer ähnlichen Warte wie sie. Auch mein Blick und meine anderen Sinne werden durch die Zeigepraktiken der Lehrer und die Dinge des Wissens und deren Aufführungen gelenkt. Auch schreibe ich das mit, was die Schüler mitschreiben (sollen), und versuche dem »Stoff« zu folgen. Kurzum, die Beschreibungen dessen, was die Schüler im Hinblick auf die Dinge des Wissens treiben, ergänze ich an geeigneten Stellen durch Beschreibungen meiner eigenen Reaktionen und durch Reflexion meiner Beobachtungs- und Schreibpraktiken im Feld. Gerade wenn es mit dem Begriff der Aufforderung um die sinnliche Dimension der Dinge gehen soll, bietet sich ein solches Vorgehen an. Es handelt sich dabei um Selbstbeobachtungen, die gleichberechtigt neben den Beobachtungen der Unterrichtsteilnehmer stehen und nicht beanspruchen, einen privilegierten Zugang zur Wirklichkeit zu bieten.

Ins Feld

Unterrichtsstunden in Mathematik und Physik dienen als empirischer Testfall für die hier skizzierte Forschungsperspektive. Sie sind beide in besonderem Maße auf die materielle Darstellung ihres disziplinären Wissens angewiesen. Die neuere Mathematiksoziologie betont die zentrale Bedeutung materieller Träger für die fachliche Kommunikation (Heintz 2000) – insbesondere die Tafel nimmt hier einen zentralen Platz ein (Greiffenhagen 2008). Und die Naturwissenschaften sind zunehmend »*techno*science« (Ihde 2009: 25ff.; H. i. O.) – ein durch technische Artefakte geprägtes Unterfangen. Dies gilt analog für die schulischen

Varianten der beiden Disziplinen. Während die Schulmathematik vor allem auf die Wandtafel vertraut (siehe hierzu Kaiser 1999), stützt sich die Schulphysik auf zahlreiche Demonstrations- und Schülerexperimente, in denen eine Reihe von Dingen dabei helfen sollen, den Schülern etwas vor Augen zu führen (Kircher et al. 2002; Mikelskis-Seifert/Rabe 2007).

Die Beobachtungen schulischen Unterrichts fanden ausschließlich an Gymnasien bzw. an einer Gesamtschule statt. Ich habe diese Auswahl zum einen aus Gründen der Vergleichbarkeit, zum anderen aufgrund der hohen Bandbreite an Klassenstufen an Gymnasien bzw. Gesamtschulen vorgenommen. So lässt sich nachzeichnen, wie Schüler nach und nach in einen wissenschaftlichen Umgang mit den Dingen eingeführt werden, bis sie in der Oberstufe die ersten Grundlagen für das wissenschaftliche Arbeiten an Universitäten erhalten. Auch hier bieten Studien aus der Soziologie der Naturwissenschaften und der Mathematik Anschlussmöglichkeiten.

Die ersten Feldzugänge erfolgten über einen Zeitraum von je einem Monat im Frühjahr sowie im Herbst 2009 an zwei Gymnasien. Neben teilnehmenden Beobachtungen in unterschiedlichen Klassenstufen beinhaltete dies zahlreiche informelle Gespräche mit Lehrern und Schülern, aber auch Experteninterviews. Nach ersten Analysen und einer weiteren Ausarbeitung des theoretischen Zugriffs folgte eine weitere mehrwöchige Feldphase im Frühjahr 2011. Dieser letzte Aufenthalt im Feld fand parallel an einem Gymnasium und an einer Gesamtschule statt. Hier konnten Lücken im Datenmaterial geschlossen werden: zum einen hinsichtlich der interaktiven Whiteboards, zum anderen hinsichtlich der naturwissenschaftlichen Sammlungen. Zudem habe ich im Rahmen der Studie drei Veranstaltungen besucht, die schulischen Akteuren bestimmte Lehrmaterialien näherbringen sollen: im März 2010 die Bildungsmesse *didacta* in Köln, im Februar 2011 eine Lehrerfortbildung zu ›Neuen Medien‹ in Mainz sowie im April 2011 den ebenfalls in Mainz stattfindenden *MNU-Bundeskongress* des *Deutschen Vereins zur Förderung des mathematischen und naturwissenschaftlichen Unterrichts*.

Insgesamt kann die Studie auf 72 Beobachtungsprotokolle von Unterrichtsstunden und anderen Situationen in der Schule zurückgreifen. Einige ausgewählte Schulstunden konnten außerdem mit Erlaubnis der Unterrichtsteilnehmer mit einem digitalen Audiorekorder aufgenommen werden.[16] Ergänzt wird der Da-

---

[16] Diese Aufnahmen dienten mir in erster Linie als mnemotechnische Hilfsmittel, auf die ich bei Bedarf zurückgreifen konnte. Es war nicht mein Ziel, zu einer konversationsanalytischen genauen Rekonstruktion des Gesprächsablaufs zu gelangen.

tenkorpus durch zahlreiche Photographien und Skizzen, Handouts und Aufgabenblätter, Interviewtranskripte sowie durch Prospekte der Lehrmittelindustrie und sieben Beobachtungsprotokolle, die innerhalb außerschulischer Kontexte (Bildungsmesse, Lehrertagungen) entstanden sind. Das Feld setzt sich also im weitesten Sinne aus drei Bereichen zusammen: (1) dem Schulunterricht und den darum angesiedelten Praktiken (etwa die Vorbereitung der Demonstrationsexperimente), (2) dem Marketing der Lehrmittelindustrie sowie (3) den Weiterbildungsmaßnahmen für Lehrpersonen. Mit einer derartigen » multi-sited ethnography « (Marcus 1998) folge ich der skizzierten Idee einer transsituativen Erweiterung der Unterrichtsforschung. Andere Bereiche ragen in den Schulunterricht hinein und konfigurieren (auch vermittelt über die Dinge), was dort passiert.

Methodisch-analytische Werkzeuge

Wie kann ich die schulischen Lehrmaterialien für den ethnographischen Blick verfügbar machen? Als Teil routinierter Praktiken bleiben Dinge oft im Hintergrund und treten gerade nicht als zu beachtende Objekte hervor. Sie sind uns selbstverständlicher und dadurch unscheinbarer Teil der Praxis (Langeveld 1955: 69). Dementsprechend gehe ich als *teilnehmender* Beobachter des Schulunterrichts mit den Akteuren des Felds beispielsweise zunächst davon aus, dass sich an der Wandtafel schriftliche Zeichen zeigen und dass diese zentral sind. Erst in einem zweiten Schritt – oft erst vor den Protokollen am Schreibtisch sitzend – lässt sich diese Haltung zugunsten einer analytischen *Beobachter*perspektive verschieben und damit die Darstellungsleistung der Wandtafel als schulischem Ding bestimmen.

Wie kann man diese analytische Verschiebung leisten und den Beitrag der Dinge zur Praxis ethnographisch fassen? Ich schlage verschiedene methodisch-analytische Werkzeuge vor, die dabei helfen sollen, den ethnographischen Blick für die Materialität (schulischer) Praxis zu öffnen (ausführlich Röhl 2012):[17]

▶ *Der zerbrochene Hammer*: In Anlehnung an Garfinkels Krisenexperimente (1967) können wir Heideggers » zerbrochenen Hammer « als Chance sehen, die praktische Verwobenheit der Dinge des Schulunterrichts für die Analyse greifbar zu machen. An dinglichen Pannen und Zusammenbrüchen wird sichtbar, welche konstitutive Rolle Dinge für die Teilnehmer des Schulunterrichts spielen. Schülern und Lehrern wird dann gegenwär-

---

[17] In Auseinandersetzung mit ANT und Phänomenologie haben Adams und Thompson (2011) teilweise ähnliche heuristische Werkzeuge zur Erforschung schulischer Dinge vorgeschlagen.

tig, was sie mit den Dingen erreichen wollen und sie zeigen dies den anderen Unterrichtsteilnehmern auch an – beispielsweise indem sie sprachlich explizieren, was sich an den Dingen zeigen sollte. Für den Ethnographen sind alle diese Krisen grundsätzlich wichtig, da die Teilnehmer in ihnen Wissen artikulieren, das ansonsten implizit bleibt.

► *Emergente Bedeutungszuschreibung*: Mit Ansätzen, die den Gebrauch der Dinge betonen, gilt es, den lokalen Bedeutungszuschreibungen zu folgen, die Schüler und Lehrer im Schulunterricht vornehmen. Einerseits kann man so die sich im Gebrauch zeigenden Bedeutungsverschiebungen von Dingen verfolgen: Ein Stuhl ist plötzlich nicht mehr Sitzmöbel, sondern kann auf dem Pult als Bühne eines Anschauungsobjekts dienen. Andererseits sind viele Dinge Objekt von ganz expliziten Bedeutungszuschreibungen: Ein Stift kann beispielsweise durch den Lehrer zum »Boot« erklärt werden. Das Explizieren solcher Gebrauchsweisen ist Teil des schulischen Unterrichtens. Lehr- und Lernsituationen gelten deshalb als besonders zugängliche Felder für die praxistheoretische Forschung: »situations of ›learning‹ and ›teaching‹ can provide occasions in which generally unnoticed qualities of action can be more easily ›seen‹« (Have 2004: 154; siehe auch Schindler 2011; Wiesemann 2006). Diese darstellende Leistung unterrichtlicher Praktiken wird durch die Anwesenheit des schulfremden Beobachters akzentuiert. Sowohl Lehrer als auch Schüler wissen um diese Darstellbarkeit und modulieren ihr Tun für den Beobachter.[18] Dies erleichtert der Forschung den Zugang zu ansonsten möglicherweise implizit bleibenden Wissensbeständen des Felds.

► *Sozio-materielle Heuristik*: Schließlich ist die auf Grundlage der theoretischen Perspektiven vorgeschlagene Heuristik ein begriffliches Instrumentarium, dessen Sinn und Zweck darin besteht, einen analytischen Zugang zur Materialität schulischen Unterrichtens zu finden. Als solches liefert es Denkanstöße und sensibilisiert etwa für die verschiedenen Mensch-Ding-Beziehungen. Die aus der Literatur entwickelte Begriffe können dabei helfen die »theoretische Sensibilität« (Strauss/Corbin 1996: 33f.) zu erhöhen. Allerdings müssen sich die begrifflichen ›Brillen‹ im Dialog mit den empirischen Daten bewähren. Auch und gerade für die (post)phänome-

---

[18] So fragte etwa eine Schülerin nach der Vorstellung meines Forschungsvorhabens hoffnungsvoll: »Machen wir jetzt mehr Experimente?« Und Lehrpersonen richteten oft Kommentare zu ihrer Darstellungspraxis (»Was für eine Medienkompetenz hier!«) auch an mich – wie mir ihre verschwörerischen Blicke in meine Richtung verrieten.

nologischen Begriffe gilt, dass sie nicht Bewohner eines vor der Empirie geschützten, transzendentalen Reiches sind (Göttlich 2008).

Die vorgestellten Werkzeuge sind hier »Techniken zum Erhöhen der theoretischen Sensibilität« (Strauss/Corbin 1996: 56ff.), die im Sinne der Grounded Theory dabei helfen sollen, die Daten analytisch aufzubrechen und eine Blickverschiebung zugunsten der *sozio-materiellen* Dimension der Praxis zu erreichen. Die Methoden der Grounded Theory dienen dabei nicht als striktes Regelwerk, sondern als analytische Hilfsmittel, um eine theoretisch gehaltvolle, aber dennoch in den Daten verankerte und dem Gegenstand adäquate Theorie zu entwickeln. Neuere Entwicklungen innerhalb der Grounded Theory (Charmaz 2006; Clarke 2005) reagieren auf kritische Einwände, die der Grounded Theory vorwerfen, einem induktiven Naturalismus aufzusitzen (etwa Thomas/James 2006; hierzu kritisch Strübing 2008), und formulieren die Methode konstruktivistisch bzw. praxistheoretisch um. Statt eines rigiden handlungstheoretischen Kodierparadigmas finden sich nun wesentlich offenere Vorgehensweisen, die neuere theoretische Entwicklungen aufnehmen. So stehen für Adele E. Clarke (2005) nun nicht mehr Handelnde im Vordergrund, sondern Situationen und ihre – auch dinglichen – Teilnehmer. Im Sinne einer solchen Öffnung der Grounded Theory gehe ich mit den Daten und ihrer Kodierung um. Die Kodierverfahren sollen mich einerseits in analytische Distanz zu den Daten bringen und das Nachdenken über die schulischen Dinge anregen, andererseits sollen sie den synoptischen Vergleich des Datenmaterials unterstützen und vereinfachen.

Ich verstehe daher die methodischen Instrumentarien innerhalb der ethnographischen Forschung als »heuristic possibilities« (Have 2004: 1). Die Studie soll sich deshalb auch nicht daran messen lassen, ob ich ein methodisches Regelwerk strikt befolgt habe, sondern daran, ob es mir gelingt, einen adäquaten und überzeugenden Beitrag zu einer Theorie (schulischer) Dinge zu entwickeln, der uns im Sinne einer »Erweiterung von Welt« etwas Neues über den Gegenstand erzählt: »Der epistemische Profit einer konstruktivistischen Analyse sollte sein, ein Terrain so zu erschließen, daß die geordnete Bewegung in diesem Terrain möglich wird« (Knorr-Cetina 1989: 94). Das heißt aber nicht, dass Forschung zur beliebigen Fiktion des Forschers wird. Die Daten müssen in ihrer Eigensinnigkeit theoretische Vorannahmen auch irritieren können, um so Neues zu erschließen.

Zum Aufbau der Arbeit

Im Dialog mit Theorien, die sich in unterschiedlicher Weise mit den Dingen befassen, habe ich im vorliegenden Kapitel ein Programm entwickelt, das es mir ermöglichen soll, die Dinge des Wissens im Schulunterricht zu beforschen. Einer
Ethnographie des Schulunterrichts bietet diese Heuristik theoretische Linsen,
die ins Feld und an den Schreibtisch mitgeführt werden können, um so im Verbund mit anderen methodisch-analytischen Werkzeugen den Blick für die Praxis
der Dinge zu schärfen.

In den folgenden Kapiteln erprobe ich dieses Programm einer sozio-materiellen Unterrichtsforschung und frage nach seiner empirischen Tragfähigkeit. Dabei umkreise ich gewissermaßen die schulischen Dinge. Zunächst soll es darum
gehen, wie die räumlichen Arrangements Dinge und Unterrichtsteilnehmer zueinander in Bezug setzen (Kapitel 2). Im darauffolgenden 3. Kapitel beschreibe
ich die unterschiedlichen Gebrauchsweisen, mit denen die Unterrichtsteilnehmer mit den Dingen umgehen. Den Dingen und ihrem Tun – der *Praxis der
Dinge* – widmet sich das 4. Kapitel. Hier analysiere ich das in den Dingen eingeschriebene Wissen und ihren sinnlichen Aufforderungscharakter innerhalb
von Mensch-Ding-Beziehungen. In den drei Kapiteln beschränke ich mich auf
das klassische Arrangement des mathematisch-naturwissenschaftlichen Schulunterrichts, in dem Wandtafel, Demonstrationsexperimente und Anschauungsobjekte eine zentrale Stellung einnehmen. Erst dann gilt es, diese etablierte Unterrichtsordnung mit neueren Figurationen zu vergleichen, wie sie sich durch den
Einzug digitaler Medien in die Klassenzimmer ergeben (Kapitel 5). In Kapitel 6
fasse ich die Ergebnisse der Studie zusammen und diskutiere ihre Tragweite für
die Neubestimmung des Schulunterrichts sowie ihren Beitrag zu einer Theorie
der sozio-materiellen Praxis im Allgemeinen.

2 Arrangements. Die Räume des Unterrichts

Schulen und ihre Unterrichtsräume sind auch Zweckbauten mit erzieherischer Absicht: Die Aufteilung der Räume folgt einer Theorie des schulischen Unterrichts, seiner fachlichen Trennungen und seiner Organisation. Hatte Michel Foucault (1994) die »Parzellierung des Raums« als organisatorisches Merkmal von Subjekt-Disziplinierungen diagnostiziert, soll hier gezeigt werden, wie in der Anordnung von didaktischen Lehrmaterialien und Mobiliar in dafür vorgesehenen Räumen eine Ordnung des Unterrichthaltens vorweggenommen und figuriert wird.

Gesucht wird die sich in solchen sozio-materiellen Arrangements abzeichnende Wissensordnung und die in ihnen angelegten Positionen für die Unterrichtsteilnehmer.[19] Welche Rezipienten und Rezeptionshaltungen sehen sie jeweils vor? Welcher Wissens- und Erkenntnistyp ist hier angelegt? Darüber hinaus frage ich danach, wie die Dinge des Wissens hier in Erscheinung treten sollen. Wie sollen sich Menschen und Dinge begegnen? Ich zeichne also nicht nur nach, wie Architekturen menschliche Subjekte disziplinieren und hervorbringen, sondern auch, wie die Arrangements Dinge konfigurieren und in Ordnungen einsetzen. Die räumlichen Arrangements disziplinieren dabei in zweierlei Hinsicht. Einerseits im Sinne einer *Verhaltensordnung*. An ihren Plätzen sind die Schüler Ziel eines sie individualisierenden und kontrollierenden Blicks. Ferner verweisen die schulischen Arrangements auch die Dinge an bestimmte Plätze im Raum und steuern dadurch ihr Auftreten. Andererseits schaffen die räumlichen Arrangements auch eine *Wissensordnung*. Dinge und menschliche Unterrichtsteilnehmer werden in den Kontext eines fachlich geordneten Wissens gestellt. Dadurch verschafft sich die Institution Schule auch Wissen über ihre ›Insassen‹, indem sie Schüler (z. B. »ein Schüler der 9. Klasse, der in der 4. Stunde im Physiksaal Physikunterricht erhält«) und Dinge (»ein Experiment zur Akustik in Physik«) kategorisiert.[20]

Um die obigen Fragen zu beantworten, zeichne ich im Folgenden zunächst die Entwicklung heutiger schulischer Unterrichtsräume kurz nach (2.1), um dann

---

[19] Mir geht es hier nicht um die praktische Hervorbringung räumlicher Anordnungen (Löw 2001: 224–230), sondern um wahrscheinliche Konfigurationen und Ordnungen innerhalb schulischer Unterrichtsräume.

[20] Zur Unterscheidung von Disziplin als Verhaltens- und Wissensordnung siehe Künzli (2008).

drei Typen solcher Räume *en détail* zu betrachten, miteinander zu vergleichen und nach deren Beziehung zueinander innerhalb des Schulgebäudes zu fragen: das Klassenzimmer (2.2), den Physikraum (2.3) und die naturwissenschaftliche Sammlung (2.4).

2.1 Zur Geschichte der Unterrichtsräume

Ein Blick in die Geschichte des Schulbaus zeigt, dass das heute übliche frontal ausgerichtete Klassenzimmer und das dazugehörige ausdifferenzierte Schulgebäude Ergebnis einer recht jungen Entwicklung sind. In der frühen Neuzeit waren beispielsweise die weltlichen Schulen in einfachen Häusern untergebracht, die nicht allein dem Unterrichten dienten (Schmidt 1967: 520ff.). Den dort lebenden Schulmeistern waren sie nicht nur Wohnstätte, sondern oft auch landwirtschaftlicher Hof, der ihnen das Auskommen sicherte. Unterricht fand dementsprechend oft in der Wohnstube des Schulmeisters statt, nur selten gab es ein eigens dafür hergerichtetes Zimmer. Die Schulmeister waren hier und in anderen Schulen (z. B. den Domschulen) zugleich Hausherr des Schulhauses, die moderne Trennung privater und öffentlicher Räume kannte man nicht (Lange 1967: 21ff.).

Der noch zumeist einklassige Unterricht fand in einem einzelnen Raum innerhalb des Schulhauses statt (Lange 1967: 48ff.). Verschiedene räumliche Arrangements existierten dabei nebeneinander: In den deutschen Lese- und Schreibschulen der frühen Neuzeit waren die Bänke der Schüler nicht allesamt Richtung Lehrerpult ausgerichtet, sondern in langen Reihen entlang der Wände. Die Schüler der Lateinschulen waren nach ihren Kenntnissen in drei Gruppen eingeteilt und entsprechend im Raum verteilt (Lange 1967: 50f., 110f.; Schiffler/Winkeler 1994: 66ff.). Sie saßen auf langen Bänken oder mussten zeitweise in Reihen vor dem Schulmeister stehen. In den weltlichen Rechenschulen versammelten sich die Schüler hingegen um einen Tisch herum, auf dem sie unter Anleitung des Rechenmeisters und mit Hilfe eines Rechenbretts selbständig Aufgaben rechnen mussten (Göhlich 2009: 93f.). Eine einheitliche Ausrichtung aller Schüler im Raum gab es nicht. Die Position der Schüler im Raum war an unterschiedlichen Schulformen bis ins 19. Jahrhundert an Status, Kenntnisstand, Alter und Betragen der Schüler gebunden (Lange 1967: 69ff.).

Schulischer Unterricht wurde in der frühen Neuzeit mehrheitlich als selbsttätiges Studium gefasst und war in erster Linie Einzelunterricht mit dem Ziel des präzisen Memorierens und Repetierens der Lerninhalte (Lange 1967: 96ff.; Petrat 1979: 37ff.). Die Schüler wurden z. B. einzeln am Lehrerpult überprüft oder mussten gemeinsam wiederholen, was der Schulmeister vorsagte. Während die Universitäten einen zentral auf einen Katheder ausgerichteten Raum kannten, war der frühneuzeitliche Schulraum »eher ein Forum: der Übungsraum einer gegliederten Klasse, deren einzelne Abteilungen oder deren Gesamtschülerschaft sich nach Bedarf als Lerngemeinschaft konstituieren konnte« (Lange 1967: 111). Die Schulstuben waren zwar schon teilweise mit (vergleichsweise kleinen) Schiefertafeln ausgestattet, sie spielten aber nicht die zentrale Rolle, die der Tafel heute zukommt (Schmidt 1967: 528). Das Pult des Lehrers war nach dem Vorbild kirchlicher Kanzeln gestaltet, manchmal fand sich darüber auch ein Baldachin. Diese Lehrerkanzel war in der Regel auf einer erhöhten Bühne gelegen und markierte auch so deutlich den gegenüber den Schülern herausgehobenen Status des Lehrers und seine Funktion als Überwacher einer Gruppe von einzeln arbeitenden Schülern.

Am Ende des 18. Jahrhunderts wurde Bildung mehr und mehr zur Aufgabe des Staates (Petrat 1979) und staatliche Institutionen griffen zunehmend mit Verordnungen auch in den Bau der Schulen und die Ausstattung der Klassenzimmer ein (Schmidt 1967: 530ff.; Lange 1967: 30f.). Mit der sich langsam durchsetzenden Schulpflicht entstand so auch ein neuer Typ Schulgebäude. Im 19. Jahrhundert setzten sich in den Städten große kasernenartige Schulgebäude durch, die jeder nach Jahrgang eingeteilten Klasse einen Raum zuweisen und über weitere funktional ausdifferenzierte Räume verfügen (Göhlich 1993: 311). Durch die Aufteilung der Schüler nach Jahrgängen erhoffte man sich, eine große Zahl von Schülern unterrichten und gleichzeitig den unterschiedlichen Begabungen gerecht werden zu können, da man davon ausging, es mit relativ homogenen Gruppen zu tun zu haben (Lange 1967: 295). Die Wohnungen der Schulmeister verschwanden aus den Schulen und der Lehrerberuf wurde zunehmend professionalisiert. Zahlreiche hygienische und ergonomische Überlegungen zum Schulbau wurden angestellt. So sollten beispielsweise die Klassenzimmer eine Mindesthöhe (ca. 3,5 m) aufweisen, um eine ausreichende Belüftung und Belichtung zu gewährleisten (Hnilica 2010: 155f.; Lange 1967: 299).

Die Klassenzimmer der »wilhelminischen Schulkaserne« (Göhlich 1993: 311) waren über große Korridore zu erreichen, an denen sich Zimmer an Zimmer reihte. In den Klassenzimmern saßen die Schüler an feststehenden und in Reihen angeordneten Schulbänken, die eine aufrechte Haltung abverlangten und allesamt Richtung Stirnwand zeigten (Schmidt 1968: 158, 162). Der Blick der Schüler war dadurch auf das durch ein Podium erhöhte Lehrerpult und eine nun übliche zentrale Wandtafel gerichtet. Mit den reformpädagogischen Bewegungen am Ende des 19. sowie am Anfang des 20. Jahrhunderts gab es erste Bemühungen, dieses starre Mobiliar durch freistehende Tische und Stühle zu ersetzen (Hnilica 2010: 160f.). Dieses neue Mobiliar verbreitete sich im Laufe des 20. Jahrhunderts an den deutschen Schulen und ersetzte schließlich die Schulbank.

Das »zentralperspektivische« (Göhlich 1993: 311) Arrangement des Klassenzimmers und der damit verbundene lehrerzentrierte Zusammenunterricht finden sich in Deutschland seit dem 18. Jahrhundert. Weite Verbreitung erfuhr dieses Arrangement aber erst im 19. Jahrhundert und in ländlichen Gegenden sogar erst im 20. Jahrhundert (Schmidt 1968: 158ff.).[21] Der lehrerzentrierte Schulunterricht galt als moderne Innovation. Bereits 1783 plädiert der Schulreformer Johann Ignaz Felbiger gegen den Einzelunterricht und für das »Zusammenunterrichten« mit Hilfe der Wandtafel (Schmidt 1967: 534f.; Konrad 2007: 68). Als Vorteile sah er die ständige Aufmerksamkeit der Schüler, die größere Effektivität und das Mehr an Zeit, das jedem Schüler zuteil wird. Jeder – so die Idee – soll ständig zur gleichen Zeit unterrichtet werden. Auch dann, wenn der Lehrer seine Frage nur an einen Schüler richtet, profitieren seine Mitschüler. Die Idee einer effizienten ›Maschine‹ zur Unterrichtung großer Bevölkerungsmassen entwickelte sich – der moderne Schulunterricht gilt als »vast moral steam engine« (Markus 1996: 33). Ein Lehrer konnte nun eine überschaubare Gruppe von Schülern nicht nur effizient unterrichten, sondern auch einfach kontrollieren (Hackl 2010: 184ff.). War das Lehrgespräch bei Felbiger und anderen Schulreformern oft noch als Katechieren – also in Form eines sehr rigiden Abrufens – angelegt, so setzten sich bis zum Ende des 19. Jahrhunderts Unterrichtsformen durch, in denen wir die heute noch bekannte Abfolge aus Frage-Antwort-Lehrerkommentar (Kalthoff 1997: 89ff.; Mehan 1998) finden, die sich an der sokratischen Methode orientiert (Hamilton 1990: 75f.; Steindorf 2000: 139f.).

Die Anfänge der naturwissenschaftlichen Fachräume fallen mit dem Einzug der Realien in die Schulen zusammen. So sah etwa der Architekt Joseph Furttenbach in einem Entwurf einer Schule aus dem Jahr 1635 eine »Kunstkammer« vor, in der »mathematische, geometrische, architektonische, mechanische etc. Instrumenta neben einer großen Anzahl dergleichen Modelli in guter Ordnung« plat-

---

[21] Daneben gab es aber auch gegenläufige Entwicklungen, bei denen beispielsweise der Selbsttätigkeit der Schüler oder Gruppenarbeit eine größere Rolle zukam und die dadurch auf andere Arrangements (z. B. Stuhlkreise) setzten. Auf diese Entwicklungen gehe ich hier nicht ein (siehe hierzu aber ausführlich Göhlich 1993).

ziert sind, um »was danieden in den Academien immer im Discurso fürfallen möchte, [...] man hierzugegen lebhaft und gleichsam im Werk selbsten demonstrieren und daraus den rechten Inhalt erweisen könne« (zitiert nach Lange 1967: 253). Später wurden diese Räume weiter ausdifferenziert und man kannte schon am Ende des 18. Jahrhunderts neben den Naturalienkabinetten eigens für die Experimentalphysik eingerichtete und mit entsprechenden Geräten ausgestattete Lehrzimmer (Lange 1967: 278; Schenk 1984: 63f.). Einerseits glaubte man dadurch die anschauliche Welt ins Klassenzimmer holen zu können, andererseits teilte man den Realien so einen gesonderten Ort zu und besonderte dadurch die darin auftauchenden Dinge.

Die geschichtliche Entwicklung der Schulgebäude und Unterrichtsräume zeigt, wie stark unterrichtliche Praxis und sozio-materielle Arrangements zusammenhängen (siehe auch Göhlich 2009). Zu Zeiten des Einzelunterrichts finden sich Arrangements, die zwar das Lehrerpult als Katheder hervorheben, aber noch keine so eindeutige Ausrichtung zur Stirnseite des Schulraums hin kannten. Mit dem Aufkommen des Zusammenunterrichtens entstehen Klassenzimmer, die eine öffentliche Bühne des Unterrichtens schaffen, indem sie die Schüler nach vorne ausrichten. Das quasi-sokratische Lehrgespräch, aber auch die Wandtafel können so in den Mittelpunkt einer gesamten Klasse rücken. Damit einhergehend bildet sich ein die Schüler disziplinierendes Blick- und Hörregime aus. Der Lehrer kann die Schüler jederzeit in den Blick nehmen – und zwar als Individuen oder als Kollektiv. Das Schulgebäude weist einerseits den Schülern – zumindest bis zur Oberstufe – Klassenzimmer zu, die sich auch durch eine entsprechende Beschriftung am Türschild als Zimmer einer bestimmten Klasse ausweisen. Die Schüler werden somit Teil einer Jahrgangsklasse als relativ homogener Wissensklasse. Andererseits unterteilt das Schulgebäude den Raum anhand funktionaler Kriterien: Lehrerzimmer, Fachräume, Sekretariate usw. Ein analytischer Raum entsteht, in dem sowohl der Wissenskanon als auch die Schüler Ziel einer disziplinierenden Praxis sind.

2.2 Das Klassenzimmer

Mehr als 100 Jahre nach dem Siegeszug des frontal ausgerichteten Klassenzimmers haben sich Schulen, Schülerschaft und Klassenräume verändert – und sind doch auch gleich geblieben. Diese gebrochene Kontinuität soll exemplarisch am Beispiel eines Klassenraumes beschrieben und analysiert werden. Das Beispiel deckt nicht alle Formen schulischer Innenarchitektur ab, steht aber für eine leich-

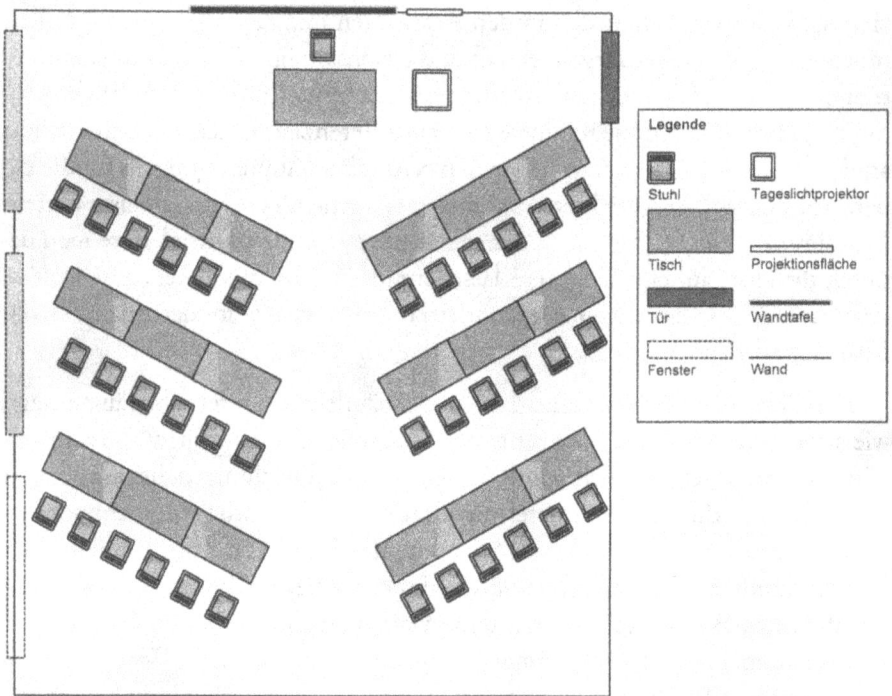

Abbildung 2.1: Schematischer Grundriss eines Klassenzimmers

te Verschiebung in der Theorie des Unterrichtshaltens, die sich in der Anordnung von Tischen, Bänken, Wandtafeln etc. zeigt. Mit der Anordnung des Mobiliars und der Architektur bekommt die Interaktion, die zwischen Lehrpersonen und Schülern stattfinden kann und soll, eine Form (Thévenot 1984). Das heißt: Es macht einen Unterschied für die schulische Interaktion, ob Schüler in parallel angeordneten Reihen, in der sogenannten »U-Form« oder in kleinen Arbeitsgruppen in der Klasse verteilt sind. Begeben wir uns deshalb einmal in das Klassenzimmer der Klasse 10 b am Gymnasium Heilig Geist[22] (siehe Abb. 2.1) und fragen uns, was dieses Arrangement ausmacht.

Auffällig ist zunächst, die klare Ausrichtung auf eine Wand hin. Stühle und Tische der Schüler sind so angeordnet, dass eine Blickrichtung der Schüler zur Stirnwand nahegelegt wird. Hierin unterscheidet sich das Klassenzimmer beispielsweise vom Café, das aus vielen kleinen, um sich kreisenden ›Inseln‹ der Kom-

---

[22] Selbstverständlich handelt es sich bei allen in dieser Arbeit auftauchenden Namen von Schulen, Lehrpersonen und Schülern um Pseudonyme.

munikation besteht. Es unterscheidet das Klassenzimmer aber auch von anderen Lernorten wie etwa Bibliotheken, in denen die Nutzer in Richtung verschiedener Fenster, Regale oder gar Wände arrangiert sind. Während Cafés eine mehr oder weniger private Kommunikation unter den Besuchern fördern und Bibliotheken individualisieren, um uns so die Aufmerksamkeit auf Buch und Laptop richten zu lassen, ist das Klassenzimmer ein Ort, an dem ein kollektiver Fokus auf den Frontalbereich nahegelegt wird. Dies rückt das Klassenzimmer in die Nähe von Theater- und Konzertbühnen. Auch dort sind die Stühle in der Regel in eine Richtung angeordnet und ein Kollektiv ist auf ein Geschehen ausgerichtet. Die Möglichkeiten zum Gespräch untereinander sind minimiert und beschränken sich auf nebeneinander sitzende Personen. Zwischen den Stuhlreihen gibt es hier wie dort Durchgänge, für größere Freiflächen fehlt – mit Ausnahme der Bühne bzw. des Tafelbereichs – der Platz. Zwei Unterschiede zum Bühnenarrangement fallen jedoch ins Auge: (1) Im modernen Klassenzimmer gibt es keine erhöhte und dadurch auch stark abgesetzte Bühne. Das ›Publikum‹ des Unterrichts könnte die Bühne betreten, ohne ein Hindernis überwinden zu müssen; es kann dadurch eher Teil des klassenöffentlichen Geschehens werden. Und die Lehrkraft kann umgekehrt leichter von der Bühne ›hinuntersteigen‹, um zum ›Publikum‹ zu gelangen. Die Grenze zwischen den Bereichen des Schülerpublikums und des Lehrers sind weniger stark markiert und materiell gesetzt. (2) Die Tische des Klassenzimmers legen eine Tätigkeit nahe, die über das rein kontemplative Betrachten hinaus geht. Tische dienen meist dazu, etwas abzulegen, das der unmittelbaren Verwendung zugeführt wird: Speisen, Getränke, Schreibmaterialien, Werkzeug usw.

Wo finden sich weitere Arrangements, die Personen an Tischen einander gegenüberstellen? Neben Cafés sind es etwa Verhöre, mündliche Prüfungssituationen und Beratungsgespräche, bei denen sich zwei oder mehr Personen gegenüber sitzen und sich über ein Thema dialogisch austauschen. Der gemeinsam genutzte Tisch verbindet und trennt zugleich. Man teilt den Fokus – oft auch durch relevante Unterlagen auf dem Tisch in Szene gesetzt –, kann aber dennoch unterschiedliche Positionen besetzen: Verhörender und Verhörter, Prüfer und Prüfling, Berater und Kunde, und im Café abwechselnd die Position des Zuhörers und Sprechers. Auch im Klassenzimmer teilen Schüler und Lehrer einen Fokus. Auch dann, wenn einige Schüler dem Geschehen keine Aufmerksamkeit schenken, geht der Gesprächsapparat des Unterrichts davon aus, dass alle ihm folgen (Kalthoff 1997: 91f.). Im Klassenzimmer liegt der Fokus aber nicht allein im Dialog zwischen einzelnen Schülern und dem Lehrer. Vielmehr ist die Klassenöffentlichkeit angesprochen. Lehrer und Schüler teilen eben nicht einen dialogisch besetzten Tisch, sondern haben jeweils ihnen zugewiesene Tische, die klar voneinander getrennt sind. Sie sind ferner durch ihre entgegengesetzte Ausrichtung und durch den unterschiedlichen Abstand zur Wandtafel voneinander ge- und unterschieden. Der Klassenraum ist dadurch in zwei relativ klar voneinander getrennte »Regionen« (Sørensen 2009: 144ff.) unterteilt: in einen Bereich der Schüler und in einen Bereich der Lehrperson. Hierin gleicht das Klassenzimmer eher einer Pressekonferenz. Verkündende und Presse sitzen sich gegenüber, jeder in seinem eigenen Bereich. Der Fokus des Geschehens ist das, was vorne mitgeteilt wird. Zwar stellen einzelne Journalisten Fragen, aber die Antworten sind an alle Anwesenden gerichtet. Der Fokus liegt deshalb nicht allein im Dialogischen, sondern auch in einem als zentral gesetzten Bereich an einer Seite des Raums, wo etwas gezeigt, mitgeteilt und aufgeführt wird.

Wie sieht dieser Bereich im vorliegenden Klassenzimmer aus? Die Wand, auf die alle Schülerkörper hin ausgerichtet werden sollen, ist fensterlos und bis auf ein Kruzifix – wir befinden uns in einer katholischen Schule – schmucklos. Eine Wandtafel dominiert die Mitte der Wand und hängt dort einem Triptychon gleich mit Mittelteil und zwei Flügeln. Rechts von der Wandtafel findet sich außerdem ein an der Wand befestigtes weißes quadratisches Brett, das sich deutlich von der ebenfalls weißen Wand abhebt und sich dem davor stehenden Tageslichtprojektor als Projektionsfläche darbietet. Dieser zentral gesetzte Bereich gleicht einer Bühne, auf der sich etwas zeigen und aufgeführt werden soll. Die Position am Pult bzw. an der Wandtafel setzt die dort waltende Person als zentrale Figur ein. Deutlich wird dies z. B. dann, wenn die Schüler diese Position spielerisch – etwa in den Pausen – besetzen:

> Frau Langmann verschwindet im Vorbereitungsraum, noch hat es nicht gegongt. Einer der Schüler soll währenddessen die Tafel wischen, doch statt sich gleich seiner Aufgabe zu widmen, guckt er sich ein auf dem Pult stehendes Gerät an und wendet sich so, hinter dem Pult stehend, unweigerlich der Klasse zu. Einige Schüler stimmen – die morgendliche Begrüßung der Lehrerin imitierend – an: »Guten Morgen Herr Weber [Nachname des Schülers]!« Allgemeines Gelächter bricht los.
> (Physik, 7. Klasse)

Zwar ist es keine Seltenheit, dass die Schüler den Tafeldienst übernehmen und die Wandtafel vor Unterrichtsbeginn reinigen müssen. An vielen Schulen ist es üblich, diese Aufgabe zu übertragen und beispielsweise im wöchentlichen Wechsel von einzelnen Schülern ausführen zu lassen. Der Bereich an der Wandtafel ist aber offensichtlich eine symbolisch und funktionell so stark besetzte Position im Klassenzimmer, dass der Aufenthalt eines Schülers dort als Bruch mit der üblichen Ordnung des Unterrichts und der Schule wahrgenommen werden kann.

Sobald sich der Schüler der Klasse zuwendet, ganz so wie dies die Lehrerin tun würde, bricht es aus einigen Schülern heraus und sie nehmen diesen Bruch ironisch auf. Sie spielen mit der ihnen vertrauten Ordnung des Unterrichts und verkehren sie in einer augenzwinkernden Aufführung dieser Ordnung.

Doch zurück zum Klassenzimmer der 10 b: An der linken Seite des Raums finden sich drei große Fenster, die den Raum erhellen.[23] Während im Café viele Plätze auch in Richtung Fenster weisen, bietet sich von den Plätzen der Schüler aus zunächst einmal die Stirnseite des Klassenzimmers mit der Wandtafel an. Damit sind Fenster in erster Linie als Lichtquellen, genauer, Quellen natürlichen Lichts konzipiert.[24] Auf der rechten Seite ist eine Garderobe mit Haken für die Jacken der Schüler angebracht. Hinter den Schülern schließlich finden sich vor allem Dinge, die den Raum als »ihr« Klassenzimmer ausweisen: von den Schülern gestaltete Poster, Photographien der Klasse, Spruchbänder, Merkblätter und so fort. Diese Dinge sind in erster Linie dem Klassenkollektiv zugeordnet und nicht einzelnen Schülern. Beim Hereinkommen fallen diese Dinge gleich ins Auge und grenzen diesen Raum symbolisch von anderen – z. B. den Zimmern anderer Klassen, dem Lehrerzimmer, den Fachräumen – ab. An der Decke sind in zwei Reihen Neonröhren angebracht, die bei Bedarf ihr kühles, aber helles Licht im Raum verteilen.

Farblich herrschen im vorliegenden Klassenzimmer warme Brauntöne vor. Die Wände sind bis zur Höhe von etwa 1 m mit dunkelbraun lackiertem Holz verkleidet, darüber ist der feine Putz weiß gestrichen. Auf einem etwas betagten Parkettboden findet sich typisches Schulmobiliar. Stühle und Tische sind aus einer Kombination aus Holz und Metall gefertigt. Während die Rückenlehne, die Sitzfläche der Stühle und die Tischplatte aus klar lackiertem, hellen Holz gefertigt sind, bestehen die Stuhl- und Tischbeine sowie andere Verbindungsteile aus dunkelbraun lackiertem Metall. Tische und Stühle sind einfach und funktional gehalten; klare, rechteckige Formen herrschen vor. Ihre Schmucklosigkeit und

---

[23] Die Fenster der meisten Klassenzimmer befinden sich auf der linken Seite. Im Schulbau setzt sich dies im späten 19. Jahrhundert durch (Lange 1967: 299f.). In Großbritannien gab es hierzu bereits im *Education Reform Act* von 1870 Verordnungen, die dies regelten (Burke 2005: 137). Für Deutschland empfiehlt die Kultusministerkonferenz in den *Arbeitshilfen zum Schulbau* (Juli 2008) unter Rückgriff auf DIN 5034 (*Tageslicht in Innenräumen*), dass im Schulbau auf von links einfallendes Tageslicht zu achten ist. Die – zumeist rechtshändigen – Schüler sollen beim Schreiben nicht vom Schattenwurf ihrer Hand gestört werden.

[24] Fenster stellen potentiell eine Gefahr für den auf den Tafelbereich fokussierten Unterricht dar. In den 1970er-Jahren hat man deshalb in den USA mit fensterlosen Klassenzimmern experimentiert, um so Ablenkung durch den Blick aus dem Fenster zu verhindern (Burke 2005: 140).

das Fehlen von Tischdecken und anderen dekorativen Elementen (Blumengestecke, Kerzen u. ä.) unterstreichen die Funktionalität des Mobiliars. Allenfalls das Braun des Metalls und das Holz der Tische und Stühle strahlen eine gewisse Wärme aus. Es gibt keine Möglichkeiten, Tische oder Stühle durch Stellschrauben oder Hebel anzupassen. Jeder Schüler sitzt zwar an seinem zugewiesenen Platz, aber am selben Typ Tisch und auf dem selben Typ Stuhl. Lediglich das Lehrerpult fällt hier aus der Reihe und ist symbolisch von den anderen Tischen abgesetzt. Es ist etwas größer als die Tische der Schüler und kann – im Gegensatz zu den Schülertischen – den unteren Teil des Körpers eines daran sitzenden Lehrers verbergen. Den Schülerkörpern ist eine solche Rückzugsmöglichkeit nicht in gleicher Weise gegeben.

Die Stühle, auf denen Schüler und Lehrer Platz nehmen sollen, richten nicht nur Schüler auf den Tafelbereich und Lehrer auf die Schüler hin aus, sondern geben auch eine sitzende Körperhaltung vor. Forschungen zur Geschichte des Sitzmobiliars in Schulen belegen, dass in den Möbelstücken auch erzieherische Absichten stecken (Hnilica 2010; Martinez 2005). Während die Schulbänke des 19. Jahrhunderts vor allem unter disziplinierenden Gesichtspunkten gestaltet und für den lehrerzentrierten Unterricht fest installiert waren, sind die heute vorwiegend verwendeten freistehenden Tische und Stühle wesentlich flexibler und erlauben beispielsweise auch Gruppenarbeit, solange sie nur dementsprechend angeordnet werden. Dennoch: So wie wir sie hier vorfinden, sind Tische und Stühle insofern disziplinierend, als dass sie Schüler als sitzende Zuschauer und Mitschreiber konfigurieren. Im Sitzen verrichten wir Tätigkeiten, für die wir den Kopf, den Gesichtssinn und die Hände benötigen. Die untere Hälfte unseres Körpers ist beiseite geschoben, verharrt hier sogar unterhalb einer sie abschneidenden Tischfläche.

Das Klassenzimmer der 10 b ist Teil eines großen Schulgebäudes aus dem 18. Jahrhundert. Über große, weitläufige Gänge erreicht man die nebeneinanderliegenden Zimmer der einzelnen Klassen, wobei diejenigen, die zur selben Klassenstufe gehören, in der Regel in alphabetischer Abfolge nebeneinander liegen: die 10 a neben der 10 b neben der 10 c usw. Auf den Fluren sind die Klassenzimmer auf der einen, eine Fensterreihe – aber auch die Toiletten – auf der anderen Seite gelegen. Neben den Türen weisen Schilder die Räume mit einer Raumnummer und der Bezeichnung einer Funktion (»Toilette«) oder Klasse (»10 b«) aus. Die Räume der Klassen lassen sich vom Lehrerzimmer leicht erreichen. Sie durchziehen – im Gegensatz zu vielen anderen Räumen – fast das ganze Gebäude. Der naturwissenschaftliche Bereich mit der »Physik« ist hingegen in einem Seitenflügel des Gebäudes untergebracht und durch eine Glastür auch optisch von den Fluren mit den Klassenzimmern abgesetzt. In ihren Klassenzimmern sind die Schüler als Teil einer Jahrgangsklasse klassifiziert und in die nach Lebensalter organisierte Abfolge von Lerninhalten eingebunden. Eine Gruppe Jugendlicher des gleichen Jahrgangs erhält den gleichen Stoff im gleichen Unterricht und teilt sich ein Klassenzimmer.

Bisher schließen meine Analysen weitgehend an gängigen Überlegungen zum Klassenzimmer des lehrerzentrierten Unterrichts an. Das hier vorgestellte Klassenzimmer unterscheidet sich aber auch vom Idealtyp eines solchen Unterrichtsraums. Die Tische der Schüler sind im Beispiel nicht isoliert voneinander aufgestellt, so dass die Schüler in Zweiergruppen im Raum verteilt sind. Stattdessen sind immer drei Tische in einer Reihe angeordnet. Außerdem sind sie nicht parallel, sondern in einem Winkel von etwa 45° zur Tafelseite positioniert. Dadurch macht das vorliegende Arrangement den Tafel- und Pultbereich noch in viel größerem Maße zur »Zone herausgehobener Sichtbarkeit« (Breidenstein 2004: 93). Der Fokus dieses Arrangements ist geschärft, verteilt sich weniger auf die gesamte Breite der Stirnwand, die Blicke verdichten sich auf den Tafelbereich hin. Zieht man eine gedachte Linie von den Stuhllehnen in Richtung der dazugehörenden Tische und verlängert diese, so erhält man eine – zugegebenermaßen hochgradig idealisierte – Darstellung der vorherrschenden Blickrichtung dieses Klassenzimmers. All diese Linien treffen in einem Punkt zusammen, der sich zwar außerhalb des Klassenzimmers, aber in der Mitte der Stirnwand befindet. Verglichen mit einem ›klassischen‹ Klassenzimmer zeigt sich, dass die Bestuhlung des Zimmers die Körper und Augen der Schüler noch sehr viel stärker Richtung Wandtafel lenkt. Der Aufwand, sich bzw. seinen Kopf oder den Blick zur Tafel zu wenden, ist hier wesentlich geringer. Für die schulischen Dinge bedeutet diese Frontalausrichtung auf die Schaubühne des Unterrichts, dass sie in erster Linie als zu betrachtende und distanzierte Objekte vorgesehen sind. Die Wandtafel und der Overheadprojektor sind dem Bereich des Lehrers zugeordnet und den Schülern haptisch fern. Wenn sich Anschauungsobjekte auf dem Pult präsentieren, dann sind sie gleichfalls den Schülerhänden entzogen. Den Blicken der Schüler liegen diese Dinge aber nahe. Sie können ohne Aufwand gleichzeitig von der gesamten Klasse betrachtet werden.

Gleichzeitig ist durch die Tischreihen die Klasse noch stärker als Kollektiv in Szene gesetzt. Wir, die Schüler, gehören zusammen, sitzen eher neben- als hintereinander. Außerdem öffnet die schräge Ausrichtung der Tische das Kommunikationsgeschehen des lehrerzentrierten Unterrichts. Statt einer einseitigen Ausrichtung auf die Lehrperson sind die Möglichkeiten zur Diskussion mit den Mitschülern erhöht. Die Schüler können einander leichter anblicken und so in der Diskussion aufeinander Bezug nehmen. Die Idee des lehrerzentrierten Unterrichts, die sich noch im wilhelminischen Klassenzimmer in ihrer Reinform findet, ist hier teilweise relativiert. Ein offeneres Moment des Unterrichthaltens schlägt sich im vorliegenden Arrangement nieder: Nicht nur die Lehrperson ist als Adressat meines Sprechens als Schüler vorgesehen, sondern auch meine Klassenkameraden. Die Anordnung von Tischen und Stühlen öffnet so auf Seiten der Schüler die Möglichkeiten zur Diskussion, ohne aber die Ausrichtung auf den Tafelbereich aufgeben zu müssen.

Ich fasse die Beobachtungen zum Klassenzimmer als räumlichem Arrangement kurz zusammen. Als Teil des Schulgebäudes klassifiziert das Klassenzimmer Schüler als Mitglieder einer Jahrgangsklasse, die sich in ihm den gleichen Unterrichtsinhalten widmen sollen. An diesem Ort soll sich ein Kollektiv individualisierter Personen zusammenfinden, das sich einer einzelnen Person gegenüber sieht. Dieses Kollektiv ist auf eine Seite des Zimmers hin ausgerichtet, an der eine zentral gesetzte, dreigeteilte Fläche zu sehen ist. Räumlich ist es von diesem Binnenraum getrennt – an den Tischen sitzend und schreibend soll es sich dem öffentlich sichtbaren Geschehen zuwenden. Weder nach außen weisende Fenster noch schmückendes Beiwerk lenken dabei die zur Tafelseite ausgerichteten Körper ab. Zwar weisen die an der Rückwand angebrachten Dinge den Raum als Zimmer der Klasse aus, während des Unterrichts verbleibt diese symbolische Aufladung aber zumeist im Hintergrund des Geschehens. Dinge sind auf der Schaubühne des Unterrichts als zu betrachtende Objekte vorgesehen. Damit ist das Fundament dafür gelegt, menschliche und nicht-menschliche Teilnehmer des Unterrichts auftreten und einander begegnen zu lassen. Doch zunächst beschäftigen wir uns mit einem weiteren Typus des räumlichen Arrangements der Schule: dem Physikraum.

2.3 Der Physikraum

Auch die Räume der Physik sind auf den Tafelbereich und das Lehrerpult ausgerichtet. Anders als in den Klassenzimmern sind dort die Bänke meistens sogar fest am Boden verschraubt und lassen ohne größere Anstrengungen gar keine andere Anordnung zu. Die von mir untersuchten Schulen verfügen allesamt über mindestens zwei voneinander unterschiedene Physikräume. Während in einem der Räume die Tische auf einer Ebene mit beweglichen Stühlen arrangiert sind, ist der andere als kleiner Hörsaal angelegt. In letzterem Fall sind entweder Tische und Stühle entlang einer aufsteigenden Terrasse angeordnet oder gleich ganz durch ebenfalls aufsteigende, aber fest installierte Tisch- und Klappstuhlreihen ersetzt. Das Primat des kollektiven Betrachtens eines auf der Bühne des Pultbereichs aufgeführten Spektakels ist hier noch stärker im räumlichen Arrangement verankert. Nichts soll die Blicke der Schüler auf das zu verfolgende Geschehen behindern. Gleichzeitig soll das feste Arrangement die Schüler vor den potentiell gefährlichen Dingen des Physikunterrichts schützen. Gesetzliche Bestimmungen zum Arbeitsschutz kodifizieren und regeln die Anlage des Arrangements. In der *Unfallverhütungsvorschrift Schulen* (*GUV-V S1*) vom Mai 2001 ist beispielsweise festgelegt, dass der Abstand zwischen den einzelnen Schülertischen mindestens 0,80 m, der zwischen Schülertischen und Lehrerexperimentiertisch gar mindestens 1,20 m betragen muss. Der fixe Abstand zwischen Lehrer- und Schülerbereich sowie zwischen den Tischen der Schülern soll verhindern, dass die Schüler Stromschlägen, Verbrennungen oder Hörschäden zum Opfer fallen.

An den Tischen befinden sich oft Steckdosen, manchmal sind dort auch Waschbecken und Gasanschlüsse für Bunsenbrenner angebracht. Genau so ein Physikraum begegnet uns im Gymnasium Schusterhausen (siehe Abb. 2.2). Wie an den Tischen der Schüler gibt es auch am Lehrerpult Anschlüsse und Steckdosen sowie an der linken Seite ein Waschbecken. Außerdem finden sich am Tisch des Lehrers noch zahlreiche Schalter und Knöpfe. Die Anschlüsse der Tische im Physiksaal verweisen auf Tätigkeiten, die über das im Klassenzimmer Übliche hinausgehen. Neben dem Schreiben und Lesen, Rechnen und Operieren, Sprechen und Zuhören sollen hier Dinge angeschlossen und manipuliert werden. Allerdings sind diese Manipulationen der Willkür der Lehrperson am Pult unterworfen. Erst ihr Schlüssel schaltet die Anschlüsse der Schüler frei. Alle Anschlüsse an den Schülertischen sind in Richtung des Lehrerpults montiert und fallen dadurch dem Lehrerblick ins Auge. Die Anschlüsse und Schalter des Lehrerpults sind hingegen den Blicken der Schüler entzogen und bieten sich der Hand des Lehrers dar. Dem potentiellen Gebrauch der Tische als Experimentiertisch entspricht ihre nüchterne, aber robuste Aufmachung. Graue, feuerfeste Tischplatten sind fest mit dem Boden verbunden. Der Lehrerexperimentiertisch ist wesentlich breiter, tiefer und höher als die Schülertische und verdeckt als massiver Block den gesamten Unterkörper eines dahinter stehenden Lehrers. Schon symbolisch weist sich der Tisch als zum handlungsmächtigen Lehrer gehörig aus. Durch seine Größe und Höhe eignet er sich ferner dazu, Dinge auf seiner Oberfläche auftreten zu lassen und vor den Augen der Klasse auszustellen und sichtbar zu machen. Mathematiklehrer hingegen müssen bisweilen auf improvisierte

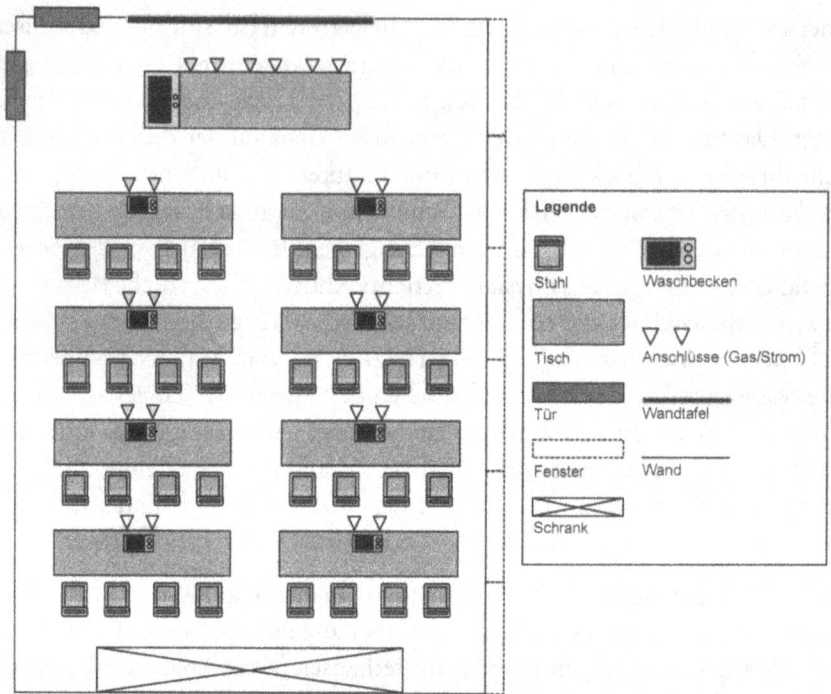

Abbildung 2.2: Schematischer Grundriss eines Physikraums

Lösungen zurückgreifen: Sie stellen etwa einen Stuhl auf ihr Pult, um auf der Sitzfläche etwas zu präsentieren. Auffällig ist auch, dass für die Lehrperson hier und in anderen Physikräumen oft kein Stuhl vorgesehen ist. Einerseits könnte die Lehrperson sitzend ohnehin nur schlecht über das hohe Pult blicken, anderseits ist sie in diesem Arrangement als manipulierende und demonstrierende Figur vorgesehen.

Auch in den Fachräumen der Physik spendet eine fast durchgängige Reihe von Fenstern an einer der Seiten ausreichend Licht. Das Tageslicht tritt hier allerdings nicht immer von links, sondern (so wie in diesem Fall) oft auch von rechts ein.[25] An den Wänden hinter den Schülern sind Schränke angebracht, deren verglaste Türen den Blick auf allerlei Gerätschaften freigeben. Sie beherbergen eine Vielzahl von Dingen und dinglichen Arrangements, die in Schülerexperimenten Verwendung finden. Die Schränke sind allerdings verschlossen und geben

---

[25] Dies hängt vermutlich mit der Positionierung der Fachräume relativ zur Sammlung (siehe 2.4) zusammen. Nur einer der (meist zwei) Fachräume kann so ausgerichtet werden, dass sich die Fensterseite zur Linken der Schüler befindet.

ihren Inhalt nur dann frei, wenn die Lehrperson als – im fast wörtlichen Sinne – *gatekeeper* dies möchte. Die Schränke sind beschriftet und ordnen so ihren Inhalt in die thematische Abfolge des Lehrplans und in die Binnendifferenzierung der Disziplin ein: Rechts vom Schrank mit den Beschriftungen »Mechanik 1« und »Mechanik 2« steht der Schrank mit den Beschriftungen »Optik 1« sowie »Optik 2« und so fort (siehe Abb. 2.3). Die Beschriftungen folgen einer standardisierten Klassifikation des Schulstoffs, die sich nicht nur in den Lehrplänen wiederfindet, sondern auch allen Lehrpersonen in ihrer Ausbildung in Fleisch und Blut übergegangen ist. In anderen Schulen benennt die Beschriftung die in den Schränken aufgefundenen Dinge explizit als Schülerexperiment (»Elektrizität 1 Schülerübung«) und grenzt sie dadurch eindeutig von den Demonstrationsexperimenten der Lehrer ab. Innerhalb der Schränke finden sich einerseits einzelne, nicht näher durch Beschriftungen bestimmte Dinge (elektrische Schaltteile, Kabel etc.). Andererseits beherbergen die Schränke von der Lehrmittelindustrie hergestellte Experimentierkästen. Am Gymnasium Schusterhausen sind sie mit einer großen, in Weiß aufgeklebten Nummer versehen, so dass jedem Schüler oder einer Gruppe von Schülern ein Kasten zugeteilt werden kann. So erhalten beispielsweise in der Klasse von Frau Langmann immer zwei Schüler einen solchen Kasten. In einer Liste ist genau festgehalten, welche Zweiergruppe welchen Kasten erhält und für dessen Unversehrtheit und Vollständigkeit verantwortlich ist. Die Schüler sollen sich um die Dinge kümmern, ihnen mit Respekt begegnen. So sind die Kästen in den Schränken *thematisch ein-* und durch die Nummern *personell zu*geordnet.

Während die Schüler das Klassenzimmer bevölkern und die Lehrperson das Klassenzimmer von außen betritt, sind hier die Schüler diejenigen, die von der Lehrperson als eine Art »Gastgeber« (Willems 2007: 226ff.) in den Raum gelassen werden. Oft müssen die Schüler noch einige Zeit vor den Türen der Physikräume warten, bis kurz vor Unterrichtsbeginn die Lehrperson eintrifft und den Raum aufschließt. Manchmal halten sich die Lehrer zuvor schon in der Sammlung oder im Physikraum auf und öffnen dann den Schülern von innen die Türe, um sie hineinzulassen. Auch diese Umkehrung ist institutionell vorgegeben. Schüler dürfen nach den *Richtlinien zur Sicherheit im Unterricht* (*RiSU*) der Kultusministerkonferenz vom 28. März 2003 die naturwissenschaftlichen Fachräume nur in Begleitung eines Fachlehrers betreten. Anders als in den Klassenzimmern finden sich hier keine Anzeichen für eine symbolische Aneignung des Raums durch die Schüler. Die Räume sind – sieht man von Postern zu Wissenschaftsthemen ab – schmucklos und nüchtern gehalten. Die Dinge, die sich darin befinden, sind dem Unterrichten im Allgemeinen und dem Unterrichten der Naturwis-

Abbildung 2.3: Schränke im Physikraum

senschaft Physik im Besonderen dienlich. Der Physikraum erscheint damit als ein Ort, der nahezu gänzlich einer naturwissenschaftlichen Sichtweise zugeordnet ist. In Anlehnung an Bourdieus Überlegungen zum Kabylenhaus (1993) lässt sich folgendes festhalten: Genau wie die Unterscheidungen der kabylischen Welt in die Dinge des Hauses eingelassen sind und es damit symbolisch aufladen, etablieren hier die naturwissenschaftlichen Klassifikationen eine ganz eigene symbolische Ordnung. Selbst eine vorgehende Wanduhr erhält vor diesem Hintergrund Sinn:

> Herr Grabow und ich betreten den Physiksaal und haben bis zum Unterrichtsbeginn noch etwas Zeit. Uns beiden fällt dabei auf, dass die Uhr über der Tür hier etwa eine halbe Stunde vorgeht. Ich merke scherzhaft an: »Und das im Physikraum!« Herr Grabow nimmt den Scherz auf und meint: »Ja, das ist hier ein eigenes Raum-Zeit-Kontinuum!« (Physik, 11. Klasse)

Der Physiksaal erscheint hier als ein Ort der rationalen Technik, in dem die Dinge funktionieren und exakt bestimmbar sind. Die unpräzise Wanduhr straft diese Vorstellung Lügen. Die Entgegnung des Lehrers nimmt dies auf, weist dabei seinem Fach aber eine ganz eigene Zeitlichkeit zu. Wenn die Schüler an ihren Plätzen sitzen und sich die Tür hinter ihnen schließt, beginnt die Zeit des Physikunterrichts: Alles ist hier dem Zeigen, dem Unterrichten und der Welt der Naturwissenschaften untergeordnet.

Die sozio-materiellen Arrangements der Physikräume rahmen sowohl den Unterricht als auch die darin auftauchenden Dinge als einem besonderen Fach zugehörig. Stärker noch als die Klassenzimmer richten sie die Schüler auf eine Schaubühne aus und setzen die Lehrpersonen als diejenigen in Szene, die über die Dinge und ihre Aufführung verfügen. Die Lehrer bestimmen darüber, wer wann Zutritt zu diesen besonderen Räumen erhält und können mit ihren Schlüsseln Möglichkeiten zum Experimentieren an den Schülertischen freigeben oder verhindern. Wenn Lehrpersonen die Anschlüsse freischalten, so bieten sie sich dem Lehrerblick dar und das Recht auf eigenständige Manipulation kann jederzeit wieder entzogen werden. Der Schülerversuch ist hier als vom üblichen Ablauf des Physikunterrichts gesonderte Tätigkeit markiert. Durch die Asymmetrie des im Arrangement angelegten Dinggebrauchs und die in den Räumen verankerten Sicherheitsabstände erscheinen die Schüler einerseits als schützenswerte Wesen gegenüber den Dingen des Physikunterrichts, andererseits sind die Dinge ihren Händen in der Regel entzogen. Damit ist für die Demonstrationsexperimente eine aus der Distanz respektvoll zu betrachtende Präsenz angelegt, für die Schülerexperimente hingegen gilt, dass es sich um eine eigenständige Manipulation auf Widerruf handelt, die nur ausnahmsweise unter den strengen und/oder fürsorglichen Blicken des Lehrers gewährt wird. Der Schmucklosigkeit und Nüchternheit der Räume entspricht ihre auf wissenschaftliches Sehen fokussierte Anordnung. Die wenigen dort aufbewahrten Dinge und Gerätschaften weisen die Räume als Orte der Physik aus. Die Schüler betreten mit dem Physikraum und seinen dinglichen Arrangements somit auch die symbolische Ordnung einer Naturwissenschaft. Und auch die Dinge selbst sind in diese Ordnung eingesetzt und erhalten dort ihren Platz.

2.4 Die Sammlung

Die Sammlung (manchmal auch »Vorbereitungsraum«) ist für die Physiklehrer ein wichtiger Ort innerhalb des Schulgebäudes. In ihr werden etliche Materialien und Gegenstände aufbewahrt und bereitgestellt, die in den Demonstrationsexperimenten der naturwissenschaftlichen Fächer zum Einsatz kommen. Hier können Lehrer vor den Augen allzu neugieriger Schüler geschützt nach geeigneten Dingen suchen und sie zusammenstellen. Eine Reihe von Schränken und Regalen säumt entweder ihre Wände oder durchzieht die Sammlung als gangbildende Raumteiler. Die Schränke und Regale sind – wie die Schränke in den naturwissenschaftlichen Unterrichtsräumen – thematisch beschriftet und weisen den Lehrkräften dadurch den Weg. So finden sich in der Physiksammlung neben einem Schrank für »Mechanik 1« und »Mechanik 2« ein Regal zum Thema »Elektrostatik« usw. Die Logik der thematischen Einteilung des Lehrplans setzt sich hier analog fort.

Über die Lehrmittel sind die Sammlungen und damit letztlich auch der schulische Unterricht mit der Lehrmittelindustrie verbunden. Einzelne Lehrkräfte sind zuständig für die Sammlung, deren Inventarisierung und die Bestellung neuer Gerätschaften und Lehrmittel. Herr Baier, den ich an der Gesamtschule Blumenbach begleiten durfte, ist ein solcher Physiklehrer. Trifft ein Paket mit einem neuen Lehrmittel ein, so öffnet er es behutsam, prüft dessen Funktionstüchtigkeit und katalogisiert es. Schließlich beschriftet er das Gerät oder dessen Karton mit einer Bezeichnung und einer Inventurnummer und verstaut es in einem thematisch passenden Schrank oder Regal:

> Herr Baier führt mich zu einem beachtlichen Stapel von Blättern, auf denen bereits einige Geräte erfasst sind. Darauf finden sich Angaben wie Gerätebezeichnung, Kaufdatum, Rechnungsnummer, Preis etc. Wir gehen wieder zurück zum Rollwagen. Der Lehrer öffnet nun das kleine Paket, das er anfangs mitgebracht hat. Stolz zeigt er mir den Inhalt des Pakets. Es handelt sich um zwei stabartige Gegenstände, an deren Ende eine Kugel bzw. ein Ring aus Messing befestigt sind. Er führt mir vor, dass die Kugel mit Leichtigkeit durch den Ring hindurch passt. Wenn man aber die Kugel erhitze, so wird deutlich, dass dies nicht mehr gehe. Dieses »schöne neue Lehrexperiment« kann er nun aufnehmen, dann sei es »Teil der Physiksammlung«. Er packt es wieder in den Karton hinein und beschriftet diesen mit einem schwarzen Filzstift »Kugel + Ring 29.3.2011«. Den Karton legt er zunächst zur Seite, um ihn dann später in den Schrank mit der Aufschrift »Wärmelehre« einzuräumen und mit einem Aufkleber mit einer Inventurnummer zu versehen. (Physiksammlung, Gesamtschule Blumenbach)

Bereits beim Ausprobieren bewertet Herr Baier die Qualität der didaktischen Gegenstände (»schönes neues Lehrexperiment«). Wenn er die Lehrmittel katalogisiert, hält er nicht nur für jedes einen Namen und eine Nummer, sondern auch dessen thematischen Ort, das Kaufdatum, eine Rechnungsnummer, den Preis usw. auf eigens dafür angefertigten Formularen fest. Die Formulare werden einerseits in einem Ordner abgeheftet, andererseits in eine Computerdatenbank übertragen. Mit den Formularen inventarisiert er so auch die Lehrmittel für administrative Zwecke. Gegenüber Schulleitung, Stadt und Ministerium kann er Rechenschaft darüber ablegen, wofür er als Sammlungsleiter Geld ausgegeben hat. Die Stadt, zu der die Schule von Herrn Baier gehört, möchte dadurch auch erfassen, welcher Gegenwert an Sachmitteln sich im städtischen Besitz befindet, um dadurch gegenüber Kreditgebern besser auftreten zu können. Deshalb bekommen die Geräte und Lehrmittel aller Schulen der Stadt eine eindeutige Inventurnummer. Staatliche Institutionen ragen so in die Schulen hinein und figurieren dort die Praxis mit (Fenwick/Edwards 2010: 129ff.). Er und die anderen Physiklehrer an seiner Schule erhalten dadurch aber auch einen Überblick über den Bestand an vorhandenen »Experimenten«: Welche Lehrmittel haben wir bereits? Welche müssen wir noch anschaffen? Welche Experimente können wir mit unserem Bestand an Lehrmitteln überhaupt durchführen? Aus einer Ansammlung von Lehrmitteln wird dadurch ein Inventar, das Möglichkeiten zur Unterrichtsgestaltung aufzeigt, ermöglicht und begrenzt. Das in Formularen dokumentierte Inventar der Sammlung wird dabei ständig erweitert und aktualisiert.

Die Beschriftung der Schränke expliziert nicht nur die in den Lehrplänen kodifizierte Ordnung, sie fordert gleichzeitig die Einhaltung dieser Ordnung ganz konkret ein: ›Hierhin gehören nur Dinge, die zu diesem Thema passen; bitte stelle sie hierhin zurück!‹ ›Falsch‹ einsortierte Lehrmittel fallen einer kundigen Lehrkraft sofort als Abweichung auf. Daneben finden sich weitere, eher funktionale Ordnungsprinzipien. Anders als die eigentlichen Lehrmittel sind manche Kabel und Gerätschaften keinem Themenbereich zugeordnet, sondern gelten als Bauteile oder Hilfsmittel für viele verschiedene Experimente. Diese wandern dann z. B. an einen thematisch nicht weiter ausdifferenzierten Ort in der Sammlung, der nach dem Prinzip »Gleiches zu Gleichem« organisiert ist. So hängen etwa zahlreiche Kabel an einem Haken an der Wand übereinander und warten darauf, verschiedene Bauteile miteinander zu verbinden. Andere Geräte wiederum erhalten einen Ort in einem nach ihnen benannten Schrank wie z. B. »Netzgeräte«. Im Katalogisieren und Einordnen erhalten die Dinge Namen und Platz in der Physiksammlung und damit auch eine thematische Bestimmung im Kosmos des Physikunterrichts. Die Sammlung weist den Dingen einen systematischen Ort in der Wissensordnung einer schulischen Disziplin zu.

Die Sammlungen sind neben den Physikräumen gelegen und über eine Tür meist direkt mit diesen verbunden. Gleichzeitig halten die Sammlungen die Experimente von den eigentlichen Unterrichtsräumen fern und schließen die Schüler in der Regel aus. Die Tür zur Sammlung findet sich an der Stirnseite der Unterrichtsräume seitlich neben der Tafel und weist diese als dem Lehrer und der Bühne des Unterrichtens zugehörig aus. Einzig der Physiklehrer kann mit seinem Schlüssel diese Grenze überschreiten oder anderen den Zutritt gewähren. Nur in Ausnahmefällen betreten die Schüler den Vorbereitungsraum:

> Frau Posner kündigt zu Beginn der Schulstunde an, dass sie den Schülern – »wenn noch Zeit is'!« – eine Führung durch die Sammlung gibt. Am Ende der Stunde ist tatsächlich

noch kurze Zeit für die Führung übrig und Frau Posner bittet die Schüler, ihr in die Sammlung zu folgen. Schon bevor die Klasse am Ende der Stunde losgeht, ermahnt sie die Schüler, auf den Fluren leise zu sein. Beim Betreten der Sammlung erläutert sie nicht nur, was
die Schüler dort alles herumstehen sehen können, sondern weist sie an, die benannten
Dinge nicht anzufassen und die Schränke geschlossen zu halten.
(Naturwissenschaftlicher Anfangsunterricht, 5. Klasse)

Der Besuch erhält durch die Ankündigung zu Beginn der Stunde als optionales
Element des Unterrichts einen außeralltäglichen Status. Dies ist kein normaler
Bestandteil des Unterrichts, sondern so etwas wie eine Zugabe, die nicht zum
eigentlichen Programm gehört. Den Schülern erscheint die Sammlung als eine
ihnen üblicherweise nicht zugängliche »Hinterbühne« (Goffman 2003: 104).
Sie sind Novizen, die Zurückhaltung gegenüber den Dingen üben müssen. Die
hier versammelten Dinge, ja selbst deren Aufbewahrungsmöbel sind – ähnlich
der Ausstellungsstücke in einem Museum – den greifenden Händen der Gäste
explizit verboten. Die Lehrerin geriert sich hier als Aufseherin eines musealen
Arrangements. Sie führt die Schüler zur und durch die Sammlung, ermöglicht ihnen damit Einblick in einen sonst für sie nicht zugänglichen Bereich – allerdings
ist der Einblick auf die bloße Anschauung beschränkt. Der Besuch ist eine Ausnahme und stellt sich auch deutlich als solche dar. Auch für mich, als forschenden Soziologen und Gast des Schulunterrichts, war es alles andere als einfach,
Zugang zu dieser Hinterbühne des Unterrichts zu erhalten. Die meisten Lehrer
lehnten dies ab. Entweder mit der Begründung, dass es dort nichts zu sehen gebe
oder dass die Vorbereitung schon weit vor Unterrichtsbeginn stattfinde. Die Lehrer machten mir deutlich, dass diese Vorbereitung für sie nicht zum eigentlichen
Unterricht gehört. Während relativ schnell geklärt werden konnte, dass ich den
Unterricht besuchen darf, schloss dies nie diesen vorgelagerten Teil ein. Erst auf
meine Nachfrage hin wurde dieser Bereich überhaupt mir gegenüber erwähnt.
Auch in den Bestimmungen zur Ausstattung der Vorbereitungsräume sind Schüler nicht als regelmäßige Besucher vorgesehen. Während alle verglasten Schränke in den Unterrichtsräumen bis zu einer Höhe von 2,0 m mit Sicherheitsglas
bestückt sein müssen, gilt diese Regelung für die Sammlungen nur dann, wenn
Fluchtwege durch sie hindurch führen (siehe hierzu abermals die *Richtlinien zur
Sicherheit im Unterricht* vom 28. März 2003).

Betrachten wir die Sammlung der Gesamtschule Blumenbach einmal etwas genauer (siehe Abb. 2.4). Anders als in Klassenzimmer oder Physiksaal gibt es in
dem etwa 6 × 5 m großen Raum keine zentrale ausgewiesene Bühne. Dem unbe-
darften Beobachter erscheint der Raum zunächst relativ unaufgeräumt. Kabel,
Bauteile, Maßstäbe, Kataloge, Behälter und Formulare liegen verstreut auf Ti-

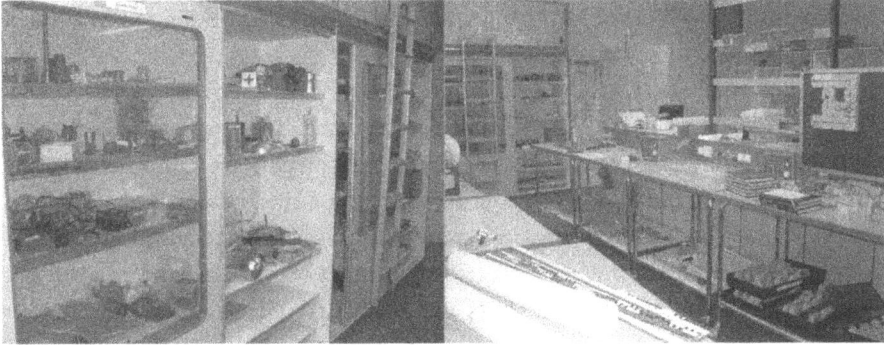

Abbildung 2.4: Fülle und Möglichkeiten in der Sammlung

schen oder Rollwagen herum. Aber auch *innerhalb* der Schränke bzw. Regale findet sich eine unsystematische Anhäufung von Dingen, die weder einer zeitlichen Abfolge des Lehrplans noch des Unterrichthaltens folgt. Zwar sind die Schränke thematisch und curricular unterschieden, eine ausgearbeitete Differenzierung innerhalb der Schränke gibt es aber nicht. Stattdessen sind die Dinge relativ willkürlich eingeordnet und vermitteln den Eindruck einer Ansammlung von Gegenständen auf einer Werkbank: Sie liegen griffbereit da und warten auf ihren praktischen Einsatz. Die Sammlung hat dadurch den Charakter einer Werkstatt (Willems 2007: 218f.). Sie ist nicht Ausstellung für Schüler oder Besucher, schon gar nicht für fachfremde Nicht-Pädagogen. Die Ordnung der Dinge erschließt sich daher dem Laien erst beim genauerem Hinsehen. Die Schränke und Ablageflächen eröffnen mit ihrer Fülle an Dingen für die in die Schule hineinsozialisierten Lehrer hingegen eine Vielzahl von Möglichkeiten, Demonstrationsexperimente zu den unterschiedlichen Themen der Physik zu gestalten.

In der Mitte des Raumes stehen eine Reihe von Rollwagen, auf denen sich verschiedene Dinge finden. Jeder Rollwagen ist genau einem Lehrer zugeordnet. Ein kleines weißes Papierschild auf der oberen Fläche der Wagen markiert dies durch das schulübliche Kürzel der jeweiligen Lehrperson deutlich. Auf den Rollwagen bereiten die Lehrer ihre Experimente vor und können sie dort auch für die kommenden Schulstunden verwahren. Die Lehrperson wählt dabei aus einer Vielzahl von möglichen experimentellen Arrangements ein geeignetes aus und entscheidet so auch darüber, welche Dinge am Unterricht teilnehmen dürfen. Mit den Rollwagen überführen sie dann die curriculare Ordnung einer schulischen Disziplin in die situative Ordnung der Unterrichtsstunde. Die Lehrpersonen wenden sich hierzu den thematisch zugeordneten Schränken zu und entnehmen der darin befindlichen Ansammlung einzelne Dinge, um sie auf den Rollwagen in >Ordnung zu bringen<, das heißt in die situative Logik *ihres* Unterrichts zu übertragen (mehr dazu in 3.1): Bald benötigte Versuche wandern auf die obere Fläche der Wagen, bereits durchgeführte oder in naher Zukunft durchzuführende Versuche erhalten einen Platz auf der unteren Fläche und können so bei Bedarf im Unterricht eingesetzt werden. Der Rollwagen ist ein Transportgerät, das die vier Wände der Sammlung verlassen und dadurch die Grenze zum Unterrichtsraum überschreiten kann. Keine Stufe, kein Absatz behindert das Verlassen des Raums; die Böden der Sammlung und der Nachbarräume sind glatt und liefern seinen Rollen keinen Widerstand.

Die Sammlung weist den Dingen des Wissens also einerseits einen Status zu und verleiht ihnen einen Platz in der Wissensordnung des Physikunterrichts. Andererseits eröffnet sie als abgeschlossene Werkstatt einen Möglichkeitsraum, in dem die Lehrpersonen sich ganz der Welt der Physik widmen können. Geschützt vor allzu neugierigen Schüleraugen und ihrer die Dinge gefährdenden Hände können sie hier in Ruhe die Experimente vorbereiten. Anders als der Physiksaal ist die Sammlung auch während der Unterrichtszeit eine Oase der Ruhe. Dieser dingliche Möglichkeitsraum ist über die mobilen Rollwagen und die grundsätzliche Transportierbarkeit der in der Sammlung verwahrten Dinge auf die Physikräume ausgerichtet. Die Türen der Sammlung führen direkt in die Physikräume und verbinden so die Hinterbühne des Unterrichts mit seiner Vorderbühne. Die Lehrmittel können den Physikraum mit Leichtigkeit betreten und wieder verlassen. Wie an anderen Orten, die Dinge archivieren und systematisieren – etwa Museen (Doering/Hirschauer 1997) – überlagern sich in den Sammlungen verschiedene Ordnungen mit ganz unterschiedlichen Anforderungen: eine administrative (Inventar), eine disziplinäre (Curriculum) sowie eine didaktische bzw. praktische (Unterrichtsvorbereitung). Die Dinge haben dabei einen je unterschiedlichen Status: Eigentum einer Organisation, Exemplar eines Themengebiets oder Experiment innerhalb einer noch abzuhaltenden Schulstunde. Auch die Sammlung ist insofern Unterrichtsraum, als der Unterricht in ihr bereits mit dem Inventarisieren, Einordnen und Vorbereiten der Experimente beginnt. Als Archiv schulischer Dinge schließen sie unmittelbar irrelevante Experimente von einzelnen Schulstunden aus und halten sie für eine mögliche spätere Verwendung im Schuljahr bereit.

2.5 Schulische Ordnungen

Unterrichtsräume stellen Arrangements bereit, in denen Schüler auf einen Pult-
bzw. Tafelbereich hin ausgerichtet werden. Die räumliche Trennung von Tafelbereich und Schülern und die klare Ausrichtung auf einen Bereich hin schafft eine
Schaubühne, die es zu betrachten gilt. Die Schüler sollen als sitzende Zuschauer
dem Geschehen folgen, durch die Tische sind sie aber angehalten, auch in anderer Weise tätig zu werden. Das Arrangement unterstützt dies dadurch, dass
die Position der Lehrerin ein die Schüler überwachendes Blickregime ermöglicht
(Breidenstein 2004: 92ff.). Sie kann mit Leichtigkeit Blicke und Positionierung
der Schüler im Raum überblicken und gegebenenfalls sanktionieren. Diese herausgehobene Stellung der Lehrperson ist auch symbolisch deutlich markiert. Das
Lehrerpult ist in den meisten Klassenzimmern nicht nur größer als das der Schüler, es verbirgt – anders als die Tische der Schüler – auch Teile des Körpers und
entzieht sie dem Blick der anderen Anwesenden. In den Physiksälen kommt zur
symbolischen Ebene noch eine in die Dinge eingeschriebene Handlungsmacht
hinzu. Erst der Schlüssel der Lehrerin eröffnet auch den Schülern die Möglichkeit, ihre Tische als Experimentiertische zu nutzen.

Es sind aber nicht nur die Schüler und Lehrer, die durch die Arrangements der
Klassenzimmer und Physiksäle diszipliniert werden. Auch die Dinge des Wissens sollen sich in die disziplinierende Ordnung der Unterrichtsräume fügen.
Die Räume der Schule sind als »classifying devices« (Markus 1996: 22) zu verstehen, die neben den Menschen und ihren Praktiken auch die Dinge in eine Wissensordnung einsetzen. Schon bevor die Dinge überhaupt die Schaubühne des
Unterrichts betreten, erhalten sie einen Platz in der Wissensordnung der schulischen Disziplin. Die Inventarisierung und die Einordnung in die passenden
Schränke oder Regale erfassen sie als schulisch bestimmte Dinge. In einer Früh-
phase ihrer »Biographie« (Kopytoff 1986) schlagen sie so verschiedene Wege
ein: reines Hilfsmittel oder relevantes Ding innerhalb eines noch aufzuführen-
den Experiments, zum Thema »Mechanik« oder »Akustik« gehörend, Regal
oder Schrank usw. Auch hier ist die Lehrperson als kontrollierende Instanz vorgesehen. Schon im Vorbereitungsraum sortiert sie die Dinge ein und kontrolliert
deren richtige Zuordnung. Bereits vor dem Gong beginnt damit die Zeit des Unterrichts: In der Inventur erhalten die Dinge einen Platz in der thematischen Abfolge des Lehrplans und in der administrativen Organisation der Schule; in der
Sammlung machen sich die Lehrer die Dinge zu eigen und bereiten sie auf den
Unterricht vor. Zum eigentlichen Unterrichtsbeginn ist dann im Klassenzimmer

bzw. Physiksaal für die Lehrerin und ihre Lehrmaterialien ein Platz auf der Schaubühne vorgesehen. Dort kann sie als Fürsprecherin der Dinge auftreten und mit
ihnen etwas aufführen – doch dazu im nächsten Kapitel mehr.

Im Klassenzimmer und im Physiksaal ist aber auch angelegt, dass Dinge und
Schüler in einer spezifischen Weise aufeinandertreffen. Sie sollen einander meist
in Distanz begegnen. Weder sollen die Schüler die Dinge berühren, noch sollen
die Dinge mit den Schülern in direkten körperlichen Kontakt treten und sie so
z. B. gefährden. Während die Schüler die Dinge betrachten, über sie sprechen
und schreiben sollen, sind die Dinge als zu betrachtende und zu zähmende Gegenstände, als Objekte vorgesehen. Alle Schüler sollen gleichermaßen auf sie blicken können, ohne dass ihr Blick auf sie verstellt ist. In den unterrichtlichen Arrangements ist ein cartesianisches Schauspiel angelegt, das klar zwischen erken-
nenden Subjekten und Objekten der Erkenntnis unterscheidet. Die Dinge werden als in sich geschlossene, dem praktischen Gebrauchskontext enthobene Gegenstände enaktiert.[26] Sie sind den Schülern *vor-gestellt* (als distanzierte Objekte) und zugleich Teil einer cartesianischen Vorstellung im Sinne eines Bekannt-
machens, einer Aufführung *und* einer Imagination: Lehrer stellen etwas hin, um
es bekannt zu machen, sie führen es (meist distanziert) auf und sie liefern so eine
sinnliche Anschauung des Phänomens.[27] Nur im Schülerexperiment ist die Distanz dieser Vorstellung aufgehoben – allerdings müssen die Lehrpersonen hier
die Möglichkeiten zum Hantieren und Experimentieren erst einmal freischalten
und können dann unter anderem durch die Anordnung der Anschlüsse an den
Tischen über die Handgriffe der Schüler wachen. Sie können somit dafür Sorge
tragen, dass alle Schüler zwar mit konkreten (und dadurch einzigartigen) Dingen
hantieren, aber doch das gleiche Objekt in Händen halten und erfahren (mehr
dazu in 3.1). Im Physikunterricht kommt hinzu, dass das Zusammenstellen und
Vorbereiten experimenteller Arrangements in die Hinterbühne des Unterrichts
verlagert wird. Der teils kontingente Vorgang des Zusammenbauens und die einzelnen Bestandteile verschwinden in der *black box* des dinglichen Arrangements
und sind den Schülern nicht mehr ohne weiteres zugänglich. Sie betreten den
Unterricht als ›fertige‹ und relativ geschlossene Objekte.

---

[26] Siehe hierzu auch Latours (2007a) Kritik an einem naiven, letztlich »idealistischen« Materialismus, der Dinge nur als dekontextualisierte Objekte kennt. In den sozio-materiellen Arrangements des Schulunterrichts ist genau ein solcher Materialismus als Haltung gegenüber den
Dingen angelegt.

[27] Heidegger (2003) hat dieses Vor-Stellen als Charakteristikum des neuzeitlich-wissenschaftli-
chen Denkens herausgearbeitet.

Die sozio-materiellen Arrangements schulischer Räume sind somit nicht nur Ausdruck oder Anzeichen für eine dahinter liegende Pädagogik (Lange 1967), sondern selbst an der Bildung beteiligt, indem sie dem Unterricht eine »Form« (Thévenot 1984) geben. Sie konfigurieren menschliche und dingliche Teilnehmer, setzen sie zueinander in Beziehung und prägen mit, wie sie jeweils in Erscheinung treten können und einander begegnen. Wie dies in der konkreten Unterrichtspraxis geschieht, ist Gegenstand des nächsten Kapitels.

3 Gebrauchsweisen. Zeigen, Anzeigen, Operieren

Die Studie wendet sich mit diesem Kapitel der Frage zu, wie die schulischen Dinge von Lehrern und Schülern verwendet werden. Schüler, Lehrer und die Vielzahl der inventarisierten Lehrmaterialien sind nicht nur in räumliche Arrangements eingelassen und dadurch in Beziehung zueinander gesetzt, sondern auch in Praktiken des Gebrauchs miteinander verbunden. Sowohl der Mathematikunterricht als auch der Physikunterricht stützen sich wie viele andere schulische Disziplinen auf die omnipräsente Wandtafel. Immer wieder greifen Lehrpersonen aber auch auf den Tageslichtprojektor zurück. Im Physikunterricht trifft man ferner auf zahlreiche experimentelle Arrangements, die den Schülern physikalische Phänomene näherbringen sollen: Pendel schwingen an metallenen Ständern, um das Prinzip der Frequenz darzustellen; Elektronenstrahlablenkröhren zeigen den Schülern das Verhalten von Elektronen in Form leuchtend blauer Strahlen; Federapparaturen schießen Holzkugeln in Bogenbahnen durch die Luft und verdeutlichen so zusammengesetzte Bewegungen; Lautsprecher erzeugen im Verbund mit Transformatoren volle, tiefe Töne und machen so Schwingungen hörbar. Das Fach Physik ist reich an unterschiedlichen dinglichen Arrangements, die einen festen Platz im Physikunterricht einnehmen. Aber auch im Mathematikunterricht gibt es neben Wandtafel und Kreide, Tageslichtprojektor und Stiften andere Dinge, die etwas veranschaulichen sollen. Die Teilnehmer sprechen von sogenannten Anschauungsobjekten, durch die mathematische Relationen oder Phänomene sichtbar werden. In der Geometrie zeigen beispielsweise Modelle von Prismen und Pyramiden, wie man deren Volumen berechnen kann. Außerdem können nicht-didaktische Gegenstände in mathematische oder physikalische Probleme überführt werden: Flugzeugmodelle, Papierstapel, Stifte usw.

Mit diesen didaktischen Materialien lassen sich auch verschiedene Praktiken des Gebrauchs ausmachen, durch die sie einen je anderen Stellenwert erhalten. Wie werden die schulischen Dinge durch die unterschiedlichen Gebrauchsweisen aufgerufen und praktisch gerahmt? Zunächst wendet sich das Kapitel den experimentellen Arrangements des Physikunterrichts und den Anschauungsobjekten des Mathematikunterrichts zu (3.1). Sie sind in eine *Dramaturgie des Zeigens* eingebunden. Indem die Lehrer sprachlich, gestisch und körperlich *auf* sie zeigen, machen sie aus ihnen besondere Objekte, denen die Aufmerksamkeit der Klassenöffentlichkeit gilt. Dann widme ich mich der Wandtafel und den Tageslicht-projektoren im schulischen Unterricht (3.2). Rund um sie herum lassen sich zu-nächst Praktiken des Anschreibens und *Anzeigens* ausmachen: Die Lehrer zeigen *an* der Oberfläche nicht auf die Tafel selbst, sondern auf das, was sie anschreiben und anzeichnen. Das heißt: Das Ding selbst wird dabei selten thematisch heraus-gehoben, sondern dient als Medium für etwas Anderes. Dadurch kann sich der unterrichtliche Diskurs von Lehrern und Schülern auf dieses Andere richten: die Schrift und andere Inskriptionen. Sie sind Ziel von *Praktiken des Operierens* und erhalten dadurch den Status von kognitiven Werkzeugen, die Wissen verfügbar und handhabbar machen. Das Kapitel schließt mit einer vergleichenden Perspek-tive auf die verschiedenen Gebrauchsweisen der Dinge ab (3.3).

3.1 Zeigen. Experimente und Anschauungsobjekte

Sowohl der Physik- als auch der Mathematikunterricht greifen auf eine Vielzahl von Dingen zurück, die fachliches Wissen visualisieren, veranschaulichen oder verkörpern sollen. Im Physikunterricht sind es natürlich vor allem die Dinge, die zu Demonstrationsexperimenten zusammengestellt werden, denen im Schulun-terricht große Aufmerksamkeit zuteil wird: jedes Themengebiet kennt seine ei-genen Experimente, die mal mehr, mal weniger technischen und praktischen Aufwand erfordern. Hin und wieder dürfen daneben auch die Kinder und Ju-gendlichen an ihren Tischen selbst mit den Dingen hantieren und Schülerexpe-rimente durchführen. Fachdidaktisch (aber auch bildungspolitisch) gelten Expe-rimente als wichtiger Bestandteil des Physikunterrichts und sollen dabei helfen, den Schülern wissenschaftliche Praxis nahezubringen und erfahrbar zu machen (Labudde/Möller 2012: 13ff.; Tesch/Duit 2004).

Demonstrationsexperimente sind seit dem Ende des 18. Jahrhunderts Bestand-teil des Physikunterrichts an Gymnasien (Lind 1999). Das noch junge Schulfach verstand sich vor allem als Unterweisung in Experimentalphysik und man un-terrichtete hauptsächlich Themen, die sich auch im Experiment zeigen ließen. Die notwendigen Gerätschaften befanden sich meist im Privatbesitz der Lehrer. Erst im 19. Jahrhundert wurden die Schulen systematisch mit Geräten ausgestat-tet. Unter dem Eindruck neuhumanistischer Bildungsreformen geriet das De-monstrationsexperiment allerdings in den Verruf bloßer Spielerei und Unterhal-tung; das Schulfach Physik erhielt einen stärker mathematischen Bezug, das De-monstrationsexperiment verlor demgegenüber an Bedeutung. Ende des 19. Jahr-hunderts feierte die experimentelle Methode der wissenschaftlichen Physik aber zahlreiche Erfolge und so wurden auch Stimmen lauter, die das Experiment im Physikunterricht rehabilitieren wollten. So forderte etwa ein Didaktiker im Jahr 1888: »Der physikalische Unterricht hat auf allen Stufen einen experimentellen Charakter zu tragen« (zitiert nach Lind 1999: 142). Es wurden zahlreiche Handbücher zur schulischen Experimentalphysik publiziert, die neben nach Themenbereichen geordneten Experimenten auch Hinweise zur Einrichtung der Physikräume und zur Technik der Geräte enthielten. Eine wichtige Wende stellten die 1905 formulierten *Meraner Vorschläge* der *Deutschen Gesellschaft für Naturforscher und Ärzte* dar. In ihnen forderten Fachdidaktiker die Überwindung der einseitigen Ausrichtung am Mathematikunterricht, die Orientierung der Unterrichtsmethode an der Erkenntnismethode der Physik sowie die Einführung von Schülerexperimenten (Lind 1999: 142). Die *Meraner Vorschläge* sind bis heute maßgebend für die Ausrichtung des Schulfachs Physik und führten dazu, dass Demonstrations- und Schülerexperimente ein zentraler Bestandteil der Physikdidaktik sind.

Auch im Mathematikunterricht spielt nicht nur die Tafel und das Handhaben mathematischer Zeichen eine Rolle. Lehrer bemühen Alltagsbeispiele zur anschaulichen Vermittlung der Mathematik und greifen gelegentlich gar auf sogenannte Anschauungsobjekte zurück. Vor allem die Geometrie kennt zahlreiche Modelle, die den Schülern geometrische Flächen, Figuren und Zusammenhänge nahebringen sollen. Spätestens mit dem Erstarken der Realien an den Schulen haben sich solche Modelle im 19. Jahrhundert im Mathematikunterricht etabliert (Döring 1973: 132ff.). Heute ist die Verwendung solcher Anschauungsobjekte fester Bestandteil mathematischer Lehrpläne an deutschen Schulen.

Wie gehen nun Lehrer und Schüler mit den experimentellen Arrangements und Anschauungsobjekten um? In den folgenden Abschnitten gehe ich dieser Frage nach. Im Fokus meiner Überlegungen stehen dabei die Gebrauchsweisen rund um das dingliche Arrangement der Demonstrationsexperimente. Die Praktiken des Gebrauchs, die den Anschauungsobjekten der Mathematik gelten, tauchen dabei immer wieder als Variante auf.

Die Generalprobe

Schon vor seinem Auftritt im Unterricht durchläuft das dingliche Arrangement des Demonstrationsexperiments einen Vorbereitungsprozess. In den Sammlungen suchen die Lehrer Messgeräte und Kabel, Federn und Verbindungteile usw. zusammen und verbinden sie zu einem experimentellen Arrangement. Die den einzelnen Lehrern zugewiesenen Rollwagen sind wichtiger Bestandteil der Vorbereitung. Sie sind üblicherweise in zwei Ebenen unterteilt. Auf den beiden etwa 1 × 1 m umfassenden Flächen können die Physiklehrer die benötigten Materialien zusammenstellen und ablegen. In der Zusammenstellung der Dinge auf dem Wagen steckt eine zeitliche Ordnung (Lynch et al. 1985: 195ff.) – in diesem Fall die des Unterrichthaltens. Die obere Ebene ist dem aktuell relevanten Experiment vorbehalten, gelegentlich sind dort auch Bestandteile kürzlich vergangener oder bald durchzuführender Experimente zu finden. Unten liegen hingegen nicht unmittelbar relevante Dinge: das vor Wochen durchgeführte Experiment, Kabel und Ersatzteile. Auf Herrn Baiers Rollwagen (siehe Abb. 3.1) findet man auf der unteren Ebene Bestandteile bereits durchgeführter Experimente, die er so bei Bedarf noch einmal vorführen könnte. Daneben ist dort aber auch ein zusätzlicher Voltmeter platziert, auf den der Lehrer beim möglichen Ausfall eines Geräts zurückgreifen kann. Die auf dem Rollwagen liegenden Geräte stehen folglich für einen zeitlichen Vor- und Rückgriff auf den Unterricht; sie führen allen Unterrichtsteilnehmern die Verknüpfung von Unterrichtssequenzen und Schulstunden deutlich vor Augen.[28] Auf der Suche nach den richtigen Geräten und Hilfsmitteln orientieren sich die Lehrer an der Wissensordnung der Sammlung. Nachdem z. B. Herr Baier das Thema »Induktion« in einer Unterrichtsstunde abgeschlossen hat, räumt er die dazugehörenden Dinge in den Schrank mit der Beschriftung »Elektronik«. Er kann den Wagen nun mit den Dingen bestücken, die dem Themenbereich »Akustik« zugeordnet sind. Die Lehrer machen im wörtlichen Sinne *tabula rasa* und beginnen so ein »neues« Thema. Die in den Schränken getroffene Unterteilung setzt sich in der Abfolge der Themen im Schuljahr fort.

Insbesondere die Geräte, die in unterschiedlichen Experimenten über verschiedene Themen hinweg Verwendung finden, halten sich nicht immer an ihrem zugewiesenen Ort in der Sammlung auf. Einmal sucht Herr Baier bei der Vorbereitung eines Experiments nach einem Netzgerät. Bevor er überhaupt in den Schrank mit der entsprechenden Beschriftung schaut, gleitet sein Blick über die Rollwagen seiner Kollegen. Als er es dort nicht finden kann, vermutet er, dass ein anderer Lehrer das Netzgerät gerade im Unterricht einsetzt. Um dies zu überprüfen, geht er zu einem in der Sammlung aushängenden Stundenplan. Erst als er feststellen muss, dass der Kollege im Moment keine Physik unterrichtet, wen-

---

[28] Dies sieht man auch daran, dass Schüler auf die Frage nach möglichen Versuchen zu einem Thema mit dem Verweis auf die Geräte auf dem Wagen antworten können: »Vielleicht was mit dem Lautsprecher? ((zeigt auf Lautsprecher))« Die Schüler wissen um den zeitlichen Vor- und Rückgriff, der sich im dinglichen Arrangement des Wagens zeigt.

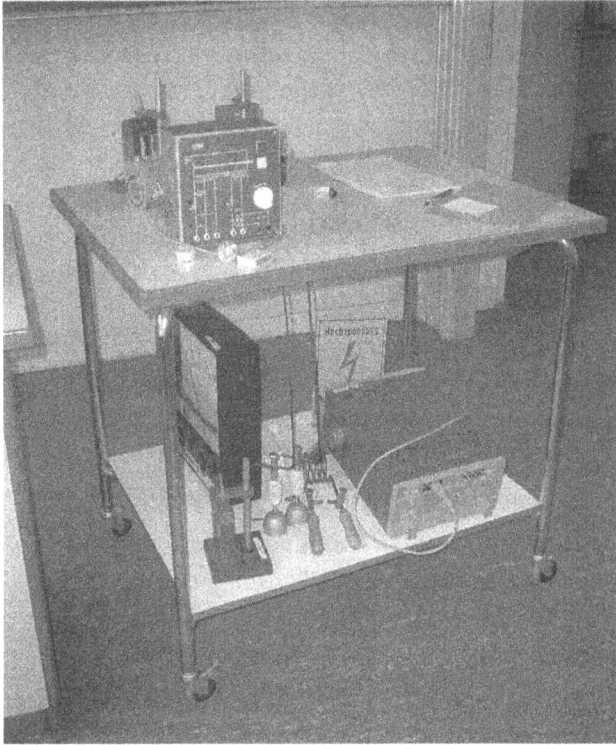

Abbildung 3.1: Rollwagen im Physiksaal

det er sich dem »Netzgeräte«-Schrank zu und wird dort endlich fündig. Neben einer relativ statischen und in die Schränke der Sammlung eingeschriebenen Wissensordnung des Fachs Physik gibt es eine quer dazu verlaufende dynamische Ordnung des Unterrichthaltens. Im curricularen Ablauf des Unterrichtens setzen die Lehrer die statische Ordnung der Sammlung temporär außer Kraft. Indem sie die thematisch geordneten Dinge aus den Schränken herausnehmen und auf ihren Wagen stellen, eignen sie sich die Dinge für die Dauer eines Themas im Lehrplan an.

In der Vorbereitung verwenden die Lehrer einige Zeit – manchmal Stunden –, um den reibungslosen Ablauf der Versuche im Unterricht zu gewährleisten. Zunächst stellen sie sicher, dass alles funktioniert, gegebenenfalls müssen Teile des experimentellen Arrangements ausgetauscht oder repariert werden. Bei physikalischen Experimenten, die eine Messung erfordern, muss sichergestellt sein, dass die abzulesenden Werte der theoretischen Vorhersage, z. B. in Form eines Schaubilds entsprechen. Zeiger müssen konstant den selben Wert anzeigen und dürfen beispielsweise nicht hin und her springen. Ferner muss sichergestellt sein, dass die Werte in einem Bereich liegen, der durch die Messgeräte deutlich sichtbar gemacht werden kann. Oft stellen die Lehrer mehr zusammen als sie tatsächlich im Unterricht benötigen. Gedanklich bereiten sie so am Rollwagen schon den Ablauf der nächsten Stunden vor, versuchen zu antizipieren, wie und wie viel sie den Schülern in den 45 Minuten einer Schulstunde zeigen können. Hier findet eine Zusammenstellung der Requisiten und eine Probe der unterrichtlichen Darstellung statt (eine »Modulation« im Sinne Goffmans 1980: 52ff.). Sie verfahren dabei nach dem Motto, lieber zu viel als zu wenig vorbereitet zu haben. Die Lehrer befürchten, den Schülern nichts oder das Falsche zu zeigen. In der Vorbereitung versuchen die Lehrpersonen dem zuvorzukommen und bereiten die Schulstunde als »inszenierte[n] Erkenntnisprozess« (Erlemann 2004: 66) vor, der für den Lehrer keine Überraschungen bereithalten sollte.

Üblicherweise sind die Schüler durch die Türen der Sammlung (siehe 2.4) systematisch von dieser Hinterbühne des Unterrichts ausgeschlossen – mögliche Missgeschicke und Pannen sollen für sie nicht sichtbar sein. Im Falle einfacher Experimente kann der Versuchsaufbau aber auch vor den Augen der Schüler im Physikraum erfolgen, weil die Gefahr einer Fehlfunktion als gering eingeschätzt wird. Eine aufwändige Vorbereitung in der Sammlung kann dann gänzlich ausbleiben oder durch eine einfache Funktionsüberprüfung ersetzt werden. Für die Lehrer ist das eine Routinepraxis, der sie keine große Bedeutung beimessen. Besonders deutlich wurde dies in einer Situation in der Sammlung, als eine Lehrperson ratlos darüber war, was sie denn dem ethnographisch forschenden Soziologen Interessantes zeigen könne. Die Vorbereitung bestand hier lediglich im Zusammenstellen der benötigten Materialien auf dem Rollwagen. Die alltäglichen Dinge und Praktiken, für die ich mich interessierte, sind für die Lehrpersonen ohne jeden besonderen Glanz und ohne Bedeutung für einen wissenschaftlichen Blick. Mit ihrer Irritation zeigt die Lehrperson dem Forscher aber auch deutlich, welche Praktiken zum selbstverständlichen, impliziten Repertoire ihrer beruflichen Praxis gehören. Aber auch mit diesen einfachen, scheinbar profanen Handgriffen leisten die Lehrpersonen einen wichtigen Beitrag zur Unterrichtsvorbereitung. Über die Auswahl und Zusammenstellung der Dinge selektieren sie fachliche Inhalte, geben eine zeitliche Ordnung des Unterrichtens vor und stellen sich und den Schülern gegenüber dar, was vor sich gehen wird: eine Schulstunde im Fach Physik, in dem ein Experiment mit *diesen* Dingen durchgeführt wird.

Prolog

Zu Unterrichtsbeginn schieben die Lehrer dann ihren Rollwagen von der Sammlung in die Physikräume. Rollwagen und Lehrer sind dadurch Verbindungsglieder zwischen diesem für die allermeisten Schüler nicht zugänglichen Reich der Physik und dem Physikunterricht. Meist lassen die Lehrer den Rollwagen zunächst ein Stück seitlich vom Pult und etwas zurückgesetzt stehen. Der Wagen und mit ihm das Experiment sind so in die Peripherie der Schaubühne und damit auch des Unterrichtsgeschehens verbannt. Ein paar Mal haben die von mir beobachteten Lehrer den Rollwagen gar ganz in der Sammlung gelassen, allerdings ihn jederzeit einsatzbereit direkt hinter der Tür zum Physikraum abgestellt. Es gilt, zunächst in ein Thema mündlich einzuführen, bevor es mit der Durchführung eines Demonstrationsexperiments losgehen kann. Währenddessen schenken die Lehrer Rollwagen und Versuchsaufbau keine Beachtung und wenden sich ganz der Klasse und dem Unterrichtsgespräch zu.

Oft müssen die Lehrer noch letzte Handgriffe am Versuchsaufbau durchführen: Schrauben nachziehen, Kabel miteinander verbinden, Stecker einstecken, Geräte einschalten und justieren etc. Dies passiert meist noch bevor der Gong den Unterricht eingeläutet hat oder die Lehrer nach der Begrüßung und einem ersten administrativen Prozedere zum Thema der Schulstunde übergeleitet haben. Die Schüler betreten solange noch redend und bisweilen lärmend den Physikraum, setzen sich nach und nach und führen ihre Gespräche erst einmal fort. Währenddessen nehmen die Lehrer die Klasse nur beiläufig zur Kenntnis und widmen sich in erster Linie dem Experiment. In der Regel kommentieren die Lehrer diese Vorbereitungspraktiken im Unterrichtsraum nicht, allenfalls halblaut gemurmelte Bemerkungen entschlüpfen ihnen dann (»So, jetzt müsst's gehen.«). Die letzten Handgriffe sind dadurch als noch nicht zum eigentlichen Unterricht gehörend gerahmt und als profane Praktiken aus dem Unterrichtsgespräch ausgeschlossen. Bauen die Lehrpersonen das Demonstrationsexperiment erst während des bereits begonnen Unterricht auf, so erläutern sie hingegen häufig ihr Tun gegenüber den Schülern:

> Die Schüler sollen nun den Tafelaufschrieb abschreiben. Herr Thomas wendet sich derweil dem Versuchsaufbau zu und kommentiert: »Währenddessen baue ich das Experiment um.«
> (Physik, 12. Klasse)

> Zunächst geht Herr Baier zum Wagen und kommentiert nach einem Klöppel suchend: »Das Suchen gehört noch nicht dazu!«
> (Physik, 10. Klasse)

Auch hier weisen die Lehrer ihr Tun als zweitrangig gegenüber anderen Tätigkeiten aus: Es kann nebenbei erfolgen (»währenddessen«) oder »gehört« schlichtweg »nicht dazu«. Dies gilt nicht nur für die Demonstrationsexperimente des Physikunterrichts, sondern auch für die Anschauungsobjekte des Mathematikunterrichts, die bisweilen ebenfalls vorbereitet und aufgebaut werden müssen:

> »Lest euch das mal im Buch durch, ich bau' das hier mal auf.« Herr Frankfurter stellt seinen Stuhl auf das Pult und beginnt das Kopierpapier auszupacken. (Mathematik, 10. Klasse)

Die vorbereitenden Handgriffe und Tätigkeiten sind somit auf zweierlei Arten dem vordergründigen Unterrichtsgeschehen enthoben und als irrelevant gekennzeichnet: durch räumlichen sowie zeitlichen Ausschluss in den Sammlungen und durch die profanierenden Kommentare der Lehrpersonen. Die Relevanz des gesamten Versuchsaufbaus ist zurückgestellt und zunächst aktiv außer Kraft gesetzt. Auch sind bestimmte Teile des experimentellen Arrangements durch die Vorbereitungspraktiken der Lehrer als rein »technische Dinge« (Rheinberger 2006) deklassiert. Das, woran die Lehrperson gerade schraubt, ist eigentlich nicht von Interesse: An Schrauben, Klammern, Stühlen usw. gibt es nichts zu sehen. Die Schüler müssen deshalb dem, was die Lehrperson gerade tut, keine Aufmerksamkeit schenken und sollen sich beispielsweise dem Schulbuch zuwenden. Das ganze praktische Hantieren mit den Demonstrationsexperimenten – das Umbauen, Zusammenstecken, Verbinden, Zusammenschrauben und der erste Probelauf – konsumiert Zeit. In den geschilderten Fällen organisieren Lehrpersonen Zeit durch Parallelisierung: Die Instruktionsrolle wird an einen dinglichen Teilnehmer – die Tafel oder das Buch – abgetreten, die menschliche Lehrperson hingegen wird für wenige Minuten zum Konstrukteur der physikalischen Technik.

Der Auftritt des Dings

Sind die letzten Vorbereitungen getroffen, kann das experimentelle Arrangement endlich auftreten und Teil des offiziellen Unterrichtsgeschehens werden. Gegebenenfalls müssen noch einzelne Schüler umgesetzt werden, um die Sichtbarkeit des Experiments zu gewährleisten. Dann schieben Lehrer abseits stehende Rollwagen Richtung Pult oder heben das experimentelle Arrangement darauf, falls es dort nicht schon während der letzten Vorbereitungen abgelegt worden ist. Die Dinge erhalten durch solche »physical rearrangements« (Mehan 1979: 37) des Unterrichtsraums einen herausgehobenen Platz auf der Schaubühne des Unterrichts und stehen (wenigstens räumlich) im Zentrum der Aufmerksamkeit.

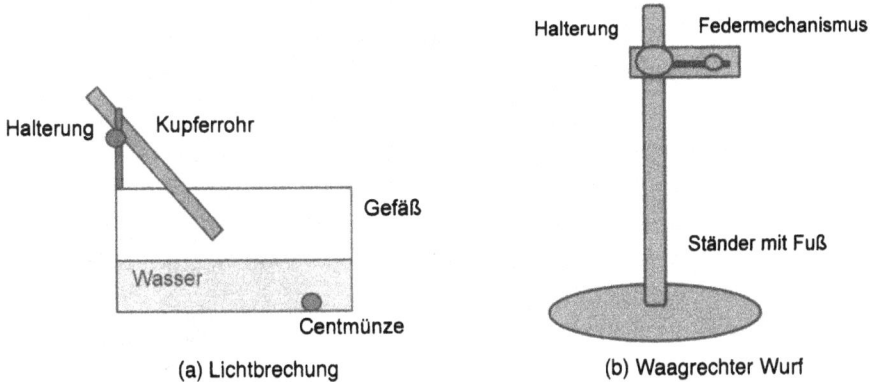

Abbildung 3.2: Zwei Versuchsaufbauten

Dann gilt es, die Dinge in das Sprachspiel des Unterrichts einzuführen und als von Interesse zu markieren. Schon bevor die Lehrer dies tun, steht die Anwesenheit des Rollwagens mit dem Versuch für eine experimentelle Unterrichtseinheit und wird von den Schülern untereinander oft freudig kommentiert. Mit der Hinwendung zu den Dingen bestätigen die Lehrer diese Erwartung und zeigen der Klasse deutlich an, dass ein entsprechender Abschnitt innerhalb des Unterrichts beginnt. Zunächst halten die Lehrer hierzu die Dinge ostentativ in den Händen oder zeigen auf das experimentelle Arrangement. Danach fragen sie entweder die Schüler nach dem Namen (»Was ist das eigentlich?«) oder nennen die fraglichen Dinge selbst beim Namen und führen sie so auch diskursiv ins Unterrichtsgespräch ein:

Nach einer mündlichen Einführung zum Thema »Lichtbrechung« verkündet Herr Martin: »So, ein kleines Experiment!« Der Rollwagen und der darauf aufgebaute Versuch geraten in den Mittelpunkt der Aufmerksamkeit (siehe Abb. 3.2a). Der Lehrer stellt sich neben den Rollwagen, zeigt auf den Versuchsaufbau und erläutert »Ich habe hier ein Gefäß gefüllt mit Wasser, eine Centmünze und ein Kupferrohr.«
(Physik, 7. Klasse)

Nachdem er mit den Schülern einige Alltagsbeispiele zum Thema »Waagrechter Wurf« durchgegangen ist, wendet sich Herr Grabow dem auf dem Pult aufgebauten Versuch (siehe Abb. 3.2b) zu und kommentiert: »Also, Prinzip waagrechter Wurf, wäre so was ((geht zu Versuchsaufbau und schraubt daran herum)). Also wir ham hier so 'ne Feder, die kann man spannen ((spannt sie)) und dann kann ich sie losschnackeln lassen und dann schießt sie halt irgendwo hin ((lässt die Feder schnappen)). Fantastisch, oder?«
(Physik, 11. Klasse)

Beide Lehrer greifen sich jeweils einige Dinge heraus und benennen sie. Dies leistet zweierlei. Zum einen werden so Einheiten festgelegt, über die man sprechen kann. Das Kupferrohr und die Centmünze erhalten einen Namen, auf den man sich beziehen kann. Dementsprechend beziehen sich die Schüler in der Regel im Unterrichtsgespräch auf die genannten Einheiten oder werden durch die Lehrer dementsprechend korrigiert. Gleichzeitig heben Lehrpersonen auf diese Weise relevante Dinge hervor. Aus einer Vielzahl von Dingen wählen sie die wesentlichen Teile des Experiments aus, die sie dann auch benennen. Über Teile, die nur der Befestigung dienen, schweigen sich die Lehrer hingegen aus. So lässt Herr Martin Schrauben und Klemmen, die das materielle Arrangement zusammenhalten, unerwähnt. Sein Schweigen über den Beitrag dieser Dinge zum Experiment zeugt von ihrer mangelnden Relevanz innerhalb des Themengebiets »Lichtbrechung«. Herr Grabow betätigt sich zugleich als jemand, der die *black box* des Experiments öffnet. Er klärt die Schüler über die Funktion einer Apparatur auf, die sich durch bloßes Schauen von ihren Reihen aus kaum erschließen lässt. Damit macht er den eigentlich verborgen liegenden Federmechanismus sichtbar und formt die Erwartungshaltung der Schüler gegenüber der Durchführung des Experiments. Die Dinge erhalten so nicht nur einen Namen, sondern sind zugleich als relevante Objekte herausgehoben, die es aufmerksam zu betrachten gilt. Besonders deutlich wird dies dann, wenn die Lehrer nicht nur gestisch auf das experimentelle Arrangement verweisen, sondern einzelne Dinge herausgreifen und ostentativ vor der Klasse in der Höhe halten:

> Herr Baier verkündet: »Nehmen wir mal einen Trafo.« Er holt den Trafo vom Rollwagen und hält ihn vor sich in den Händen: »Was kann der?«
> (Physik, 10. Klasse)

Der Trafo wird als ein Gerät bestimmt, das etwas kann, was zunächst nicht unmittelbar sichtbar ist. Lehrperson und Schüler behandeln ihn so als Ding, mit dem sich etwas aufführen und zeigen lässt. Mit anderen Worten: Mit ihren sprachlichen und gestischen Aktivitäten indizieren Lehrpersonen, dass es etwas zu sehen gibt, das durch das Demonstrationsexperiment sichtbar werden wird. Sie schaffen dadurch eine Erwartungshaltung gegenüber dem Experiment und bereiten die Schüler auf die Beobachtung vor. Andere Teile des experimentellen Arrangements werden hingegen systematisch zu irrelevanten Hilfsmitteln erklärt:

> Dann nimmt Herr Baier einen Holzkasten vom Rollwagen, stellt diesen auf das Pult und versetzt darauf abermals die Stimmgabel in Schwingung. Der Kasten, so erläutert er, ist »nur dazu da, als Resonanzkörper zu dienen«.
> (Physik, 10. Klasse)

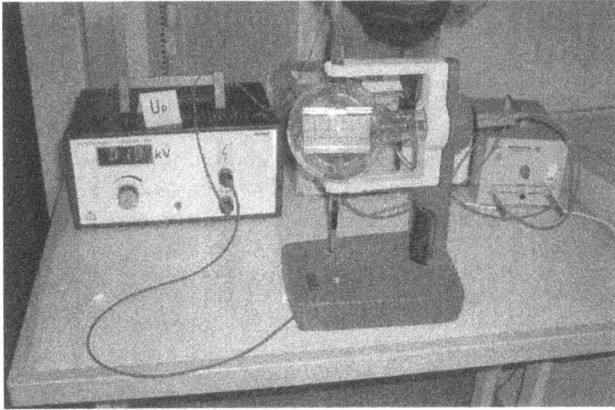

Abbildung 3.3: Das ›Ding ohne Namen‹

Hieran wird deutlich, dass bereits das Herausgreifen einzelner Dinge und ihre Positionierung auf dem Pult die Dinge zu besonderen Objekten macht. Mit der mündlichen Erläuterung müssen dann gegebenenfalls einfache »technische Dinge« (Rheinberger 2006) ausgezeichnet werden, um diese wieder in den thematischen Hintergrund zu drängen. Nur so kann das eigentlich Relevante an den Experimenten (in diesem Fall Schwingung und Ton einer Stimmgabel) in den Vordergrund treten.

In anderen Fällen bestimmen die Lehrer die zusammengestellten Dinge lediglich als »Experiment«. Auftritt und Durchführung fallen dann oft zusammen. Mit seinem Auftritt ist das dingliche Arrangement dann auch als durchzuführendes Experiment gerahmt: »Hier ist ein kleines Experiment. Ich dreh' mal an dem Teil da.« Hin und wieder lassen die Lehrer gänzlich offen, wie das fragliche Ding heißt und was sich dort sehen lässt. Allein die elliptischen Äußerungen und zeigenden Gesten der Lehrer lenken dann die Aufmerksamkeit der Schüler auf das Ding. Die Schüler sind dann gefragt, sich als Namensgeber zu betätigen:

Nun geht Herr Thomas zur Tür des Vorbereitungsraums und öffnet diese. Direkt dahinter kommt ein Rollwagen mit allerlei Gerät zum Vorschein (siehe Abb. 3.3). Der Lehrer schiebt den Wagen zu einem Platz links vom Pult und fordert die Schüler auf: »Ihr kommt mal bitte nach vorne und schaut euch das hier an.«

Sie versammeln sich im Halbkreis um den Wagen, hinter dem sich Herr Thomas nun positioniert hat. Die Schüler rätseln über ein ihnen unbekanntes Bauteil: eine Glasglocke. Der Lehrer hält diese in der Hand und dreht sie hin und her, so dass alle Schüler eine gute Sicht darauf haben, klärt aber weder über Namen noch Funktion des Dings auf. Dann schaltet er den Strom ein und etwas in der Glasglocke leuchtet. Ein orange leuchtender

Strahl ist vor einer weißen Fläche zu sehen. Der Lehrer fordert einige Schüler auf, näher heranzugehen, um besser sehen zu können.

Die Jalousien werden heruntergelassen und Herr Thomas will nun wissen: »Was ist zu sehen?« Die Schüler rätseln herum, was dort zu sehen ist, und um was für ein Bauteil es sich wohl handelt. Einige gehen mit dem Gesicht ganz nah an die Glasglocke heran und betrachten den Lichtstrahl von allen Seiten. Auch scherzhafte Erklärungen werden in den Raum geworfen: »Elektronenschatten«, »Weihnachtsröhre«, »Föhn« und ähnliche Begriffe fallen.

Ein weiteres Gerät wird angeschlossen und eingeschaltet. Der Strahl wird abgelenkt. Die Vermutung einiger Schüler, dass es sich hier um Elektronen handelt, wird vom Lehrer endlich bestätigt. Es handelt sich um einen Elektronenstrahl, der als blaues Leuchten auf speziellem Papier sichtbar wird. Herr Thomas benennt das Phänomen (»Fluoreszenz«) und polt dann um, der Strahl wird nach oben abgelenkt. Herr Thomas nimmt auf die früheren scherzhaften Namen der Schüler für das Bauteil Bezug und fragt: »Kein Föhn oder eine Weihnachtsröhre. Oder wie würdet ihr das Gerät sonst nennen?« Ein Schüler ruft rein: »Weihnachtskugel.« Der Lehrer ignoriert dies und klärt auf: »Das Ding hat einen Namen: Elektronenstrahlablenkröhre. Ganz nüchtern.«
(Physik, 12. Klasse)

Die Suche nach dem Namen ist zugleich Suche nach dem zu beobachtenden physikalischen Phänomen. Zwar dürfen die Schüler zunächst frei Vorschläge äußern und es bleibt lange offen, ob sie adäquat sind. Der Lehrer bleibt hier aber letztlich die Instanz, die den ›wahren‹ Namen des Dings kennt. Deutlich wird hier unter anderem die eigentümliche Struktur, die die Lehrer-Schüler-Interaktion annehmen kann. Die Frage des Lehrers lässt nämlich die Schüler eine Antwort suchen, die sie gar nicht finden können, weil er ja nicht wissen will, was zu sehen ist, sondern wie das Sichtbare fachlich-physikalisch bezeichnet wird. Dieser Begriff aber war bislang nicht Gegenstand des Unterrichts.

Die Bezeichnung, die das Ding erhält, weist ihm einen Status zu, der nicht dem Reich alltäglicher Gegenstände zugehört, sondern der »nüchternen« Welt der Physik. Dennoch ist das Ding vor seiner ›Taufe‹ nicht gänzlich unbestimmt. Die gestischen und sprachlichen Verweise des Lehrers, aber auch die sich im Halbkreis um das Ding versammelnden Schüler heben das Ding als etwas Besonderes und Beachtenswertes hervor. Fänden sich die Schüler um die Tasche des Lehrers versammelt, würde man sich wundern, was es dort Besonderes zu sehen gäbe.

Mitbringen. Eine mathematische Variation

Im Mathematikunterricht fallen erstes Erscheinen und Benennung der Wissensdinge oft zusammen. Weder kennen die Mathematiklehrer einen eigens für sie

vorgesehenen Vorbereitungsraum, noch einen Fachraum für den Mathematikunterricht. Ihre Dinge benötigen in der Regel keine so ausgeklügelte und bisweilen langwierige Vorbereitung. An den mathematischen Anschauungsobjekten soll sich zwar auch etwas zeigen, allerdings handelt es sich um Eigenschaften eines prototypischen Vertreters einer Gattung und nicht um Naturgesetze.
Für den Geometrieunterricht gibt es beispielsweise zahlreiche Modelle geome-
trischer Körper, die den Schülern deren Eigenschaften veranschaulichen sollen.
Anders als im Physikunterricht tragen die Mathematiklehrer ihre Anschauungsobjekte ins Klassenzimmer der zu unterrichtenden Klasse. Was passiert, wenn
eine Lehrperson ein solches Ding in den Unterricht mitnimmt? Betrachten wir
hierzu folgenden kleinen Ausschnitt:

> Heute gehe ich zum ersten Mal mit Herrn Frankfurter in den Mathematikunterricht der
> Klasse 10 b. Nachdem er seinen Schlüsselbund auf den Tisch gelegt hat, stellt er seine Ta-
> sche neben dem Pult ab. Er holt daraus Stifte, Unterlagen und das grellbunte Plexiglas-
> Modell eines Prismas hervor und legt auch diese Dinge auf den Tisch. Dann stellt er so-
> wohl mich als auch das mitgebrachte Prismamodell vor: »So, ich hab euch zwei Sachen
> mitgebracht. Ein Prisma und den Herrn Röhl!« Die Schüler mustern mich eingängiger,
> einige Mädchen in der ersten Reihe lachen über Herrn Frankfurters Bemerkung. Er über-
> gibt mir das Wort und ich stelle mein Anliegen kurz und in einfachen Worten vor. Ich
> bekomme einen Platz in der letzten Reihe links zugewiesen.
> (Mathematik, 10. Klasse)

Dieser Ausschnitt macht deutlich, dass die Anwesenheit einiger Dinge im Schulunterricht erklärungsbedürftig ist. Fremde Personen und Objekte, die nicht dem
alltäglichen Repertoire des Unterrichts zugehörig erscheinen, irritieren zunächst
einmal. Was wollen sie hier? Wie kann man sie in Bezug zur disziplinären Ordnung des Unterrichts bringen? Die Anwesenheit vieler anderer Dinge bleibt hingegen ohne Erklärung. Weder muss sich der Lehrer erklären, noch muss die Tafel
als Inventar des Klassenzimmers vorgestellt werden, noch andere mitgebrachte
Dinge wie Herrn Frankfurters Schultasche oder Schlüsselbund. Sie sind allesamt
gewohnte Besucher oder gar Bewohner des Klassenzimmers. Herr Frankfurter
hat seinen Platz in einer zeitlichen und disziplinären Ordnung der Schulklasse, wie sie auch im Stundenplan kodifiziert ist: jeden Montag um 9:20 Uhr haben wir Mathematikunterricht bei Herrn Frankfurter. Die Wandtafel ist ständiger und dauerhafter Begleiter und Bewohner des Klassenzimmers der 10 b. Die
Schüler beziehen sich mit Possessivpronomen auf »ihre« Wandtafel – und umgekehrt sprechen die Lehrer von der Wandtafel als zur Klasse zugehörig: »Ihr
müsst mal eure Tafel besser putzen!« Schlüsselbund und Ledertasche sind hingegen klar Herrn Frankfurter zugeordnete persönliche und profane Gegenstände,

die genauso regelmäßig wie er das Klassenzimmer betreten und ohne im Vordergrund zu stehen beiseite gelegt werden.

Die unbekannte Person und das unbekannte Ding sind hingegen erklärungsbedürftig, sie sind außeralltägliche Besucher des Mathematikunterrichts. Sie erhalten ihre Legitimation zunächst dadurch, dass Herr Frankfurter sie überhaupt benennt und als durch ihn »mitgebrachte Sachen« deklariert. Der Lehrer ist hier *gatekeeper* des Klassenzimmers, der darüber entscheidet, wer oder was Teil des Mathematikunterrichts sein darf und wer oder was nicht. Er führt die Dinge in den Unterricht ein und erklärt sie so zu legitimen Teilnehmern. Die Wendung »Ich hab euch etwas mitgebracht!« fällt – in Variationen – immer wieder, wenn Lehrpersonen Anschauungsobjekte in den Mathematikunterricht mitbringen oder zum ersten Mal hinter dem Pult oder aus ihren Taschen hervorholen. Sie lenken so die Aufmerksamkeit der Schüler auf das Ding, besondern es und leiten zu einer Unterrichtseinheit über, in der diesem Ding eine prominente Rolle zukommt. Gerade im Mathematikunterricht ist die Anwesenheit der Anschauungsobjekte in großem Maße erklärungsbedürftig. Meist erfolgt die Erklärung ihrer Anwesenheit kurz nachdem sie für die Klasse sichtbar geworden sind. Die Lehrer treten als deren Fürsprecher auf und stellen sie den Schülern als legitime Gäste des Klassenzimmers vor:

> Herr Frankfurter holt ein Metallmodell einer Pyramide mit folgenden Worten hervor: »Ich hab euch hier eine Pyramide mitgebracht. Kann jemand eine Pyramide beschreiben, wie wir das Prisma beschrieben haben?«

> Einige Zeit später holt Herr Frankfurter weitere Modelle aus seiner Tasche hervor: »Ich hab euch sogar was mitgebracht, noch was. Ist ja wie Weihnachten!« Er zieht die Kunststoffmodelle dreier Pyramiden aus einem durchsichtigen Kunststoffwürfel.
> (Mathematik, 10. Klasse)

> Mit dem Satz »Ich hab euch etwas mitgebracht.« zieht Herr Hecker ein rund 40 cm langes Modell einer großen Passagiermaschine hinter dem Tisch hervor.
> (Mathematik, 10. Klasse)

Auch Physiklehrer benutzen diese Formel, allerdings sehr viel seltener als ihre Kolleginnen und Kollegen in der Mathematik:

> Zu Beginn der zweiten Stunde stellt sich Herr Rapp gleich hinter den Rollwagen mit dem Experiment und sagt: »Sooo, wie beim Sandmännchen: Gebt fein acht, ich hab euch etwas mitgebracht. Kommt vor und schaut euch das an. Vielleicht könnt ihr etwas erkennen. Da gibt es ein paar Kleinigkeiten, die interessant sind.«
> (Physik, 12. Klasse)

Mit der Redewendung »So, ich hab euch etwas mitgebracht!« rahmen Lehrpersonen das Unterrichtsgespräch: Als Erzählende, die in der Position sind, diese Erzählung gegenüber Zuhörenden (»euch«) formulieren zu können, kündigen sie eine Darbietung an, in deren Zentrum ein Objekt steht, das schon sichtbar aber nicht selbsterklärend ist. Lehrpersonen lenken damit auch – oft zu Beginn des Unterrichts – die Aufmerksamkeit der Schüler auf das noch zu folgende Geschehen auf der Bühne des Unterrichts. Lehrer greifen hierzu häufig auf kontextualisierende Ausdrücke (z. B. »so«, »guut!«; Dorr-Bremme 1990) zurück, um den Beginn eines neuen Abschnitts für die Schüler zu markieren. Anders als im Mathematikunterricht fällt die Redewendung in den Physikstunden zugleich auf eine Erwartung der Schüler, dass experimentelle Arrangements dazu gehören, den Unterricht sogar auszeichnen. Dementsprechend selten findet sich die Wendung hier.

Sowohl Physik- als auch Mathematiklehrer treten als großzügige Verwandte der Schüler auf, die mit einem Mitbringsel aufwarten können: »Ist ja wie Weihnachten«. Das Ding erscheint als besondere Gabe, die wie die Geschichten des Sandmännchens durch einen herausgehobenen Erzähler und dessen Erläuterungen gerahmt ist. Die Schüler sind hingegen kollektive Empfänger dieser Gabe. An sie sind die Dinge gerichtet, der Lehrer ist als Schenkender hiervon ausgenommen. Die Lehrer zeigen mit den Dingen den Schülern etwas, nicht aber sich selbst. Oft stehen sie hinter den Versuchsaufbauten und können dem Experiment nicht in gleicher Weise folgen wie die Schüler, die dem Spektakel von privilegierten Zuschauerplätzen aus beiwohnen dürfen. Die Lehrpersonen stellen sich dadurch vor der Klasse als vorführende Experten dar, die das Geheimnis der Dinge bereits kennen und wissen, was sie verbergen. Der Gabencharakter beschränkt sich aber darauf, dass die Schüler die Dinge betrachten dürfen und etwas über sie erfahren können. Hieran und an vielen anderen Stellen zeigt sich, dass die Lehrer als *Meister der Dinge* auftreten. Sie sind es, die sie mitbringen, einführen und benennen, die als deren Fürsprecher auftreten. Sie sind es auch, die sie arrangieren und manipulieren dürfen. Die Schüler sind dagegen meistens als distanzierte Betrachter vorgesehen.

Disziplinäres Sehen und Hören

Nachdem die Dinge eingeführt und benannt sind, kann die eigentliche Durchführung des Experiments beginnen. Die Lehrer bereiten hierzu ihre Schüler verbal auf den Zeitpunkt der Durchführung vor: »Sooo, also.«; »Schau'n wir, ob das auch im Realfall so is'. Also, okay, auf die Plätze, fertig, los!« Nachdem sie zuvor einzelne relevante Bestandteile herausgegriffen haben, d. h. Wissen markiert und selektiert haben, legen die Lehrer nun einen günstigen Zeitpunkt für die Beobachtung des Versuchs fest. Die Schüler sollen jetzt, in diesem Moment zuzuschauen. Wer den ›Startschuss‹ überhört, verpasst das Spektakel des Experiments. Davor und danach gibt es nichts zu sehen. Die verbale Markierung des Beginns steht am Ende einer Reihe von Maßnahmen, mit denen im Schulunterricht die klassenöffentliche Sichtbarkeit des Demonstrationsexperiments garantiert werden soll: Positionierung der Schüler und Dinge im Unterrichtsraum, ostentativer Auftritt des Dings auf dem Pult, sprachliche und körperliche Hinwendung des Lehrers, klassenöffentliche Vergabe eines Namens und schließlich die Markierung des Beginns. Eine Vielzahl von unterschiedlichen sprachlichen und visuellen Signalen verdichten sich auf den Punkt der Durchführung hin und sichern die dem Versuch gebührende Aufmerksamkeit.[29]

Oft geht der ›Startschuss‹ damit einher, dass die Lehrer Rezeptionsweisen vorgeben: »Alle nach vorne schauen!«; »Guckt genau hin!«; »So, wenn ihr jetzt mal hinschaut!«; »Stifte aus der Hand, Heft zu! Jetzt gibt's noch was zu gucken.«; »Stifte liegen lassen! Schaut her!« Statt zu schreiben sollen die Schüler nun »schauen« bzw. »gucken«. Manchmal bleibt die Rezeptionshaltung implizit oder die Lehrer schieben sie während der Durchführung des Experiments in Form einer Frage nach: »Was seht ihr?«; »Was beobachtet ihr?« Die Lehrer schaffen mit ihren Anweisungen ein »phenomenal field« (Lynch/Macbeth 1998: 277) der Wahrnehmung, vor dessen Hintergrund das Geschehen im Experiment Bedeutung für eine schulische Wissensdisziplin erhält.

Der typische Modus der Rezeption, den die Lehrer für die Demonstrationsexperimente vorgeben, ist das Sehen. Eine zentrale Annahme des Schulunterrichts ist es, dass die Schüler an den Dingen etwas erkennen können, wenn sie sich ihnen schauend zuwenden.[30] Privilegiert wird also ein gerichteter Sinn, der den Schülern für wenige Augenblicke eine Körperausrichtung zum Demonstrationsexperiment abverlangt. Im Themengebiet »Akustik« wird hingegen durch Demonstrationsexperimente auch der Hörsinn als (relativ) ungerichteter Sinn aktiviert. Folgender Ausschnitt zeigt ein solches Demonstrationsexperiment:

> Herr Baier hält eine Stimmgabel in der Hand und hebt diese demonstrativ in die Höhe: »Was ist das eigentlich?« Ein Schüler weiß es und antwortet knapp: »Stimmgabel.« Der

---

[29] Derartige ankündigende Signale sind offensichtlich ein gängiges Merkmal didaktischer Demonstrationen – nicht nur im Schulunterricht, sondern z. B. auch beim Kampfsporttraining (Schindler 2011: 92ff.).

[30] In der Didaktik ist die Anschaulichkeit ein zentrales Thema (etwa bei Martial/Ladenthin 2002: 27ff.). Ferner gilt der Sehsinn im Allgemeinen als das primäre Erkenntnisinstrument des westlichen Denkens (These des »Okularzentrismus«; kritisch hierzu Levin 1993).

Lehrer will dann wissen: »Wozu braucht man eine Stimmgabel?« Der Schüler antwortet:
»Zum Stimmen.« Herr Baier meint nun, dass man dann auch etwas hören müsse. Deshalb bittet er die Schüler: »Ganz, ganz leise sein. Genau hören. Achtung!« Er versetzt
die Stimmgabel durch schnelles Hin- und Herbewegen in Schwingung, schließt dabei vor
dem Pult stehend seine Augen und legt die Stirn in Falten. Alle sind still, aber es ist nichts
zu hören, wie die Schüler bezeugen.
(Physik, 10. Klasse)

Auch hier bereitet der Lehrer dem Ding die Bühne, indem er es zunächst als Gegenstand von Interesse etabliert, gemeinsam mit den Schülern benennt und in
seiner Funktion bestimmt. Anders als bei den auf den Sehsinn ausgerichteten Experimenten muss hier aber erst noch der Weg für das Wahrnehmen freigemacht
werden. Stellt der Physiksaal üblicherweise eine Bühne bereit, auf die der Blick
nicht verstellt ist (siehe 2.3), so müssen hier die auditiven Hindernisse erst beseitigt werden: »Ganz, ganz leise sein.« Während die Lehrer bei zu betrachten-
den Versuchen nicht unbedingt selbst darauf schauen – weil sie der Klasse und
dadurch der oft unspektakulären Rückseite des Experiments zugewandt sind –,
verkörpert der Lehrer hier selbst die Rezeptionsweise. Das Schließen der Augen
und die in Falten gelegte Stirn zeigen der Klasse eindrücklich an, dass der übliche Rezeptionsmodus des Sehens zugunsten eines konzentrierten Hörens außer
Kraft gesetzt ist. Dieses Ansehen und Anhören des Demonstrationsexperiments
ist kein einfaches Registrieren, sondern ein diszipliniertes Sehen und Hören. Die
Lehrer richten den Blick und das Horchen der Schüler aus, indem sie die Aufmerksamkeit während des Experiments oder kurz danach auf Relevantes lenken
und geeignete Rezeptionsweisen in Erinnerung rufen:

Nach einem Experiment mit einem Pendel zum Thema Schwingungen fragt Herr Baier
die Schüler: »Was könnte man hier messen?«
(Physik, 10. Klasse)

Bei einem Experiment zur Lichtbrechung zeigt Herr Martin auf einen abgelenkten Lichtstrahl: »Seht ihr das hier? Das, was ihr hier ((zeigt auf die Reflexion des Plexiglases)) seht,
ist eine normale Reflexion. Das Plexiglas reflektiert leider, darum geht es aber nicht!«
(Physik, 7. Klasse)

Nach einem Experiment zur Elektrizitätslehre meint Herr Rapp zu den Schülern: »Wenn
wir jetzt dieses Bauteil hier ((zeigt auf die Glühwendel in der Glasglocke)) physikalisch
beschreiben wollen ...«
(Physik, 12. Klasse)

Die Lehrer arbeiten so daran, dass die Schüler die Dinge wissenschaftlich beobachten. Diese *disziplinäre Sicht* ist der Endpunkt einer Reihe von Praktiken des
Zeigens: vorbereitende ›Bereinigung‹ des Dings in der Sammlung, Auftritt im
besonderen Arrangement des Physikraums, vorbereitende Handgriffe des Leh-

rers vor der Klassenöffentlichkeit, Benennung des Dings als Experiment, sprachlich und gestisch begleitete Durchführung und schließlich das Einfordern einer wissenschaftlichen Rezeptionshaltung, auf die das Unterrichtsgeschehen zusteuert. Die Lehrer scheiden hierzu Relevantes von Irrelevantem, indem sie beispielsweise Verzerrungen identifizieren und benennen: »Das Plexiglas reflektiert leider, darum geht es aber nicht!« Damit gründet wissenschaftliches Sehen nicht nur auf einer konzeptuellen Grundlage (Eberbach/Crowley 2009), sondern auch auf den Praktiken des sprachlichen und gestischen Zeigens auf das Objekt. In Übereinstimmung mit ethnomethodologisch informierten Studien (Goodwin 1994; Lynch/Macbeth 1998; Schindler 2011) kann man folgendes festhalten: Die Sichtbarkeit von Phänomenen lässt sich weder auf ein einfaches Registrieren noch ein rein ideell angeleitetes Wahrnehmen zurückführen, sondern ist Resultat eines praktischen Unterfangens, an dem die Teilnehmer didaktischer (aber auch anderer) Situationen arbeiten müssen.

Die Lehrkräfte versichern sich der disziplinären Sicht auf die Dinge, indem sie im Lehrgespräch die korrekten Fachbegriffe einfordern und die Schüler ermahnen, die Dinge naturwissenschaftlich oder mathematisch zu beschreiben. Am Ende eines experimentellen Abschnitts ändert sich dementsprechend der Charakter des Unterrichtsgesprächs. Offene und interaktive Gesprächsformen weichen zunehmend einem autoritativen Belehren durch die Lehrperson, umso mehr sich der Unterricht auf die disziplinäre Sicht zubewegt. Ein das Verständnis erleichternde »Gerüst« (Lynch/Macbeth 1998: 280) aus alltäglichen Begriffen kann Fachausdrücken Platz machen. So beschreiben etwa in Herrn Martins Versuchen zur Lichtbrechung die Schüler das Verhalten der Lichtstrahlen zunächst mit Begriffen wie »hochgehen« und »runtergehen«, wofür sie der Lehrer später korrigiert: »Es heißt reflektieren und brechen«.

Die Lehrer versuchen dabei, Ding und korrekten sprachlichen Ausdruck fest miteinander zu verbinden (Bauersfeld 1995). Sie üben dies mit den Schülern durch Wiederholung und ostentatives Zeigen ein. Herr Frankfurter fordert dementsprechend mit dem Modell einer Pyramide in der Hand:

> »Kann jemand die Pyramide beschreiben, wie wir das Prisma beschrieben haben?« Die Schüler versuchen es und scheitern an der mathematischen Sprache. Herr Frankfurter mahnt: »Gewöhnt euch eine genaue Sprechweise an!« Während die Schüler versuchen, die Pyramide mathematisch genau zu beschreiben, hat er die Pyramide die ganze Zeit in der Hand und zeigt immer wieder einzelne Strecken und Flächen an, die gerade von den Schülern genannt werden.
> (Mathematik, 10. Klasse)

Zum einen versichern sich die Unterrichtsteilnehmer durch ihre gestischen und sprachlichen Verweise auf die Flächen und Strecken gegenseitig, dass sie über die gleichen Dinge sprechen, und sie schaffen für die Zwecke des Lehrgesprächs »interindividual objects« (Hindmarsh/Heath 2000: 555). Zum anderen erfährt die Klasse dadurch etwas über die Beziehung von Dingen und Wörtern. Schulunterricht sucht nach der sprachlichen Einordnung der Phänomene. Die Sprache verleiht nicht nur den Dingen, sondern auch den an ihnen sichtbaren wissenschaftlichen Phänomenen oder Sachverhalten sowie ihren Bestandteilen einen Namen. Eine »genaue Sprechweise« garantiert die wissenschaftliche Sicht auf die Dinge und macht sie dadurch handhabbar. Statt einer ›Weihnachtsröhre‹, einem Föhn oder gar einer Weihnachtskugel haben wir es mit nüchternen Dingen zu tun, die weder einem christlichen Fest zugeordnet sind, noch einem alltäglichen Zweck dienen, sondern so wie die »Elektronenstrahlablenkröhre« funktionale Namen tragen, die sich auf Fachbegriffe (»Elektronen«) beziehen.[31]

In den höheren Klassenstufen ist das disziplinäre Sehen schon vertrauter Bestandteil des naturwissenschaftlichen Unterrichts. Die Dinge treffen auf disziplinierte Schülerkörper, die diese Art der Welt zu begegnen bereits beherrschen. Schauen wir uns dazu an, wie es mit dem ›Federmechanismus‹ (siehe Abb. 3.2b, S. 73) weitergeht:

> Herr Grabow spannt eine Holzkugel in die Feder der Apparatur und schießt die Kugel waagrecht los. Die Kugel fällt in einer Bogenbahn auf den Tisch, rollt zu Boden und springt dort zwei oder dreimal auf. Der Lehrer kommentiert: »Fantastisch. Also in etwa, kann man sich vorstellen. Kann den etwa einer noch mal beschreiben, wie sah denn das etwa aus? Diese Bewegung (kurze Pause) Petra.« Petra weiß es nicht und auch die anderen Schüler geben keine Antwort. Herr Grabow sammelt die Kugel wieder auf und setzt sie abermals in die Apparatur ein: »Also noch mal, wir spannen vor ((spannt vor)), um noch einmal einen Blick auf den fantastischen Flug. Auf die Plätze, fertig, los ((betätigt Auslöser, Kugel fällt auch jetzt wieder auf den Boden und springt dort auf))!«
>
> Nun will Herr Grabow wissen: »So, is' natürlich klar, wenn man des so nachmalen wollte, in etwa, Tim, wie sieht's aus?« Tim: »So. ((vollführt mit dem Zeigefinger eine Bogenbahn.))« Der Lehrer greift die Geste auf und wiederholt sie gut sichtbar für die Klasse. Dann hält Herr Grabow diese gestisch dargestellte Bogenbahn in Form eines Diagramms an der Tafel fest.
> (Physik, 11. Klasse)

Nach einem gescheiterten Versuch, die Beobachtung beschreiben zu lassen, präzisiert Herr Grabow hier die Rezeptionshaltung hin zu einer visuellen Darstellung einer Flugbahn (»nachmalen«). Prompt meldet sich ein Schüler und gibt eine

---

[31] In 4.2 widme ich mich der Transformation der Dinge in die Schrift. Hier geht es mir zunächst um das Sprechen über die Dinge.

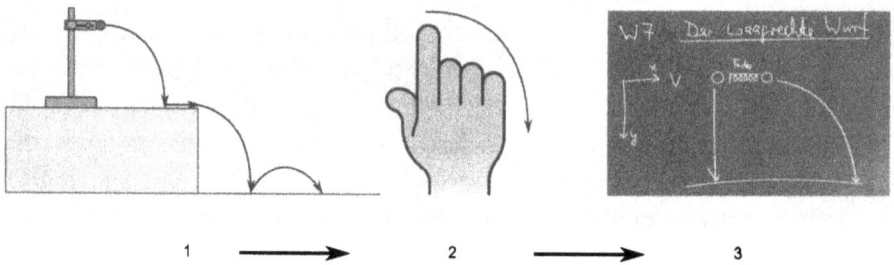

Abbildung 3.4: Die disziplinäre Sicht am Werk

offenbar adäquate Antwort in Form einer Geste, die durch die Wiederholung des Lehrers und den späteren Tafelanschrieb ihre Gültigkeit für die gesamte Klasse erhält. Sowohl die Geste des Schülers sowie die wiederholende Geste des Lehrers als auch das Diagramm an der Tafel schweigen über einige Aspekte des Experiments: Farbe und Material der Kugel, Ständer und Halterung des Federmechanismus sowie das Aufspringen der Kugel auf dem Boden (siehe Abb. 3.4).[32] Was sie zeigen, ist das am Versuch für den Physikunterricht Relevante: die Bewegung in Form einer Bogenbahn sowie der Federmechanismus, der eigentlich nicht unmittelbar sichtbar ist. Der Versuch ist hier schon ganz im Sinne einer disziplinären Sicht der Schulphysik wahrgenommen.

Helfende Hände und bezeugende Augen

Hin und wieder spannen die Lehrer auch einzelne Schüler ein, um sich von ihnen beim Durchführen ihrer Demonstrationen helfen zu lassen. Folgende Szene zeigt dies:

> Die Schüler sollen eine an der Tafel festgehaltene Aufgabe bearbeiten (siehe Abb. 3.5). Um den Schülern die Aufgabe verständlich zu machen, lässt Herr Grabow einen der Schüler nach vorne kommen und rückt dabei seinen Tisch weiter in Richtung der Schüler. Zunächst soll die Fahrt eines Boots auf einem See simuliert werden. Der Tisch wird kurzerhand zum »See« erklärt. Der Schüler soll nun einen Filzstift als Boot (»Das ist das Boot!«) über den Tisch (»See«) mit »gleichförmiger Bewegung« gleiten lassen. Dann zieht Herr Grabow den Tisch nach rechts und der Schüler soll wiederum das »Boot« bewegen. Der See wird zum Fluss mit einer Strömung. Der Schüler bewegt sich nicht vom Fleck und irgendwann hängt das »Boot« in der Luft. Herr Grabow greift ein und sagt

---

[32] Auch meine Skizzen und Beschreibungen blenden vieles aus (Kratzer auf der Oberfläche des Metalls, abblätternde Farbe, das Hüsteln und die Nebengespräche einzelner Schüler). Sie sind selektiv und präsentieren eine Sicht auf den Unterricht und seine Dinge, die meine Leserinnen und Leser von der sozio-materiellen Unterrichtsforschung überzeugen soll.

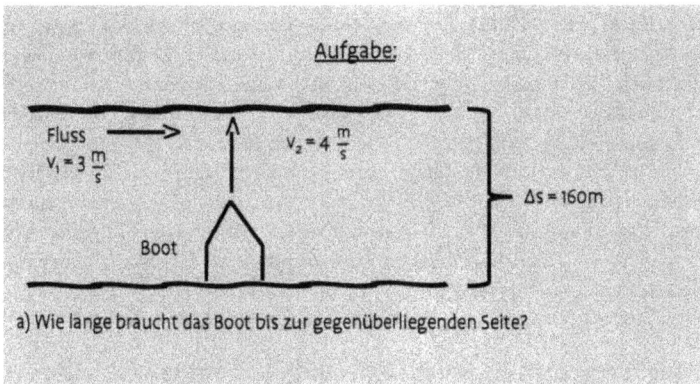

Abbildung 3.5: Eine Aufgabe zu Bewegungen im Physikunterricht

zum Schüler, dass er mit ihm mitgehen müsse und gleichzeitig die Bewegung über den Fluss durchführen solle. Der Schüler tut wie ihm geheißen. Herr Grabow kann den Schülern so die richtige Lösung der Aufgabe anschaulich machen: »40 s«, die Strömung des Flusses ist für die Frage zunächst unerheblich. Herr Grabow folgert: »Das heißt, dass bei der Überlagerung auch wieder in Teilbewegungen zerlegt werden kann.« (Physik, 11. Klasse)

Zunächst einmal fällt auf, dass auch ganz profane Dinge dazu verwendet werden können, physikalische Sachverhalte darzustellen. Mittels performativer Sprechakte wird aus einem Stift ein Boot und aus einem Tisch ein See. Weiter sticht ins Auge, dass der Schüler hier ein dem Lehrer zu Hand gehender Gehilfe ist, der auf Anweisung des Lehrers Dinge in die Hand nehmen und manipulieren darf. Er ist gewissermaßen eine prothetische Verlängerung des Lehrers. Die Asymmetrie des Schulunterrichts bleibt so bestehen, obwohl einer der Schüler den Pult- und Tafelbereich betreten darf. Die suggestive Wirkung des Experiments liegt hier nicht darin, dass ein Schüler und damit jeder im Klassenzimmer mit eigenen Händen etwas begreifen kann, sondern allein in der visuellen Aufführung für das Klassenpublikum.

Anders sieht es aus, wenn Schüler »nach vorne« kommen können, um an den Dingen selbst auszuprobieren, wie man eine Problemstellung löst:

Frau Langmann will den Schülern »noch etwas zeigen«. Sie stellt einen durchsichtigen Plastikbecher auf das Pult und legt einen Bierdeckel darauf. Auf den Bierdeckel stellt sie eine Streichholzschachtel und darauf wiederum eine kleine Metallkugel. Nun will sie wissen, wie man die Kugel, ohne sie anzufassen, in den Becher bekommt. Ein Schüler ist schnell mit einer ›Lösung‹ zur Hand, er geht vor, hebt den Bierdeckel an und kippt die Kugel in den Becher. Frau Langmann kommentiert schmunzelnd: »Vielleicht habe ich mich

falsch ausgedrückt.« Ein Schüler antwortet frech: »Ja, haben Sie.« Frau Langmann: »Ihr wisst wie es gemeint ist.« Ein anderer Schüler (Jan) darf nun vorkommen und es probieren. Er zieht den Bierdeckel so schnell heraus, dass die Kugel in den Becher plumpst. Frau Langmann fragt die Klasse: »Haben es alle gesehen?« Die Lehrerin lässt den Versuch wiederholen, eine andere Schülerin zieht abermals den Bierdeckel mit dem gewünschten Ergebnis heraus. Alle sind erpicht darauf, es auch einmal zu versuchen. Ein weiterer Schüler darf vor, scheitert aber: Die Kugel fällt herunter. Allgemeines Lachen. Nun muss er noch einmal ziehen und schafft es schließlich. Danach möchte Frau Langmann von den Schülern wissen, wieso die »Methode von Jan« klappt. Ein Lehrgespräch über die Trägheit entspinnt sich.
(Physik, 7. Klasse)

Statt reine Gehilfen des Lehrers zu sein, sind die Schüler hier auch Stellvertreter der Klasse. Stellvertretend für ihre Mitschüler manipulieren sie die Dinge. Einerseits soll sich so für die gesamte Klasse ein physikalischer Sachverhalt zeigen (»Haben es alle gesehen?«) und nicht nur für die manipulierenden Schüler, andererseits gewährt die von der Klasse bezeugte Manipulation des Schülers und der Schülerin, dass der Versuch nicht an eine bestimmte Person gebunden ist. Auch einer von uns kann es durchführen, auch ich hätte es sein können. Die Schüler helfen so mit, das am Experiment Beobachtete als nicht an den situativen Kontext gebundenes Wissen hervorzubringen. Auch hier gilt es aber, Spielregeln einzuhalten. Nicht jede Manipulation ist zulässig und die Lehrerin tritt abermals als Meisterin der Dinge auf. In diesem Fall diszipliniert sie die taktile Manipulation, um so ein disziplinäres Sehen zu ermöglichen, das als Ausgangspunkt für ein Lehrgespräch dient und das Beobachtete in die Wissensordnung des Faches einsetzt. Die stellvertretende Manipulation einzelner Schüler folgt dabei der Logik des mündlichen Dran-Nehmens (Kalthoff 1997: 92): Immer ein Schüler kommt an die Reihe und steht dabei stellvertretend für die Klasse, es gibt mehrere Versuche, zur ›Lösung‹ zu kommen und die Darbietung einzelner Schüler ist nicht nur an die Lehrerin gerichtet, sondern an die ganze Klasse. Gleichzeitig fällt eine Differenz zur mündlichen Schülerantwort auf. Obwohl bereits eine richtige ›Lösung‹ gefunden und als solche bestätigt wurde, werden weitere Schüler nach vorne gebeten. Eine Reihe von Schülern können sich so als kompetente ›Versuchsleiter‹ darstellen und mit eigenen Händen das Experiment erspüren.

Manchmal werden Schüler auch zu stellvertretenden Augenzeugen der Klasse. Verfolgen wir hierzu, wie es mit dem Demonstrationsexperiment zur Lichtbrechung weitergeht:

Nach einer mündlichen Einführung zum Thema »Lichtbrechung« verkündet Herr Martin: »So, ein kleines Experiment!« Der Rollwagen und der darauf aufgebaute Versuch geraten in den Mittelpunkt der Aufmerksamkeit. Der Lehrer stellt sich neben den Roll-

wagen, zeigt auf den Versuchsaufbau und erläutert: »Ich habe hier ein Gefäß gefüllt mit Wasser, eine Centmünze und ein Kupferrohr.« Einige Schüler stehen auf, um sich den Versuchsaufbau besser anschauen zu können. Einer der Schüler soll durch das Kupferrohr schauen. Fast alle melden sich übereifrig. Der schnellste, ein Junge in der ersten Reihe, wird drangenommen, er geht nach vorne und schaut durch das Rohr. Auf Nachfrage des Lehrers bestätigt er, dass er die Centmünze sehen kann. Der Schüler setzt sich wieder. Herr Martin lässt nun einen Stab durch das Kupferrohr fallen und siehe da, der Stab berührt nicht etwa die Münze, sondern den Boden des Beckens. Das Experiment wird beiseite geschoben, der Lehrer zeichnet den Versuchsaufbau an die Tafel. Nachdem die Zeichnung fertiggestellt ist, fragt er in die Runde, ob die Schüler dieses Phänomen kennen. Ein Schüler berichtet, wie er einmal Fische mit der Hand fangen wollte, und es ihm nicht gelang, da der Fisch nicht dort war, wo er zu sein schien. Einige weitere Beispiele, auch als unpassend zurückgewiesene, werden genannt. Schließlich benennt Herr Martin das Phänomen: »Das Phänomen nennt man Lichtbrechung!«
(Physik, 7. Klasse)

Ein Schüler muss hier als Stellvertreter der Klasse Zeugenschaft für die Richtigkeit und den Ausgang eines Demonstrationsexperiments ablegen. Seine mündliche Bestätigung sichert die Legitimität eines Experiments, dem eine wichtige Eigenschaft von Demonstrationsexperimenten fehlt: die an eine Klassenöffentlichkeit gerichtete Evidenz im Sinne einer kollektiven Sichtbarkeit. Es reicht nicht, dass der Lehrer den Schülern dies mitteilt oder dass er stellvertretend durch das Rohr schaut. Einer der ihrigen muss für die Richtigkeit und grundsätzliche Beobachtbarkeit des Experiments einstehen. Auch hier gilt wieder, dass die relativ willkürliche Wahl eines Stellvertreters der Klasse die überindividuelle Gültigkeit des am Versuch Beobachteten sichert: Abermals kann es jeden der teilnahmewilligen Schüler treffen. Die Bestätigung der am Experiment gemachten Beobachtung ist aber keine erzwungene Zeugenaussage, sondern Verkündigung eines mitteilungswürdigen Sachverhalts. Über den Stellvertreter hat die Klasse als Kollektiv dann das Ergebnis des Experiments ›gesehen‹: Die Klasse sieht ihm beim Beobachten zu und hört aus seinem Mund das Ergebnis seiner Beobachtung; zusätzlich bürgt die Lehrperson für die Wahrhaftigkeit dieser Aussage. Erst nach dieser stellvertretenden Zeugenschaft vor der Klassenöffentlichkeit kann der Lehrer das beobachtete Phänomen gemeinsam mit den Schülern in den Diskurs überführen und ihm schließlich einen Namen verleihen.

Die Beispiele zeigen eine weitere Asymmetrie zwischen Lehrern und Schülern. Die Lehrer bestimmen darüber, wer ausnahmsweise die Dinge wann und wie anfassen oder näher begutachten darf. Und sie lenken (in der Regel) sprachlich, wie mit den Dingen umzugehen ist. Manchmal dreht sich das Verhältnis aber auch um und die Lehrkräfte führen stellvertretend am experimentellen Arrangement aus, was die Schüler ihnen auftragen. So müssen beispielsweise in einer

Physikstunde einer 12. Klasse die Schüler herausfinden, wie man mit einem Versuchsaufbau einen vorher besprochenen Sachverhalt experimentell bestimmen kann. Die Schüler leiten sprachlich und gestisch die Handbewegungen und Manipulationen einzelner Bestandteile von ihren Plätzen aus, die Lehrperson folgt den Anweisungen der Schüler. Sie geriert sich als größtenteils stumme, folgsame Marionette und stellt allenfalls Rückfragen, wie genau sie eine Bewegung auszuführen habe.

Die Beispiele illustrieren auch, dass sich im Schulunterricht unterschiedliche Gebrauchsweisen mit den Dingen gegenüberstehen. Zum einen sind vorbereitendes Hantieren und erkennendes Sehen in den vorherrschenden *visuellen* Aufführungen relativ klar voneinander getrennt. Im vorbereitenden Hantieren sind sowohl die Lehrpersonen als auch die Schüler prinzipiell austauschbar und können durch mündliche Anweisungen wie geistlose Automaten gelenkt werden. Das erkennende Sehen muss hingegen von der Klasse – mindestens aber von einem Schüler als ihrem Stellvertreter – vollzogen werden. Damit scheidet der Schulunterricht abermals eine profane Manipulation von einem als zentral erachteten Erkennen, das auf dem Sehsinn beruht. Zum anderen kann man an manchen Dingen des Schulunterrichts nicht nur etwas sehen, sondern auch *haptisch* erfahren und in der selbst durchgeführten Manipulation erkennen. Hier liegen Hantieren und Sehen eng beieinander. Im Durchführen des Versuchs vor der Klasse zeigen die Schüler ihren Mitschülern visuell etwas und erfahren es zugleich haptisch. Ganz gleich wie das Erkennen aber erfolgt, aus Sicht der Unterrichtsteilnehmer ist es grundsätzlich mittels Sprache mitteilbar und kann daher auch stellvertretend für die Klasse erfolgen.

Manipulieren. Das Schülerexperiment

Mit den Meraner Vorschlägen von 1905 öffnet sich der Physikunterricht auch für die Schülerexperimente, allerdings galt schon früh der hohe Zeitaufwand als Nachteil, der es erschwert, das Fachgebiet in großer Breite darzustellen (Lind 1999: 142ff.). Als Vorteil sieht die zeitgenössische Physikdidaktik hingegen die starke Einbindung der Schüler, die Physik dadurch mit den eigenen Händen begreifen können (etwa Kircher et al. 2002; Mikelskis-Seifert/Rabe 2007; Wirth et al. 2008). Die Schülerübungen sollen die Kinder und Jugendlichen so auch an ›authentische‹ wissenschaftliche Praxis heranführen (Roth/McGinn 1997).[33]

---

[33] Michael Lynch und Douglas Macbeth (1998) merken hierzu kritisch an, dass die Unterrichtssituation notwendigerweise von der Arbeit im wissenschaftlichen Labor abweichen muss. Den

Wie gehen die Unterrichtsteilnehmer praktisch mit den Schülerexperimenten um? Frau Langmann führt in einer Doppelstunde Physik zunächst mündlich in das Thema Kräfte und deren Messung ein, bevor sie die Durchführung entsprechender Schülerexperimente ankündigt:

> Die Schüler bilden Zweiergruppen und erhalten Arbeitsblätter und Praktikumshefte, die den Versuchsaufbau beschreiben. Dann verteilt Frau Langmann die »Kästen«, mit denen sich der Versuch aufbauen lässt. Die Schüler gehen kompetent und unbefangen mit den Kästen um, scheinen gleich zu wissen, was zu tun ist. Die Schülerinnen vor mir heben sogleich die Einlage aus dem Kasten heraus und stellen sie auf meinem Tisch in der letzten Reihe ab. Den Kasten selbst drehen sie herum. Neben einer schriftlichen Beschreibung des Versuchsaufbaus greifen die Schüler auch auf eine Skizze im Praktikumsheft zurück, um den Versuch aufzubauen. Sie schrauben dazu zunächst eine Stange in ein kleines Loch in der nun oben liegenden Unterseite des Kastens und befestigen dann nach und nach weitere Stangen mit Verbindungsstücken sowie einen Haken, an den sie das Gummiband hängen, und schließlich das ausgefahrene Maßband. Nach und nach entstehen so auf den Tischen im Physikraum Versuchsaufbauten zur Kraftmessung (siehe Abb. 3.6). Die Schüler sollen Messreihen mit einer wachsenden Anzahl von Gewichten (bis zu 5) am Gummiband durchführen und ablesen, wie weit sich das Gummiband dehnt. Dies alles wird auf dem Aufgabenblatt festgehalten. Nach der Messreihe mit dem Gummiband sollen die Schüler den gleichen Versuch mit der Metallfeder durchführen. Zu beiden Aufgaben sollen sie außerdem ein Diagramm anfertigen.
>
> Unter den Schülern herrscht geschäftiges Treiben und der ganze Raum brummt vor Aktivität: Die Schüler unterhalten sich in ihren Gruppen, schrauben und hantieren gemeinsam am Versuchsaufbau herum, teilen Arbeitsschritte auf; zwischen den Gruppen beäugt man, was die anderen machen und tauscht sich aus. Am Versuchsaufbau selbst ist sichtbar, wie weit eine Gruppe mit der Aufgabe bereits ist. Die ganze Zeit über geht Frau Langmann durch die Reihen, beantwortet Fragen der Schüler und assistiert beim Aufbau und beim Messen.
> (Physik, 7. Klasse)

Im Schülerexperiment ist der räumliche und taktile Ausschluss der Schüler von den Dingen über einen längeren Zeitraum aufgehoben. Sie können in den Gruppen relativ unbeaufsichtigt mit den Lehrmaterialien hantieren. Kleine Zentren der Aufmerksamkeit bilden sich um die einzelnen Versuche herum. Die Interaktionsordnung des Schulunterrichts ändert sich grundlegend: Statt eines klassenöffentlichen Lehrgesprächs finden sich viele kleinere ›Inseln‹ der Kommunikation. Dementsprechend muss die Lehrerin von Gruppe zu Gruppe wandern und sich jeweils Zutritt zu den um die Dinge versammelten und in sich gekehrten Schülergruppen verschaffen. Ein (mehr oder minder) umfassendes Kontrollre-

---

naturwissenschaftlichen Unterricht und seine Demonstrations- und Schülerexperimente mit den Versuchen der Naturwissenschaftler im Labor zu vergleichen, führt dazu, den Schulunterricht als defizitär zu charakterisieren und zu übersehen, dass hier aus didaktischen Gründen völlig andere Relevanzen wirksam sein müssen.

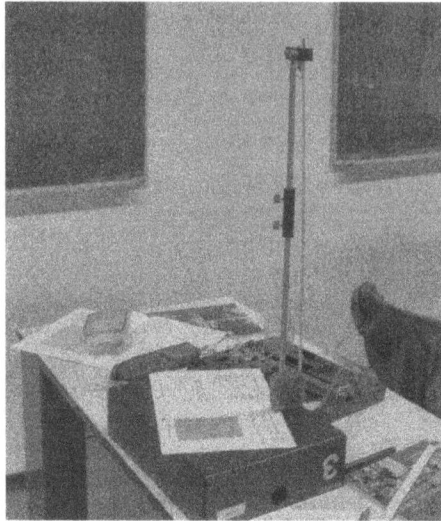

Abbildung 3.6: Ein Schülerexperiment zur Kraftmessung

gime wird im Schülerexperiment zugunsten einer geschäftigen Beteiligung möglichst vieler Schüler aufgegeben (Roth et al. 1999: 321ff.). Im allgemeinen Gemurmel und Treiben entgeht der Lehrerin deshalb vieles, was die Schüler mit den Experimentierkästen treiben:

> Ein paar Jungen piesacken sich gegenseitig mit nicht für den Versuch benötigten Dingen aus dem Kasten. Einer nimmt etwa eine der Metallstangen aus dem Kasten und sticht den Anderen damit spielerisch in den Rücken. Frau Langmann ist gerade mit einer anderen Gruppe beschäftigt und nimmt davon keine Kenntnis.

> Nachdem eine Gruppe aus zwei Schülerinnen vor mir mit dem Versuch fertig ist, hängt eine von ihnen ihren Schlüsselanhänger (eine Entenfigur) an die Schraubenfeder in der Versuchsapparatur. Eine andere Schülerin befestigt das Mäppchen ihrer Mitschülerin an einem losen Gummiband und kommentiert: »Boah! Dein Mäppchen is' schwer!« Währenddessen ist Frau Langmann gerade mit einer anderen Gruppe beschäftigt und assistiert beim Versuch.

Während die Lehrerin zwar das spielerische Piesacken mit den Dingen und das Messen alltäglicher Dinge übersieht, gibt es Vorgänge im Physikraum, die sich ihrer Wahrnehmung unweigerlich aufdrängen:

> Zwei andere Jungen bauen aus den Teilen des Kastens eine überlange, ca. 1 m hohe Apparatur. Zusammen mit einem weiteren Team hängen sie mehr und mehr Gewichte an den an einem Gummiband befestigten Haken. Vorerst hält einer der Schüler die Gewichte noch in der Hand, so dass diese keine Kraft auf das Band ausüben. Dann zählt ein anderer Schüler einen Countdown herunter. Bei Null lässt der Festhaltende die Gewichte los,

woraufhin das Gummiband ruckartig reißt und die Gewichte mit einem lauten Knall zu Boden fallen. Die ganze Klasse wendet sich den beiden zu. Frau Langmann ist erbost über diese Aktion der Schüler und ermahnt die Jungs eindringlich.

Da das Gummiband dieser Gruppe gerissen ist, fragen die beiden Jungs die anderen Schüler, ob sie deren Gummiband leihen können, und wollen so noch fehlende Werte nachmessen. Ein kleiner Aufschrei geht durch die Klasse. Eine Schülerin mahnt: »Das kannst du so nicht machen!« Der Schüler müsse alles noch einmal von vorne durchführen und ausmessen. Mit einem geliehenen Gummiband wiederholen die Schüler reumütig ihre Messungen.

Der laute Knall überschreitet die lokalen Grenzen einer einzelnen Zusammenkunft und erreicht auch die anderen Unterrichtsteilnehmer. Sowohl die Sanktionierung als auch die Hilfestellungen Frau Langmanns betreffen dabei in erster Linie die adäquate Handhabung der Dinge. Selbst die Schüler fordern die korrekte Handhabung des Versuchs von ihren Mitschülern ein (»Das kannst du so nicht machen!«). Aber auch auf den Aufgabenblättern und im Praktikumsheft finden sich Anweisungen, die den Handgriffen beim Zusammenbau gelten. Neben einer disziplinären Sicht begegnet uns hier eine *disziplinäre Manipulation*. Nicht alle Handgriffe und Konstruktionen sind im Sinne der Disziplin zulässig. Aus diesem Grund handelt es sich bei den Schülerexperimenten meist um kanonische Versuche, die hochgradig standardisiert und choreographiert sind.[34] Nur ein durch die Lehrerin kontrolliertes Befolgen der Anleitung im Praktikumsheft garantiert die Gültigkeit der von Novizen durchgeführten Versuche.

Am Ende der Schulstunde verlässt die Klasse die Unterrichtseinheit »Schülerexperiment« und kehrt zur üblichen Interaktionsordnung des Schulunterrichts zurück. Die Dinge wandern wieder an ihren – den Schülern entzogenen – Aufbewahrungsort und ein klassenöffentliches Lehrgespräch schließt sich an, in dem man die Beobachtungen sprachlich einordnet und sich einer disziplinären Sicht versichert.

Damit am Schülerexperiment disziplinäres Sehen stattfinden kann, überprüfen die Lehrpersonen die korrekte Durchführung der Versuche und disziplinieren die Manipulation der Dinge durch die Schüler. Dies garantiert aus Sicht der Lehrperson, dass, trotz individueller bzw. gruppenweiser Durchführung der Schülerexperimente, alle das gleiche Phänomen erfahren können. Wie beim Demonstrationsexperiment sichert die gemeinsame Überführung des Versuchs in die Sprache, die objektiv hinreichende Bestimmung der Dinge. Im Ergebnis – so unterstellt der Schulunterricht – haben auch hier alle Schüler das Gleiche gesehen.

---

[34] Darin unterscheidet sich der Physikunterricht nicht von den ersten Semestern des Physikstudiums (Erlemann 2004: 72ff.; Traweek 1992: 76).

Aus disziplinärer Sicht hat jede Schülergruppe die gleichen Handgriffe an den gleichen Gegenständen durchgeführt und dadurch vergleichbare Werte erhalten. Dementsprechend kann die Klasse als Kollektiv eine sprachliche formulierte Gesetzmäßigkeit festhalten, die für alle Schülerexperimente gleichermaßen gilt. Deutlich wird auch die Bedeutung einer erzieherischen »Intervention« im Medium der Sprache (Hemmings et al. 2000: 241). Erst die schriftlichen Anleitungen sowie die mündlichen Anweisungen, Erläuterungen und Ermahnungen machen aus ein paar Gegenständen, mit denen die Schüler hantieren, didaktische Materialien.

Zwischenfazit: Cartesianisches Schauspiel und Objekt

Die experimentellen Arrangements und die Anschauungsobjekte sind Ziel zahlreicher Praktiken des Zeigens. Nach und nach führen die Lehrer sie sprachlich, gestisch und manipulativ in das Unterrichtsgespräch ein. Die Dinge sind also eingebunden in eine Abfolge von Praktiken, die sie erst zu schulischen Gegenständen machen. Zunächst treten sie als Dinge von Interesse auf, indem sie von den Lehrern auf die zentrale Bühne der Klassenzimmer oder Physikräume gehoben werden und diese sie sprachlich vorstellen und benennen. Als »zeitliche Klammern« (Goffman 1980: 420ff.) markieren die ostentativ positionierten Dinge auch neue Abschnitte innerhalb des Unterrichtsgeschehens. Dann betätigen sich die Lehrer als Bildhauer, die aus einem noch recht undefinierten Marmorblock das Relevante herausschlagen.[35] Sie trennen mittels sprachlicher und gestischer Deixis relevante von irrelevanten Bestandteilen und lenken dadurch den Blick der Schüler in Richtung einer *disziplinären Sicht* auf das Ding. Der mathematisch-naturwissenschaftliche Schulunterricht zielt auf eine vorab festgelegte Bestimmung des Dings und der daran sichtbar gewordenen Sachverhalte in der Sprache einer Disziplin.

Den Schülern begegnen die Demonstrationsexperimente und Anschauungsobjekte zumeist in schauender Distanz, das Berührverbot wird nur in Ausnahmefällen aufgehoben. Die Praktiken des Zeigens richten sich direkt auf die Dinge und machen sie so zum vordergründigen Thema der Unterrichtssituation. Sie stehen im Zentrum des Interesses und rufen Fragen hervor. Experimentelles Arrangement und Anschauungsobjekte sind Dinge des Wissens, die als cartesianische

---

[35] Ähnlich sehen Garfinkel et al. (1981) die Entdeckung eines Pulsars in Analogie zur Tätigkeit eines Töpfers. Allerdings kennt in meinem Fall eine Person, der Lehrer, den gewünschten Ausgang des Schaffensvorgangs.

Objekte enaktiert und eingeführt werden. Im sprachlichen und gestischen Zeigen werden sie zu Objekten. Lehrer und Schüler scheiden sich als von ihnen unterschiedene Subjekte. Ich, hier, jetzt, zeige auf dieses Ding dort, das nicht ich bin, das mir gegenübersteht.[36] Gemeinsam sprechen die Unterrichtsteilnehmer darüber und meinen »für alle praktischen Zwecke ausreichend« (Schütz 1971: 365) das Gleiche. Erkennen ist im mathematisch-naturwissenschaftlichen Unterricht als überindividueller, objektiver Vorgang vorgesehen. Damit sind diese Dinge im Schulunterricht auch als von den sie hervorbringenden Tätigkeiten des Zeigens unabhängige Objekte aufgerufen (für die Wissenschaft siehe Ochs et al. 1996).

3.2 Anzeigen und Operieren. Wandtafel und Tageslichtprojektor

Wohl kein anderes Ding ist so mit unserer Vorstellung schulischen Unterrichtens verbunden wie die Wandtafel. Dies geht so weit, dass sie manch einer mit dem lehrerzentrierten »Frontalunterricht« überhaupt gleichsetzt und ihre Abschaffung fordert,[37] während andere Stimmen ihre kulturelle Leistung betonen.[38] Trotz solch vielstimmiger und uneindeutiger Stellungnahmen gilt die Wandtafel als unverzichtbarer Bestandteil des in Deutschland üblichen, nach formalen Lösungswegen vorgehenden Mathematikunterrichts (Kaiser 1999) und nimmt noch immer einen prominenten Platz in den allermeisten Klassenzimmern und Physikräumen ein.

Wie konnte die Wandtafel diese Prominenz erlangen? Bereits in Comenius' *Orbis sensualium pictus* (1653, deutsche Erstausgabe 1659) und anderen frühneuzeitlichen Büchern finden sich Abbildungen, auf denen größere Schiefertafeln an den Wänden der Schulstuben hängen – allerdings nehmen sie noch einen eher

---

[36] Der Erziehungswissenschaftler Klaus Prange (2005) hat das Zeigen als grundlegende pädagogische Operation bestimmt. Es vermittelt zwischen den Lehrenden, den Lernern und einer Sache. Im Zeigen zeigt der Zeigende nicht nur auf etwas, sondern auch auf sich selbst. In meinem Fall zeigen die Lehrpersonen sprachlich und gestisch auf sich als von den Objekten unterschiedene Subjekte, die diese bestimmen können.

[37] So etwa Ulrike Kegler in der *Frankfurter Rundschau* vom 16. Juni 2009 in einem Artikel mit der Überschrift »Hängt endlich die Tafel ab«.

[38] So weist etwa *Die Welt* am 22. Januar 2009 in einem Artikel (»Ende der Kreidezeit«) von Holger Kreitling auf ihre Vorteile gegenüber den digitalen Medien hin (etwa ihre einfache und vertraute Handhabung). Und der Reformpädagoge Hartmut von Hentig urteilt gar: »Hätte ich unter alten und neuen Unterrichtsmitteln ein einziges zu wählen, ich wählte Tafel-und-Kreide« (1984: 22).

peripheren Platz ein (Kidwell et al. 2008). Ein Blick in die Geschichte schulischen Unterrichtens zeigt aber auch, dass die Tafel zunächst eher skeptisch aufgenommen wurde. Lehrer, die sie benutzten, wurden im 18. Jahrhundert teilweise sogar mit Berufsverbot belegt (Wagner 2004: 170). Sie galt manchen Zeitgenossen als Gefahr für den vorherrschenden Typus schulischen Unterrichtens, in dem die Rezitation und das Auswendiglernen im Rahmen eines Einzelunterrichts vorherrschten. Noch 1826 äußert sich der Schulrat Gottlob Leberecht Schulze zurückhaltend über sie:

> Für unumgänglich nothwendig halte ich diese nicht. Sie ist, wenn sie gut und dauerhaft seyn und in gehörigem Stand erhalten werden soll, zu theuer und wird im Wesentlichen durch Wandtabellen [...], auf welchen der Leseübungsstoff schon geordnet vorgegeben ist, ersetzt. Die wenigsten Lehrer (experto credite!) wissen gehörig mit ihr umzugehen, verderben viele Zeit mit dem Zusammensetzen und Wegnehmen der Buchstaben und mißbrauchen sie wohl gar zu unnützen Kunststücken.
> (Schulze 1826: 181)

Erst mit dem Siegeszug des lehrerzentrierten Zusammenunterrichtens im Laufe des 19. Jahrhunderts konnte sie zum zentralen Unterrichtsmedium aufsteigen. Die Wandtafel traf dabei auf zwei Entwicklungen, die ihren Einsatz im Unterricht begünstigten: das sich an der sokratischen Methode orientierende Lehrgespräch sowie die gleichzeitige Unterrichtung großer Gruppen von Schülern durch einen einzigen Lehrer in einem Klassenzimmer (Hamilton 1990: 75f.). Mit Hilfe der Wandtafel konnten die Lehrer eine Klassenöffentlichkeit ansprechen und einen visuellen Bezugspunkt für das Lehrgespräch schaffen. Pädagogen der Jahrhundertwende lobten beispielsweise, dass die Schüler am Schaffensprozess des Tafelbildes unmittelbar beteiligt sind (Hesse 2004: 9). Und in den Vereinigten Staaten ist sie 1841 bereits so etabliert, dass Grundschullehrer lobpreisen:

> I should feel in the school-room, without the blackboard, as though the *last plank* had been taken from under me! [...] The inventor or introducer of the blackboard system deserves to be ranked among the best contributors to learning and science, if not among the greatest benefactors of mankind.
> (zitiert nach Anderson 1962: 18; H. i. O.)

Waren die Wandtafeln bis ins 20. Jahrhundert hinein oft noch aus Schiefer gefertigt, so handelt es sich bei den heutigen Oberflächen meist um matt emaillierte Metallplatten oder um mit matter Farbe beschichtetes Glas (Martial/Ladenthin 2002: 191ff.). Neben unterschiedlichen Materialen finden sich auch unterschiedliche Formen: In den Klassenzimmern begegneten mir vor allem Flügeltafeln mit einem großen Mittelteil und zwei kleineren Flügeln; in den Physikräumen waren es hingegen stets Hebetafeln, die sich aus zwei vertikal verschiebbaren Tafelflächen zusammensetzten. Wie Lehrer und Schüler die moderne Wandtafel im heutigen Unterricht gebrauchen, ist Gegenstand der nächsten Abschnitte. Daneben widme ich auch den Tageslichtprojektoren als medialer Variation der Wandtafel einen eigenen Abschnitt.

Anschreiben und Abschreiben

Anders als Experiment und Anschauungsobjekt verlangt die Wandtafel – zumindest im Sekundarbereich[39] – nicht nach einer Einführung, Erläuterung oder Benennung. Sie gehört zum vertrauten Inventar des Klassenzimmers, besetzt dort einen zentralen Platz und ist unhinterfragtes Werkzeug des Unterrichts. Stets sprechen die Teilnehmer des Unterrichts von *der* Tafel und sind sich einig, dass sie die Wandtafel meinen, die in ihrem Klassenzimmer oder Physikraum hängt. Dies unterscheidet sie von den bereits diskutierten Experimenten und Anschauungsobjekten. Wenn sie eingeführt werden, wird zunächst von *einem* Prisma oder *einem* Gefäß, *einer* Centmünze und *einem* Kupferrohr gesprochen. Während sie zunächst unbestimmte und bedeutungsoffene Dinge sind, hat die Tafel bereits ihre Bestimmung im Klassenzimmer gefunden. Als bestimmtes Ding braucht sie keinen Fürsprecher, der sie mündlich vorstellt.

Anstatt den Schülern die omnipräsente und selbstverständliche Wandtafel zu zeigen, zeigen die Lehrer ihnen *an* der Wandtafel etwas, indem sie mit Kreide auf ihr schreiben und zeichnen. Im Anschreiben und Zeichnen an der Wandtafel bleibt sie selbst stummes Ziel der Schreibpraktiken der Lehrperson. Auch dass die Lehrperson etwas an die Tafel schreibt und die Schüler dies abschreiben, ist routinierte Praxis des Schulunterrichts und bleibt meistens unkommentiert. Sobald die Lehrer etwas an die Wandtafel schreiben, beginnen die meisten Schüler dies in ihre Hefte zu übertragen. Oft müssen die Lehrer sogar ihre Schüler bremsen, das an der Tafel Geschriebene nicht oder noch nicht abzuschreiben (siehe auch Kalthoff 1997: 101f.): »Das braucht ihr nicht aufzuschreiben!«; »Stifte aus der Hand, Heft zu! Jetzt gibt's noch was zu überlegen.«; »Wartet noch mit dem Abschreiben!« Daran wird die typische Rezeptionshaltung der Schüler deutlich, alles, was auf der Tafel steht, festhalten zu wollen. Dementsprechend forderten die Schüler im Physikunterricht einer 10. Klasse von sich aus, dass die Lehrperson ein Demonstrationsexperiment vom Lehrerpult entfernt, damit der Blick auf die Tafel nicht versperrt ist. Insbesondere in der Unterstufe wollen die Schüler eine möglichst angemessene Kopie des Tafelbildes in ihren Heften anfertigen, wie ihre Nachfragen zeigen: »Sollen wir das auch bunt machen?«, »Ist

---

[39] Dies mag insbesondere im ersten Schuljahr an Grundschulen anders sein.

das eine Überschrift?« Und in einigen Unterrichtsstunden der Oberstufe haben die Schüler mit der Erlaubnis ihrer Lehrer die Wandtafel mit den Kameras ihrer Mobiltelefone abphotographiert. In der pädagogischen Permissivität der Oberstufe kann das gemeinsame (Ab-)Schreiben zugunsten eines technischen Fixierens ausbleiben.

Die Wandtafel ist zwar an den Praktiken beteiligt, allerdings ist sie stummer und passiver Teilnehmer, dem die meiste Zeit über niemand bewusste Aufmerksamkeit schenkt oder den gar jemand zum Thema des Gesprächs macht.[40] Hin und wieder kommentieren Lehrer höchstens ihr Tun an der Wandtafel: »Ich schreib euch das Wichtige zum Lernen an die Tafel.«; »Ich schreib schon mal das Beispiel auf.« Häufiger fordern sie die Schüler auf abzuschreiben: mal höflicher (»Bitte schreiben!«; »Schreibt ihr bitte mit?«), mal bestimmter (»Hefte auf und schnell abschreiben!«; »Schreibt's dazu!«). Oft geschieht dies in einer Formulierung, die das Schreiben der Lehrperson an der Wandtafel und das Abschreiben der Schüler gleichsetzt: »Und weil das so schön ist, schreiben wir's auf!« Damit beschwören die Lehrer den kollektiven Charakter schulischer Praxis und unterstellen, dass alle Anwesenden gleichermaßen am Unterricht beteiligt sind. Mit all diesen unterschiedlichen Kommentaren markieren die Lehrer aber auch besonders wichtige Lektionen oder leiten nach eher explorativen Unterrichtseinheiten zu Abschnitten über, in denen die Lehrinhalte resümierend fixiert werden sollen.

Die Haltung, das Angeschriebene abschreiben zu wollen, weist uns darauf hin, dass die Tafel der Wissensspeicher des Schulunterrichts ist. Hierzu ein Beispiel:

> Um den Schülern zu erklären, wie man weitere Größen einer dreiseitigen Pyramide ausrechnet, zeichnet Herr Frankfurter ein Schrägbild. Der Klassenprimus wendet ein: »Das steht schon im Buch.« Herr Frankfurter entgegnet: »Ja, aber da kann ich's nicht zeigen.« (Mathematik, 10. Klasse)

Das Schrägbild im Buch kann – anders als die Wandtafel – das Wissen nicht öffentlich sichtbar und verfügbar machen. Freilich, auch Bücher zeigen etwas, aber sie machen es nicht für die Klassenöffentlichkeit sichtbar. Man kann das Schaubild im Buch nicht vor der Klasse erstellen und damit arbeiten. Dies vermag nur die Wandtafel, mit ihr lässt sich etwas *vor* der Klasse zeigen und gemeinsam erarbeiten.

---

[40] Ausnahmen sind zum einen der Tafeldienst, der dafür sorgt, dass sie stumm ihren Dienst verrichten kann, sowie zum anderen Pannen wie eine verschmierte Tafel oder ein nasses Stück Kreide; doch zu diesen Themen mehr im nächsten Kapitel.

Die Annahme des Schulunterrichts ist, dass die Lehrer an der Wandtafel richtiges und relevantes Wissen anschreiben. Im Abschreiben und im Abschreiben-Wollen bestätigen die Schüler diese Annahme und weisen der Tafel die Funktion zu, schulisches Wissen autorisieren zu können. Die Lehrer ihrerseits nutzen die Wandtafel im Lehrgespräch dementsprechend auch dazu, Schülerantworten in autorisiertes schulisches Wissen zu transformieren. Wie machen sie das? Zunächst einige Worte zum typischen Gesprächsverlauf des lehrerzentrierten Unterrichts (Kalthoff 2000; Mehan 1998). Lehrer stellen Fragen, auf die Schüler antworten sollen, obwohl sie nicht unbedingt eine Antwort wissen. Wichtig für den schulischen Unterricht ist der auf die Antwort des Schülers folgende dritte Zug: der evaluierende Lehrerkommentar (etwa »Richtig!«, »Schön!« oder »Geht in die richtige Richtung.«). In dieser Abfolge kann die Wandtafel eine wichtige Funktion übernehmen und den mündlichen Lehrerkommentar teilweise oder sogar ganz ersetzen. Nach dem Beitrag eines Schülers – etwa zu einer Rechenaufgabe – gibt es drei Möglichkeiten, wie der Lehrer mit Bezug auf die Tafel reagieren kann:

(1) Der Lehrer bestätigt die Antwort als richtige und schreibt das genannte Ergebnis an die Tafel. Manchmal kann die mündliche Bestätigung auch völlig ausbleiben.

(2) Der Lehrer gibt gestisch oder mündlich zu verstehen, dass es sich um die falsche Antwort handelt. Er schreibt die Antwort nicht an die Tafel.

(3) Der Lehrer schreibt die Antwort zunächst unkommentiert an die Tafel und fragt die anderen Schüler nach ihrer Meinung zum genannten Ergebnis. Kurze Zeit später wischt er das Ergebnis wieder aus.

Die Lehrperson kann damit gegenüber der Klasse angeben, ob es sich um eine richtige, eine falsche oder um eine zwar falsche, aber dennoch plausible Antwort handelt. Allen drei Möglichkeiten gemein ist die Annahme, dass die Wandtafel aus der Schülerantwort das autorisierte Wissen des Klassenkollektivs macht. Früher oder später muss deshalb eine falsche Antwort von der Wandtafel getilgt werden, wenn sie nicht von vornherein von diesem privilegierten Ort ausgeschlossen ist. Auch indem die Lehrer mit dem Anschreiben der Schülerantwort den Lehrerkommentar doppeln oder ersetzen, verleihen sie dem an der Wandtafel Angeschriebenen Gewicht und Autorität. Die Autorisierung mittels der Tafel kommt auch darin zum Ausdruck, dass Lehrer und Schüler in zukünftigen Stunden auf das Tafelbild als offiziell dokumentierte Vergangenheit verweisen können: »Stand alles an der Tafel!«; »Hier ((zeigt auf einen Teil der Tafel)) stand's ungefähr!« Die Tafel legt hierbei als autorisierendes Ding fest, was zu wissen ist, d. h. was von den Schülern als zu Wissendes erwartet wird. Und wenn die Schüler in den Pausen Blödsinn und Obszönitäten an die Wandtafel schreiben, dann liegt der Reiz des Streichs gerade in der Autorisierung des Unsinnigen oder Unangemessenen.

Hervorheben und Thematisieren

Schon durch das einfache Anschreiben an der Wandtafel erzeugen die Lehrer dort relevante Textstellen, die es abzuschreiben gilt. Noch deutlicher heben sie den Tafelanschrieb aber durch Zeigegesten und sprachliche Verweise als für den Unterricht von unmittelbarer thematischer Relevanz hervor. Manchmal beziehen sie sich dabei auf die ganze Schreibfläche der Tafel: »Habt ihr *das* ((zeigt in Richtung der Tafel))?« »Ich werde gleich *hier* noch mal was dranschreiben ((zeigt auf Tafel)).« Sie unterstreichen so die Bedeutung des Angeschriebenen und sichern dessen Fixierung oder bereiten die Tafel als bedeutungsvolle Fläche vor, auf der das eigentlich Relevante in Form des Angeschriebenen erscheint.

Daneben heben die Lehrer einzelne Teile auf der Tafel hervor, indem sie auf Teile des Angeschriebenen gestisch oder mittels indexikalischer Ausdrücke deuten. Sie greifen einzelne Bereiche als relevante heraus und machen sie so zum gesprächswürdigen Thema des Unterrichts: »Worauf muss man *hier* achten?«; »Hast du *das* verstanden?« Umgekehrt greifen die Schüler auf einzelne Teile zurück und stellen Verständnisfragen: »Wieso steht vor dem Satz eine Zwei in Klammern?«; »Ist *das* eine Überschrift?« Lehrer erläutern und definieren derart auch einzelne Formeln, erklären Gleichungen, weisen dem Angeschriebenen Namen, Bedeutung und Funktion zu:

> Herr Hecker notiert die zentrale Gleichung an der Tafel $f'(t) = kf(x)$ und betont dabei: »*Das* ist eine Differentialgleichung!«
> (Mathematik, 12. Klasse)

> Herr Thomas zeigt abwechselnd auf die beiden Achsen im Koordinatensystem an der Tafel und führt aus: »*Das* hier nennen wir x, *das* hier nennen wir y.«
> (Physik, 12. Klasse)

> Nach einiger Zeit folgt eine »Aufgabe zur Vertiefung«. Herr Grabow kommentiert die dazugehörige Zeichnung: »Also, wir haben hier einen Fluss, und der Fluss strömt mit einer Geschwindigkeit von drei Metern pro Sekunde.«
> (Physik, 11. Klasse)

Einzelne Teile des Tafelanschriebs können auch einen herausgehobenen Ort in der Schriftbildlichkeit des Tafelbildes erhalten, indem sie beispielsweise als Merksätze oder Überschriften hervorgehoben sind. Oft setzen die Lehrer hierzu Farben und Unterstreichungen ein oder zeichnen »Kästen« um einzelne Teile des Angeschriebenen herum:

> Nach der mündlichen Wiederholung des Themas der letzten Stunde dreht sich Herr Baier zur Tafel, schiebt diese etwas herunter und sagt betont laut: »Überschrift!« Dann schreibt er eine Überschrift an die Tafel und unterstreicht diese: <u>Vom Dynamo zur Wechselspannung</u>.
> (Physik, 10. Klasse)

> Frau Langmann fordert die Schüler auf: »Nehmt Eure Ordner vor, und wir schreiben als Überschrift Kräfte ((schreibt <u>Kräfte</u>)). Zweitens ist das bei mir in der Zählung ((schreibt dies vor die Überschrift und unterstreicht mit Rot: <u>2. Kräfte</u>, daneben schreibt sie das Datum)).«
> (Physik, 7. Klasse)

> Schließlich zeichnet Frau Dassel einen Kasten um die Merkregel und weist darauf auch mündlich hin: »und Kasten rum!«
> (Mathematik, 5. Klasse)

Mit den Hervorhebungen reihen die Lehrer das Angeschriebene in den curricularen Ablauf ein: als unbedingt für die Klausuren zu lernender Merksatz oder als Teil einer Abfolge von Themen. Mit den Überschriften weisen sie aber auch den im Lehrgespräch schon besprochenen und noch zu besprechenden Unterrichtsinhalten einen Platz in der Themenabfolge zu. Alles, was im Lehrgespräch folgt, ist bis zur nächsten Überschrift Teil dieser Einheit. Unpassende Einwürfe und Fragen werden mit dem Verweis auf die Überschrift abgewiegelt. Deutlich werden neue Abschnitte markiert, manchmal begleitet von einem entsprechenden sprachlichen Marker (»Neue Überschrift!«). Die Überschrift eröffnet dadurch neue Themenabschnitte, zu denen die Schüler zu Beginn Alltagsbeispiele finden sollen. Mit dem Deuten auf die Überschrift können die Lehrer das Thema auch ganz explizit ins Zentrum der Aufmerksamkeit rücken:

> Als die Schüler mit dem Abschreiben des Tafelbildes fertig sind, geht Herr Baier nach vorne und nimmt einen auf dem Pult liegenden Meterstab in die Hand. Nun will er mit einem Verweis auf die Überschrift (zeigt auf <u>Kenngrößen</u>) wissen, was man neben der Schwingungsdauer und der Frequenz noch alles wissen müsse, um eine Schwingung »festzulegen«.
> (Physik, 10. Klasse)

Wie das Beispiel zeigt, kann auch das Deuten auf die Tafel in Verbindung mit der Abfolge von Lehrerfrage, Schülerantwort und Lehrerkommentar stehen, allerdings stützt das Angeschriebene dann die Lehrerfrage (und nicht wie beim autorisierenden Anschreiben den Lehrerkommentar). Zum einen fordern die

Lehrer dadurch Erläuterungen und Bestimmungen von Begriffen an der Tafel ein: »Woher kommt das F für Kraft?« Eine besonders deutliche Entsprechung an der Wandtafel findet die Lehrerfrage aber in der offengelassenen Stelle, auf die der Lehrer gestisch oder sprachlich verweisen kann. Dies kann zum einen in Form eines Lückentextes erfolgen, zum anderen finden sich im Mathematik- und Physikunterricht solche Stellen oft rechts neben dem Gleichheitszeichen – bei der Besprechung der Hausaufgaben reicht es auch, die Nummer einer Aufgabe an die Tafel zu schreiben: 3 • 4 dm² = ; F= ; 7) .

Hieran wird abermals deutlich, dass die Wandtafel ein Medium des ›öffentlichen‹ Denkens und Darbietens ist. Dementsprechend fordern die Lehrer mit ihr die gesamte Klasse auf, etwas zur Lösung der an ihr angeschriebenen Probleme beizutragen. Auf die freigelassenen Stellen deutend fragen sie: »Was kommt hier raus?«; »Wie war nochmal die Formel?«; »Was habt ihr hier raus?« Bereits die Gleichheitszeichen bzw. die Ordnungszahlen der Aufgabe verlangen danach, dass da etwas folgen möge. Sie sind unvollständige Inskriptionen, die es zu vervollständigen gilt. Das Offenhalten einzelner Stellen erzeugt »public curricular fields« (Macbeth 2000: 36), die Aufmerksamkeit auf sich ziehen. Zusammen mit der Lehrerfrage entfaltet sich eine performative Wirkung, die Antworten fordert. Die zugrunde liegende Annahme des Schulunterrichts ist, dass es eine Antwort gibt und dass sie den Schülern auch verfügbar ist. Mit der Lehrerfrage wird das Wissen bzw. Nicht-Wissen der Antwortenden sichtbar gemacht. Indem die Wandtafel Lehrerfrage und Lehrerkommentar doppelt und unterstreicht, erhöht sie diese Sichtbarkeit.

In Verbindung mit dem gestischen oder sprachlichen Fingerzeig der Lehrperson wird aus einer einfachen unbeschrifteten Leere an der Tafel eine noch zu beschriftende, bedeutungsvolle Lücke. Es gilt auch hier der Grundsatz, dass alles, was der Lehrer anschreibt, relevant sein kann. Dies betrifft ebenso die Lücken, die er gleichsam mit an die Tafel ›schreibt‹. Folgendes Beispiel macht dies in besonderer Weise deutlich:

> Der Versuch wird an der Tafel schematisch festgehalten (siehe Abb. 3.7). Zur Lücke zwischen den beiden Feldern in der Zeichnung fragt ein Schüler: »Die Lücke ist absichtlich?« Herr Thomas bejaht dies. Er hängt das Bauteil von der Versuchsanordnung ab und zeigt es den Schülern, damit sie die Lücke am Gerät sehen können. Schließlich beschriftet er die ›Lücke‹ an der Tafel: feldfreier Bereich.
> (Physik, 12. Klasse)

Lücken an der Wandtafel sind dementsprechend nicht einfach unbeschriebene Flächen, sondern entweder beschreibbare bzw. noch zu beschreibende Stellen oder – so wie hier – selbst mit Bedeutung versehen. Das Angeschriebene auf der

Abbildung 3.7: Tafelbild zur Elektronenstrahlablenkröhre

Wandtafel eröffnet ein bedeutungsvolles Feld und erzeugt thematische Bezüge, die selbst Leerstellen betreffen.

Auch das hervorhebende Deuten macht die Wandtafel selbst nicht zum Thema. Genau wie die Lehrer durch das Anschreiben *an* der Tafel etwas zeigen, so deuten sie hier gewissermaßen auf etwas Anderes: auf das Angeschriebene, das sich dem Auge des Betrachters darbietet und das seinerseits ein Phänomen verfügbar macht (Krämer 1997). Es wird so zum Thema des Unterrichts gemacht und fordert Erläuterungen und Benennungen ein. Deutlich wird dies beispielsweise als Frau Langmann in einer Physikstunde einen Merksatz an die Tafel schreibt:

> 2. Kräfte Die Ursache dafür, dass ein Körper sich verformt und/oder seinen Bewegungszustand ändert, wird in der Physik Kraft genannt.

Während sie den Satz anschreibt, wiederholt sie seinen Wortlaut und kommentiert wie folgt:

»Zweitens, Kräfte. Die Ursache dafür, dass ein Körper sich verformt und, oder seinen Bewegungszustand – ich sag gleich nochmal was dazu – ändert – also schneller oder langsamer wird, seine Richtung ändert –, wird in der Physik Kraft genannt.«
(Physik, 7. Klasse)

Frau Langmann schenkt hier sprachlich weder der Wandtafel noch den schriftlichen Zeichen Beachtung, sondern dem, was sie anschreibt. Ihm gelten ihre Kommentare und wiederholenden Ausführungen. Mit der Wiederholung dessen, was sie anschreibt, sorgt sie zunächst für eine – vermutlich didaktisch motivierte

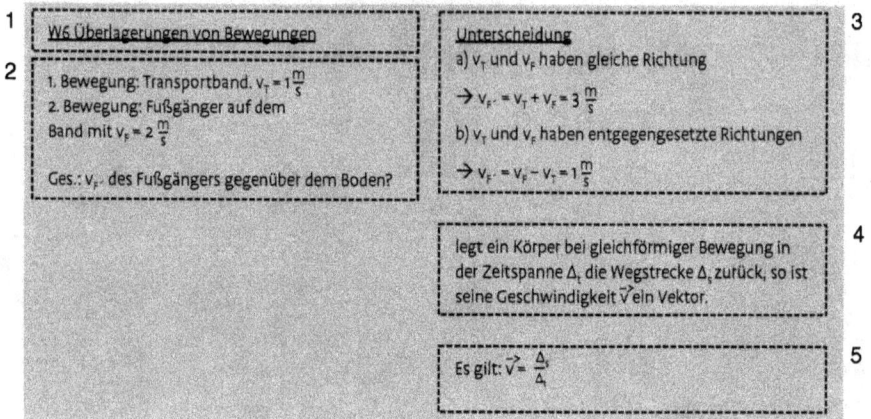

1

2

W6 Überlagerungen von Bewegungen

1. Bewegung: Transportband. $v_T = 1 \frac{m}{s}$
2. Bewegung: Fußgänger auf dem
Band mit $v_F = 2 \frac{m}{s}$

Ges.: v_r des Fußgängers gegenüber dem Boden?

3

Unterscheidung
a) v_T und v_F haben gleiche Richtung

$\rightarrow v_F = v_T + v_F = 3 \frac{m}{s}$

b) v_T und v_F haben entgegengesetzte Richtungen

$\rightarrow v_F = v_F - v_T = 1 \frac{m}{s}$

4

legt ein Körper bei gleichförmiger Bewegung in
der Zeitspanne Δ_t die Wegstrecke Δ_s zurück, so ist
seine Geschwindigkeit $\vec{v}$ ein Vektor.

5

Es gilt: $\vec{v} = \frac{\Delta_s}{\Delta_t}$

Abbildung 3.8: Erarbeitung eines neuen Themas an der Wandtafel

– mediale Redundanz: Wissen wird den Schülern auf unterschiedlichen sinnlichen Kanälen dargeboten. Darüber hinaus bestätigt und bekräftigt sie dadurch eine gängige Annahme der Unterrichtsteilnehmer: das Tafelbild konserviert aus Sicht der Lehrer und Schüler Gesprochenes, Sprechen und Schreiben können problemlos ineinander übergehen.

Gemeinsames Erstellen und wechselseitiges Kommentieren

Häufig beziehen die Lehrer ihre Klasse beim Entstehen des Tafelbildes ein und wechseln laufend zwischen Lehrgespräch und Anschreiben an der Tafel. Im Klassenzimmer entsteht so Schritt für Schritt vor den Augen der Klasse ein Tafelbild, das als Ergebnis *ihrer* Unterrichtsstunde gilt: »Wie haben wir nochmal Vektoren kenntlich gemacht?«; »So weit sind wir das letzte Mal gekommen ((auf das Tafelbild der letzten Stunde Bezug nehmend))«; »Also da haben wir gesagt ... ((ein altes Tafelbild reproduzierend)).« Eine einfache Möglichkeit, die Schüler bei der Entstehung des Tafelbildes einzubeziehen, ist die an der Wandtafel gedoppelte Lehrerfrage, die im letzten Abschnitt diskutiert wurde. Bei der Bearbeitung neuer Themen ergibt sich ein äußerst vielschichtiges Zusammenspiel zwischen Verbalsprache und Tafelanschrieb:

Herr Grabow kündigt »etwas Neues« an und schreibt zunächst das Thema der heutigen Stunde an die Tafel: W6 Überlagerungen von Bewegungen (siehe Abb. 3.8-1[41]). Zu Beginn fragt

---

[41] Die gestrichelten Linien und Nummerierungen am Rand der Abbildung habe ich nachträglich eingefügt, um einzelne Segmente des Tafelbildes in ihrer zeitlichen Abfolge zu kennzeichnen.

der Lehrer nach Beispielen für dieses Phänomen: »Wo kommt so was vor?« Zunächst mag keiner der Schüler etwas sagen. Grabow fügt hinzu: »Ganz alltäglich.« Immer noch keine Reaktion. Er bietet an: »Wollt ihr ein drastisches Beispiel?« Einige Schüler bejahen dies enthusiastisch. Der Lehrer fährt fort: »Also, wenn ihr eine Spinne in der Wohnung habt und die aufnehmen und aus der Wohnung tragen wollt.« Einige Schülerinnen äußern ihren Ekel durch übertrieben hohe Schreie in spielerischer Weise. Um das Beispiel zu veranschaulichen benutzt Herr Grabow ein Kreidestück und ein Blatt, die er aufeinander zubewegt. Als weiteres Beispiel nennt er das Tennisspielen auf einem Kreuzfahrtschiff.

Dann stellt er in den Raum: »Frage. Was steckt mathematisch dahinter?« Hierzu schreibt er das »Transportbandbeispiel« an die Tafel (siehe Abb. 3.8-2). Es geht um die Geschwindigkeit eines Fußgängers auf einem Transportband. Herr Grabow wiederholt die Frage an der Tafel wörtlich, aber in einem lustigen Tonfall. Eine Schülerin antwortet: »Kommt ganz drauf an, in welche Richtung der Fußgänger läuft.« Der Lehrer bestätigt dies: »Ja, man muss beide Bewegungsrichtungen kennen.« Auf der Tafel werden nun »zwei Fälle« unterschieden (siehe Abb. 3.8-3). Der erste Fall (beide Bewegungen haben die gleiche Richtung) sei »experimentell nachweisbar, kann sich aber jeder vorstellen.« Beim zweiten Fall (die Bewegungen haben eine entgegengesetzte Richtung) greift Herr Grabow auf eine pantomimische Darstellung zurück. Die Formel hierzu führt er beim Anschreiben wie folgt ein: »Und dann is' natürlich klar, dass ... ((schreibt die Formel $v_F = v_f - v_T = 1\,\frac{m}{s}$ an die Tafel und wiederholt sie dabei mündlich)).«

Herr Grabow folgert für sich und die Klasse: »Wir brauchen also bei Geschwindigkeiten Bewegungsrichtungen!« Am Beispiel eines Lasters macht er dies deutlich. Wenn jemand sage, da fährt ein Laster, dann sage dies noch nichts darüber aus, ob sich dieser von uns weg bewege oder auf uns zu. Mit Verweis auf eine schon bekannte Größe, die Kraft, kann er die Geschwindigkeit als Vektor einführen. Er fährt fort, die Tafel anhand seines Skripts zu ergänzen (siehe Abb. 3.8-4). Da hier die gleichförmige Bewegung eingeführt wird, unterbricht er den Aufschrieb und fragt nach dieser: »Was ist noch mal die gleichförmige Bewegung?« Im Lehrgespräch wird die Antwort gemeinsam mit der Klasse erarbeitet. Herr Grabow ergänzt das Tafelbild und unterbricht abermals für eine Wiederholungsfrage: »Wie haben wir noch mal Vektoren kenntlich gemacht?« Eine Schülerin weiß es: »Durch einen Pfeil!« Herr Grabow bestätigt: »Ja, wir machen da über den Buchstaben einen Pfeil ((ergänzt diesen an der Tafel)).« Das Tafelbild wird vervollständigt (siehe Abb. 3.8-5), der Lehrer zeigt auf die Strecke und fragt, warum eine Strecke einen Vektor braucht. Er führt als Beispiel hierfür Touristen an, die nach dem Weg fragen. Man kommt darauf, dass eine Entfernungsangabe nicht ausreiche, auch eine Richtung müsse angegeben werden.
(Physik, 11. Klasse)

Auch hier dient zunächst die Überschrift zur thematischen Rahmung des folgenden Lehrgesprächs. Anschauliche Beispiele wechseln sich mit der Formulierung und Herleitung von Formeln ab. Mittels Lehrerfragen entlockt Herr Grabow seinen Schülern Antworten, die zu weiteren mündlichen Erläuterungen oder Ergänzungen am Tafelbild führen. Die Schüler dienen hier in erster Linie als Stichwortgeber für das sukzessive Anfertigen des Tafelbildes. Aus Alltagsproblemen werden so Schritt für Schritt physikalische Probleme gemacht.

Nach und nach füllt sich die Tafel zu einem Gesamtbild. Bereits am Anfang gibt sich die Überschrift als solche zu erkennen – und nicht etwa als Anfang eines Satzes. Sie ist zum einen durch eine Unterstreichung hervorgehoben, zum anderen steht sie auf der flügellosen Tafel des Physikraums in der oberen linken Ecke. Folgt man der konventionellen Leserichtung, so lässt die Überschrift genügend Platz für die zu ihr gehörende Tafelanschrift. Im Anschreiben antizipiert die kompetente Lehrperson bereits das noch anzufertigende Tafelbild und teilt die begrenzte Fläche dementsprechend ein. Mit den unterschiedlich besetzten Flächen schaffen die Lehrer auch unterschiedliche Relevanzen und Bezüge. Nach der thematisch rahmenden Überschrift (Abb. 3.8-1) folgt die Formulierung eines Problems (Abb. 3.8-2). Das Problem wird in zwei Teilprobleme zerlegt und dadurch mathematisch handhabbar gemacht (Abb. 3.8-3). Am Ende folgt eine allgemeine Schlussfolgerung (Abb.⊠3.8-4/5). Das Tafelbild ist derart in unterschiedliche Texteinheiten zusammengefasst, die relativ klar voneinander abgegrenzte Segmente bilden. Herr Grabow schreibt sie jeweils in einem Zug an die Tafel und unterbricht hierfür zumeist sein klassenöffentliches Sprechen – allenfalls kommentiert oder wiederholt er halblaut das, was er gerade anschreibt. Zwischen diese Texteinheiten sind die Fragen, Erläuterungen und die evaluierenden Kommentare des Lehrers sowie die Beiträge der Schüler eingelassen.

Das an der Tafel Angeschriebene und das im Physikraum Gesagte kommentieren und erhellen sich in dieser Weise gegenseitig. Die Überschrift gibt dem Gesprochenen von Anfang an einen thematischen Rahmen. Alles, was auf die Frage »Wo kommt so was vor?« folgt, ist dem Thema zugeordnet. Es ist für die Dauer der Unterrichtseinheit stets präsent. Mit Zeigegesten und sprachlichen Verweisen kommentieren die Unterrichtsteilnehmer ihrerseits das Angeschriebene. Die Tafelanschrift ist aber auch »indexical ground« (Roth 1999: 28), vor dessen Hintergrund die elliptischen Äußerungen und Gesten der Lehrer und Schüler überhaupt erst verständlich werden. Hinzu kommt, dass schriftliche und mündliche Formulierungen sich gegenseitig herausfordern. Einmal können die Lehrer mit der Tafel Schüler zu Antworten auf ihre an der Wandtafel gedoppelten Fragen verhelfen. Dann wiederum will die flüchtige Mündlichkeit zur an der Wandtafel fixierten Schriftlichkeit werden. Und so ordnet die Lehrperson das Gesagte an der Tafel ein und gibt ihm einen öffentlich sichtbaren Platz innerhalb des Tafelbildes.

Vorschreiben und Operieren

Oftmals schenken die Unterrichtsteilnehmer der Schrift in ihrer Schriftlichkeit keine besondere Beachtung, sondern schreiben einfach an die Tafel und von ihr ab. Diesem Anschreiben und dem Abschreiben bzw. dem durch die Schrift Dargestellten galt in den obigen Beispielen die eigentliche Aufmerksamkeit. Die Lehrer schreiben aber nicht nur etwas an die Wandtafel, das die Schüler abschreiben sollen, sondern führen auch vor, wie man etwas schreibt. Deutlich wird dies, wenn die Lehrer explizit auf fachliche Konventionen des Aufschreibens verweisen und dadurch die Schrift selbst zum Thema machen:

> Frau Langmann erläutert: »Ich schreibe Versuche immer so auf, mit V eins, V zwei und so weiter. Ich mach da immer ein Kästchen rum ((schreibt V_1 an und zeichnet einen Kasten drumherum)).«
> (Physik, 7. Klasse)

> Schließlich weist Frau Dassel noch darauf hin, was man beim Aufschreiben der Rechnung zum Flächeninhalt beachten muss: »Gewöhnt euch an, das so ((zeigt auf $3 \cdot 4\,dm^2$)) aufzuschreiben. Die Quadratdezimeter kommen hinter die letzte Zahl.«
> (Mathematik, 5. Klasse)

> Es folgt eine Aufgabe, bei der Herr Hecker immer wieder darauf hinweist, auf die Form zu achten: »Hinschreiben ((zeigt auf $x \to \infty$)) und dann rechts davon weiterrechnen!«
> (Mathematik, 12. Klasse)

Schon dieses Vorschreiben der Lehrer macht deutlich, dass die Schrift nicht ein einfaches Abbild gesprochener Sprache ist. Schrift ist insbesondere im mathematischen und naturwissenschaftlichen Schulunterricht nicht bloßes Repräsentationsmedium, sondern Teil einer kognitiven Praxis des Rechnens. Mit der »operativen Schrift« (Krämer 1997) der Mathematik kann man etwas machen, indem man die Zeichen manipuliert und mit ihnen rechnet (Pimm 1995). Hierzu ein Beispiel:

> Herr Frankfurter steigt mit einer Wiederholungsfrage ein: »Letztes Mal sind wir mit der Trogaufgabe nicht fertig geworden. Wer kann's kurz zusammenfassen?« Das Problem wird gemeinsam erarbeitet, Herr Frankfurter verweist auf die Aufgabe im Mathematikbuch. Herr Frankfurter: »Die Dichte rechnen wir besser zusammen aus!« Das Volumen sollen die Schüler hingegen selber ausrechnen.

> Etwas Unruhe entsteht, als die Schüler beginnen, das Volumen selbständig mit Hilfe ihrer Taschenrechner auszurechnen, einige Schüler rufen sich die Ergebnisse zu, um sich der Richtigkeit des Ergebnisses zu versichern. Währenddessen geht Herr Frankfurter umher, um den Schülern zu helfen. Nach einiger Zeit verkündet er das korrekte Ergebnis und klärt mit einzelnen Schülern anhand der Teilergebnisse, an welcher Stelle ihnen ein Fehler unterlaufen ist. Hierzu schreibt er die Teilergebnisse anderer Schüler an die Tafel und fragt dann die Schülerinnen, die Probleme mit dem Endergebnis hatten: »Habt Ihr das ((zeigt

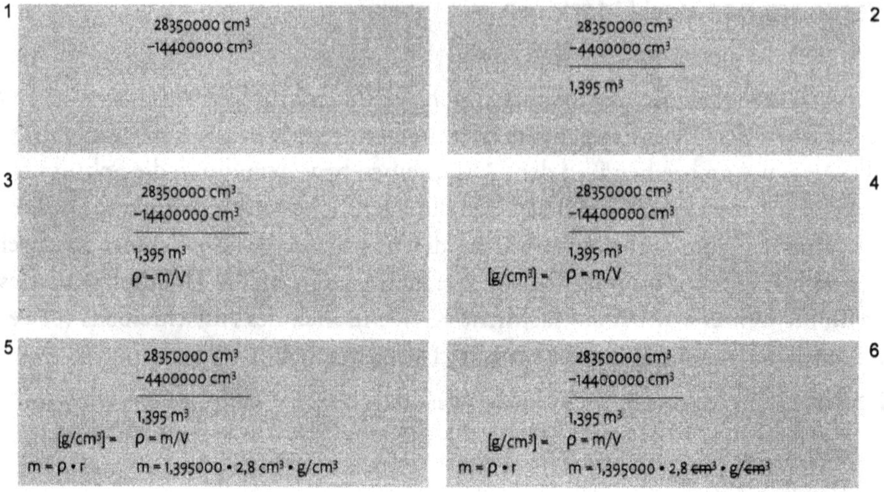

Abbildung 3.9: Operieren an der Tafel

auf Teilergebnisse, siehe Abb. 3.9-1))?« Die Jugendlichen bejahen die Frage. Frankfurter schlussfolgert: »Ihr könnt also nicht subtrahieren?« Dann zieht er einen Strich unter die Rechnung und schreibt das Ergebnis darunter: 1,395 m³.

Als nächstes geht es um die Dichte. Der Lehrer fragt nach der entsprechenden Formel. Keiner der Schüler weiß sie. Herr Frankfurter schreibt deshalb eine Formel an die Tafel $\rho = m/V$ und fragt darauf zeigend: »Was ist das?« Da keine Antwort kommt, beantwortet er die Frage selbst: »Rho steht für die Dichte« und schließt als Frage an: »Wie kann man ohne Formel drauf kommen?« Er hilft etwas nach: »Mit Hilfe der Aufgabe kann man drauf kommen.« Eine Schülerin weiß es nun: »Über die Einheit!« Frankfurter bestätigt dies mit einem »Richtig!« und ergänzt die Formel für die Einheit an der Tafel: g/cm^3.

Herr Frankfurter fährt fort und fragt, wie man so zur Masse kommt. Eine Schülerin setzt an: »Sie müssen ...« Frankfurter (energisch): » Wir rechnen!« Nach den Vorgaben der Schülerin formt Herr Frankfurter die Formel um $m = V \cdot \rho$ und füllt sie schließlich mit den konkreten Zahlen: m = 1,395 000 · 2,8 cm³ · g/cm³.

Eine Schülerin meint, dass man nun die Kubikzentimeter »streichen« kann, woraufhin Herr Frankfurter verbessert: »Das muss man mathematischer ausdrücken: kürzen!« Das Ergebnis wird ausgerechnet, einer der Schüler verkündet es und Herr Frankfurter schreibt es an die Tafel: 3 906 000 g. Herr Frankfurter kommentiert: »Eine Firma, die solche Tröge verkauft, würde das vermutlich nicht in Gramm ausdrücken!« Eine Schülerin rechnet das Ergebnis um: »3,97 Tonnen.«
(Mathematik, 10. Klasse)

Die mathematische Schrift an der Wandtafel ist für die Unterrichtsteilnehmer zunächst einmal ein Mittel, um die privaten Rechnungen der Schüler in der Klasse zu veröffentlichen. Aus dem persönlichen Problem einzelner Schüler wird so ein gemeinsam zu bearbeitendes Lehrstück. In vielen anderen Fällen brauchen Lehrer und Schüler dazu nicht unbedingt die Tafel. Insbesondere die Mathematik und der mathematische Schulunterricht sind aber auf grafische und schriftliche Visualisierungen angewiesen (Krummheuer 2008). Die Schriftzeichen machen das, worüber gesprochen wird, erst für das Lehrgespräch im Klassenzimmer verfügbar. Mit ihrer Hilfe lassen sich so auch einzelne Rechenschritte rekonstruieren und unterschiedliche Deutungen klären. Dass Wandtafel und Schrift dies leisten, wird auch hier vorausgesetzt. Ferner gehen Lehrer und Schüler davon aus, dass sie mit den Schriftzeichen auf der Tafel und in ihren Heften das Gleiche meinen: Herrn Frankfurters Zeigegeste und Frage »Habt ihr das?« sowie die Antwort der Schülerinnen hinterfragen diesen Sachverhalt nicht. Die schriftlichen Zeichen sind für die Unterrichtsteilnehmer reproduzierbare Entitäten mit einer stabilen Referenz, die nicht an einen konkreten materiellen Träger gebunden sind.

Wie gehen Lehrer und Schüler weiter mit diesen Zeichen um? Neben dem Anschreiben und Abschreiben kann man mit ihnen auch rechnen. Das Rechnen erscheint hier als eine Schritt für Schritt durchzuführende regelgeleitete Vorgehensweise, deren einzelne Bestandteile simpel sind: »Ihr könnt also nicht subtrahieren?« Unterstreichungen setzen einen Schlussstrich und heben das Ergebnis von seinen Teilergebnissen ab. Einzelne Rechenoperationen werden an die Taschenrechner der Schüler delegiert. Was hier an der Tafel zählt, sind die durch Herrn Frankfurter autorisierten Teilergebnisse. Sie machen das Endergebnis dadurch nachvollziehbar, dass sie die einzelnen Schritte der Rechnung offenlegen.

Beim symbolischen Operieren mit den mathematischen Zeichen tritt die Referenz des Angeschriebenen zugunsten einer interpretationsfreien Manipulation der Schriftzeichen in den Hintergrund (Pimm 1987: 159f.). Im Operieren ist die Referenz der Zeichen kurzzeitig suspendiert. Mit den Vorgaben der Schülerinnen führt Herr Frankfurter so unter anderem eine Umformung durch, die allen Teilnehmern zeigt, dass man mit den Zeichen hantieren kann. Sie sind ineinander überführbar, bedingen einander und folgen aufeinander. Bisweilen kann man sie sogar durchstreichen. Anders als beim Wegwischen bleibt die Operation sichtbar und stellt sich aus.

Auch hier sind die Schüler einbezogen. Einerseits führt Herr Frankfurter vor, wie man eine Aufgabe durch Rechnen löst, andererseits gilt es auch hier, Lücken durch die Schüler füllen zu lassen. Kennt keiner der Schüler die Antwort, bleibt es beim »immanenten Referieren« (Kalthoff 2000: 435), die Lehrerfrage steuert so zumindest die Aufmerksamkeit der Schüler und den thematischen Wechsel. Gleichzeitig ist der Lehrer durch die Struktur des Lehrgesprächs (McHoul 1978; Mehan 1998), das räumliche Arrangement des Klassenzimmers und seine Praktiken des Anschreibens als zentrale Figur des Geschehens gesetzt. Eine Schülerin kennt dementsprechend nur einen Agens des Operierens: »Sie müssen ...« Die Fiktion des gemeinsamen Operierens droht zu kippen und Herr Frankfurter steuert energisch entgegen: »*Wir* rechnen!«[42]

Wie beim Benennen der experimentellen Beobachtungen und der Bestandteile des Demonstrationsexperiment geht es auch hier darum, die richtigen Worte zu finden. Allerdings beziehen sie sich hier nicht nur auf ein zu beobachtendes Phänomen oder Ding, sondern können sich auch auf Operationen an der Tafel beziehen: Es muss »kürzen« statt »streichen« heißen. Die Schrift erscheint hier weniger als über sich hinausweisendes Zeichen denn als Gegenüber, mit dem sich etwas anstellen lässt. Insgesamt zeigt sich hier, dass sich die Unterrichtsteilnehmer von einem konkreten mathematischen Problem (der »Trogaufgabe«) hin zur operativen Schrift an der Wandtafel bewegen, um sich erst gegen Ende der Bearbeitung der Aufgabe wieder dem alltagsweltlichen Problem zu widmen (»Eine Firma, die solche Tröge verkauft, würde das vermutlich nicht in Gramm ausdrücken!«) und damit die Aufgabe adäquat zum Abschluss zu bringen.

Der Tageslichtprojektor. Eine mediale Variation

In den Klassenzimmern hat sich seit den 1960er-Jahren der Tageslichtprojektor zur Wandtafel hinzugesellt (Kidwell et al. 2008: 66). Mit seiner Hilfe projizieren die Lehrer beschriftbare Folien an die Stirnwand der Klassenzimmer – in einigen Klassenzimmern finden sich gar eigens dafür vorgesehene Projektionsflächen (siehe Abb. 2.1, S. 44). Aus Sicht der Mediendidaktik gilt der Tageslichtprojektor im Gegensatz zur Wandtafel als vielfältigeres Unterrichtsmedium, da er sich auch gut für die Präsentation von Gruppenarbeiten der Schüler eignet (Martial/Ladenthin 2002: 215ff.). Ferner erlaubt er die zeitliche Trennung von Anfertigung und Präsentation der Anschrift.

---

[42] Im Schulunterricht taucht immer wieder die Wir-Formulierung auf (»Wie kommen wir darauf?«), auch bei der Durchführung von Experimenten (»Da schicken wir mal ein bisschen Strom durch!«; »Schauen wir uns das genauer an!«). Der moderne Zusammenunterricht beruht auf der ›nützlichen Fiktion‹, dass alle Unterrichtsteilnehmer dem Unterricht folgen (Kalthoff 1997: 91f.). Dies schließt auch das durch die Dinge Dargestellte ein.

Der Tageslichtprojektor hat mit der Tafel folgende Merkmale gemein: Auch auf den Folien des Tageslichtprojektors schreiben zumeist die Lehrer etwas an und die Schüler schreiben es ab. An der Projektionsfläche kann man Angeschriebenes autorisieren und die Lehrer operieren mit den Zeichen. Auch geben sie vor, wie man etwas zu schreiben hat und korrigieren die Schüler, wenn sie ihre Hausaufgaben präsentieren. Ein Beispiel zur Illustration:

> Während der Präsentation einer Hausaufgabe durch eine Schülerin geht Frau Langmann zum Tageslichtprojektor und zeigt auf das Gleichheitszeichen zwischen verschiedenen Größen. Die Schülerin hat somit Längeneinheiten und Kraft gleichgesetzt. Frau Langmann ergänzt deshalb das Gleichheitszeichen so, dass daraus ≙ wird. Sie erläutert, dass dies »entspricht« bedeutet und dass die beiden Größen »nicht gleich« sind.
> (Physik, 7. Klasse)

Da die Folien außerhalb des Unterrichts vorbereitet werden können, kann das Anschreiben im Unterricht teilweise oder gänzlich entfallen. Der Klasse begegnet so eine fertige, beschriftete Folie, gewissermaßen ›auf einen Schlag‹, während das Tafelbild sukzessive entsteht und in seiner Produktion beobachtet werden kann.[43] Um dennoch schulisches Wissen sukzessive vorstellen zu können, greifen die Unterrichtsteilnehmer häufig auf das Abdecken einzelner Folienteile zurück. Sie erzeugen dadurch bedeutungsvolle, zu enthüllende Bestandteile, die sich durch dunkle Flächen auf der Projektion zu erkennen geben. Ähnlich wie bei den bedeutungsvollen Lücken der Wandtafel, kann hier die Lehrerfrage ansetzen:

> Zu Beginn zeigt Frau Posner eine Folie mit einem kleinen Bild darauf, die rechte Hälfte der Folie ist abgedeckt. Sie will zunächst wissen, was die Schüler sehen und was wohl heute Thema sei. Auf dem gezeichneten Bild ist eine Person zu sehen, die mit einem Becherglas und einem Bunsenbrenner hantiert. Aus dem Becherglas spritzt eine Flüssigkeit heraus. Über dem Bild steht »nicht so«. Die Schüler kommen recht schnell darauf, dass es um den richtigen und sicheren Umgang mit Experimenten geht. Nun will Frau Posner wissen, wie man es denn richtig macht. Als ein Schüler Details des Bildes erwähnt, wehrt Frau Posner ab: »Um die Feinheiten geht es hier jetzt nicht.« Eine Schülerin gibt die gewünschte Antwort: »Man muss eine Schutzbrille aufsetzen!« Das rechte Bild wird aufgedeckt. Dort ist eine Person zu sehen, die eine Schutzbrille trägt und ebenfalls mit Becherglas und Bunsenbrenner hantiert. Diesmal ist das Bild mit »sondern so« beschriftet.
> (Naturwissenschaftlicher Anfangsunterricht, 5. Klasse)

Wie das Anschreiben der Schülerantwort kann das Aufdecken eines Folienteils den Lehrerkommentar ersetzen. Darüber hinaus können die Schüler am Tages-

---

[43] An der Wandtafel findet sich die Entsprechung hierzu in der Möglichkeit, die Rückseite eines Flügels zu beschriften, während die Schüler in Stillarbeit Aufgaben bearbeiten. Durch das Aufklappen des Flügels kann auch das an der Tafel Angeschriebene mit einem Mal präsentiert werden.

lichtprojektor insbesondere beim Bearbeiten von Aufgaben- und Arbeitsblättern einbezogen werden. So können Lehrer und Schüler etwa Arbeitsblätter gemeinsam bearbeiten, indem die Lehrer dank Drucker oder Kopiergerät ein getreues Abbild des Arbeitsblatts klassenöffentlich präsentieren. Die Schüler füllen die Lücken dadurch aus, dass sie der Lehrerin ihre Lösungen mündlich mitteilen und sie diese auf die Folie schreibt.

Der Tageslichtprojektor drängt sich – anders als die Wandtafel – bisweilen als präsentes Ding auf. Oft muss er erst noch eingesteckt oder gar aus einem anderen Raum geholt werden und tritt so unweigerlich in den Vordergrund des praktischen Tuns der Unterrichtsteilnehmer. Anders als die (meist) zuverlässige Wandtafel quittieren die Geräte hin und wieder den Dienst, etwa weil eine Lampe durchgebrannt ist. Hinzu kommt, dass gerade die Unterstufenschüler noch nicht so recht mit ihm umzugehen wissen. Oft müssen die Lehrer unterstützend oder korrigierend eingreifen: Sie schalten das Licht aus oder fordern, dass die Folien länger liegen bleiben sollen. Dennoch gilt: Sind die Hindernisse beseitigt, so richtet sich auch hier die Aufmerksamkeit nicht auf den Tageslichtprojektor selbst, sondern auf das Angeschriebene bzw. Projizierte. Die Lehrer deuten auf die Projektionsfläche, um an ihr etwas zu zeigen. Und auch mit der dort erscheinenden Schrift kann man operieren.

Ein wichtiger Unterschied zwischen Tafel und Tageslichtprojektor ist die Trennung von Anschreibe- und Projektionsfläche. Während die Lehrer oder Schüler etwas auf der auf dem Gerät liegenden Folie schreiben, projiziert das Gerät das Angeschriebene auf eine Fläche hinter ihnen. Dies hat zur Folge, dass es stets zwei relevante Zentren der Aufmerksamkeit gibt: zum einen der Platz des Schreibenden und Sprechenden am Gerät, zum anderen die Projektionsfläche mit der klassenöffentlich sichtbaren Anschrift. Praktiken des Hervorhebens und Thematisierens können sowohl am Gerät als auch an der Projektion durchgeführt werden. Diese uneindeutige Aufteilung führt dazu, dass das Gerät für die Anschrift als Ganzes einstehen kann:

> Frau Langmann ermahnt die unruhige Klasse: »Schaut jetzt wieder dahin ((zeigt auf den Tageslichtprojektor)).« Kurz darauf meint sie: »Ihr habt jetzt kurz Gelegenheit, das hier abzuschreiben ((zeigt auf die Projektion)).«
> (Physik, 7. Klasse)

Mit ihrem Fingerzeig auf das Gerät erinnert Frau Langmann ihre Klasse einerseits daran, wieder »nach vorne« zu schauen. Andererseits zeigt ihr nachgeschobener Kommentar, dass schon ihr erster Fingerzeig auch eine Aufforderung zum Abschreiben war und eigentlich dem Angeschriebenen galt. Durch das Gleichsetzen des Tageslichtprojektors mit seiner Projektion wird abermals deutlich, dass auch die Wandtafel auf mindestens zwei Arten im Klassenzimmer präsent ist. Zum einen als stummes Ding, an dem sich das Angeschriebene zeigt (die Tafel als ›Projektor‹), zum anderen als das an der Tafel Angeschriebene (die Tafel als ›Projektion‹).

Das Schreiben auf die Folien ist auch haptisch vom Anschreiben an der Tafel unterschieden. Ein Filzstift gleitet relativ leicht und ohne großen Druck über eine glatte Kunststofffläche. Ferner gleicht es in einer wichtigen Hinsicht eher einem alltäglichen Schreiben als das Anschreiben an der Tafel: Wenn Lehrpersonen oder Schüler etwas auf die Folie schreiben, dann schreiben sie die einzelnen Buchstaben in einer Größe an, die man ganz alltäglich für Notizen, Briefe und Mitschriften verwendet. Erst die Projektion macht daraus eine hinreichend große und damit klassenöffentliche Schrift. Im Anschreiben an die Wandtafel müssen die Unterrichtsteilnehmer hingegen so schreiben, dass die Schrift ausreichend groß ist. Dies führt dazu, dass das Schreiben an der Wandtafel voraussetzungsreicher ist und behäbiger vonstatten geht.

Zwischenfazit: Transparenz und operatives Gegenüber

Die Wandtafel ist durch eine eigentümliche Transparenz gekennzeichnet. Sie selbst verbleibt im Hintergrund und ist Untergrund für die Praktiken des An- und Abschreibens. Die Lehrer zeigen etwas *an* ihr, das die Unterrichtsteilnehmer durch ihr An- und Abschreiben autorisieren. Die Kommentare der Teilnehmer und ihre Praktiken des Hervorhebens richten sich auf das Angeschriebene. Es geht um die Richtigkeit des mathematischen oder physikalischen Ausdrucks an sich, und nicht unmittelbar um seine Relevanz und Bedeutung für eine Wirklichkeit ›dort draußen‹ (Krämer 1988). Ein epistemisch bedeutungsvolles Feld entsteht, in dem das Angeschriebene Gesprächsressourcen und einen thematischen Rahmen für das Unterrichtsgespräch bietet. Gesprochenes und Angeschriebenes sind dadurch auch in eine curriculare Abfolge der Themen eingeordnet. Im gemeinsamen Erstellen sind die Schüler mindestens als Stichwortgeber für ein anzufertigendes Tafelbild einbezogen. Das Angeschriebene wird nicht nur kommentiert, sondern kommentiert seinerseits das Unterrichtsgespräch. Während sich die Lehrer am experimentellen Arrangement als Bildhauer versuchen, sind die Unterrichtsteilnehmer an der Tafel Maler und Kunstkritiker zugleich: Aus einer undefinierten Leinwand machen sie im Anschreiben zunächst ein thematisches Feld, in dem verschiedene Texteinheiten ihren Platz erhalten und in bedeutungsvolle Bezüge zueinander gesetzt werden. Im Hervorheben und Thematisieren greifen sie dann auf einzelne Elemente zurück und machen sie selektiv zum Thema eines gelehrten Diskurses, ohne dass sie die Leinwand zum Thema machen. Im Einüben der richtigen Schreibweisen und im Operieren wird schließlich die Schrift selbst zum vordergründigen Thema der Praxis. Die Unterrichtsteilnehmer machen aus den schriftlichen Zeichen ein *operatives Gegenüber*, das es zu thematisieren bzw. zu manipulieren gilt.

Die Beschäftigung mit der Wandtafel, dem Angeschriebenen und den schriftlichen Zeichen macht deutlich, auf welchen unterschiedlichen Ebenen die Praktiken der Unterrichtsteilnehmer ansetzen und welche unterschiedlichen Seinsweisen die Dinge auszeichnen. Dies hat die Beobachtung und Analyse der Praktiken zur Herausforderung gemacht. Erschwerend hinzu kommt, dass meine vorgeschlagene heuristische Trennung der Gebrauchsweisen und der Aufforderung der Dinge bei der Wandtafel an ihre Grenzen gerät. Woran liegt das? Anders als experimentelles Arrangement und Anschauungsobjekt werden weder Wandtafel noch das Angeschriebene oder die Schrift in eindeutiger Weise als Objekte hervorgebracht. Die Wandtafel ist den Unterrichtsteilnehmern stummes und transparentes Werkzeug im Hintergrund. Das Angeschriebene weist einerseits über sich hinaus auf das Gemeinte. Andererseits tragen das Angeschriebene und die Schrift »Spuren des Selbermachens« (Bosse 2012: 192) und verweisen auf die Schreibpraktiken der kopräsenten Unterrichtsteilnehmer. Die Schrift ist zwar als operatives Gegenüber den menschlichen Unterrichtsteilnehmern gegenübergestellt, gilt ihnen aber als Ergebnis lokaler Praktiken. Damit ist eine Trennung des Gebrauchs der Dinge von dem, was sie leisten, äußerst schwierig. Ich begreife dies aber als Chance, die Wandtafel gegenüber dem experimentellen Arrangement und den Anschauungsobjekten genauer zu bestimmen. So wird deutlich, dass sie in anderer Form für die Praxis relevant ist als die deutlich von den menschlichen Unterrichtsteilnehmern unterschiedenen cartesianischen Objekte, die als unabhängig von den situativen Praktiken ihrer Hervorbringung aufgerufen werden. Dies hat zum Beispiel zur Folge, dass die Unterrichtsteilnehmer zwar sowohl das an der Wandtafel Angeschriebene als auch die cartesianischen Objekte zum Anlass für Gespräche nehmen, aber nur das Angeschriebene als Kommentar zu ihrem Unterricht verstehen. Die Lehrperson ›spricht‹ – beispielsweise mit der an der Wandtafel ausgeführten Lehrerfrage – durch das gemeinsam erstellte Tafelbild hindurch mit den Schülern, nicht aber durch die Objekte.

3.3 Wissensobjekte und Wissensmedien

Damit Lehrer im Unterricht an, mit und durch die Lehrmaterialien etwas zeigen können, müssen sie diese Dinge unterschiedlich gebrauchen. Für die schulischen Dinge habe ich verschiedene Gebrauchsweisen ausgemacht, die ihnen einen Status im Unterricht zuweisen und sie genauer bestimmen, damit sich mit und an ihnen etwas zeigt. Die Dinge des Wissens sind nicht einfach da und verrichten quasi selbsttätig ihre Arbeit, sondern müssen entsprechend aufgerufen werden. Sie sind keine in einen Containerraum gestellten Objekte, sondern immer schon eingebunden in räumliche Arrangements und Praktiken des Gebrauchs. Erst innerhalb dieser Bezüge zeigen sie etwas und nicht etwa dank eines essentiellen Status als experimentelles Arrangement oder Wandtafel.

Mit den Praktiken des Gebrauchs kommen auch die unterschiedlichen Haltungen in den Blick, die Lehrer bzw. Schüler gegenüber den Dingen einnehmen (sollen). Die Lehrer sind *Meister der Dinge*, die über sie relativ frei verfügen können. Als » supply sergeant « (Jackson 1968: 12) des Klassenzimmers entscheidet die Lehrperson über den Zugang zu den Dingen des Wissens. In der Regel darf nur sie mit ihnen hantieren, die Schüler sind hingegen systematisch vom Zugang zu ihnen ausgeschlossen. Die Dinge gelten als vor unsachgemäßem Gebrauch durch die Schüler zu schützende Wesen.[44] Sie sind die meiste Zeit den Schülern in den für sie verschlossenen Schränken in den Physikräumen und Sammlungen vorenthalten. Und als im Unterricht anwesende Dinge auf der Schaubühne des Tafelbereichs sind die Dinge den Schülerhänden entzogen. Die Lehrer legen ferner fest, welche Rezeptionshaltung die Schüler den Dingen gegenüber einnehmen sollen: Disziplinäres Sehen, Hören und Manipulieren bzw. Abschreiben und Operieren.[45] Die Schüler sind damit in erster Linie als distanzierte und reglementierte Zuschauer angelegt. Gleichzeitig werden Lehrern und Schülern im unterschied-

---

[44] Dies trifft selbstverständlich auch umgekehrt zu. Wie die bereits erwähnten *Richtlinien zur Sicherheit im Unterricht* belegen, gilt es in gleicher Weise, die Schüler vor den Dingen zu schützen.

[45] Darüber hinaus finden sich natürlich auch weitere disziplinierende Praktiken, die den Kindern und Jugendlichen ihren Platz im Unterricht zuweisen und so auch eine den Dingen angemessene Haltung nahelegen: Pfiffe und Rufe sollen die Schüler bei zu großer Unruhe zur Räson bringen, der Blick nach vorne wird eingefordert: » Hier spielt die Musik! « Nur wenn die Aufmerksamkeit auf das zentrale Geschehen gerichtet ist, können sich den Schülern auch die Dinge zeigen bzw. zeigt sich *an* ihnen etwas. Darüber hinaus gibt es eine Reihe von disziplinierenden Dingen, die Aufmerksamkeit und Ruhe erzeugen sollen. Bereits zu Unterrichtsbeginn markiert der Gong im Zusammenspiel mit einem Begrüßungsritual deutlich, dass die Zeit des Unterrichts beginnt (Göhlich/Wagner-Willi 2001; Kalthoff 1997: 75ff.). In der Unterstufe greifen die von mir beobachteten Lehrer außerdem auf Tischglocken zurück, um die Schüler zur Ru-

lichen Umgang mit den Dingen Positionen in der Interaktionsordnung des Klassenzimmers zugewiesen. Wer über die klassenöffentlichen Dinge wie Tafel und Anschauungsobjekte verfügt, der bestimmt auch das übrige Unterrichtsgeschehen, da sie zentrale Bezugspunkte der Interaktion sind: Mit ihnen werden Aufmerksamkeit erzeugt und Gesprächsthemen vorgegeben, am Umgang mit ihnen scheiden sich in einer klassenöffentlichen Darstellung vorführende Experten von zuschauenden Laien. Mäppchen und Schulheft vermögen dies – zumindest an den Plätzen und in den Händen der Schüler – nicht in gleicher Weise zu leisten. Und im unterschiedlichen Umgang mit den Dingen stellen die Unterrichtsteilnehmer auch klassenöffentlich dar, dass sie Lehrer bzw. Schüler sind.

Experimentelle Arrangements und Anschauungsobjekte sind in eine Dramaturgie eingebunden, bei der die Dinge Ziel von Praktiken des Zeigens sind. Die Lehrer zeigen *auf* die Dinge, um den Schülern etwas zu zeigen; und sie zeigen dadurch *mit* den didaktischen Dingen auf Phänomene, die durch jene erzeugt werden. Nach einer Einführung als besondere Dinge, denen die Aufmerksamkeit gelten soll, weisen die Lehrer auf relevante Aspekte der Dinge hin und scheiden diese von den irrelevanten Aspekten. Sie arbeiten so daran, den Schülern eine *disziplinäre Sicht* gegenüber den Dingen zu ermöglichen, die sich in Form eines fachlichen Sprechens über die Dinge dokumentieren lassen soll. Dabei findet zunächst ein Wechsel von der direkten Konfrontation mit einem Ding (Zeigen als »showing«) zum indirekten Hinweisen auf Sachverhalte (Zeigen als »pointing«; Wiesing 2013: 21ff.) statt, die schließlich im (zunehmend fachlichen) Sprechen *über* das Ding mündet. Damit wechseln die Unterrichtsteilnehmer von einer relativ offenen Umgangsweise zu einer immer geschlosseneren disziplinären Umgangsweise mit den Dingen.

Bei der Wandtafel ist zunächst auffällig, dass sie für die Unterrichtsteilnehmer – im wörtlichen Sinne – nicht der Rede wert ist. Sie verrichtet stumm und selbstverständlich ihre Arbeit für Lehrer und Schüler. Freilich richten sich Praktiken des Schreibens und Deutens auf die Tafel. Letztendlich gelten die Praktiken aber nicht eigentlich der Tafel, sie dient ihnen nur als Hintergrund. Statt auf sie zu zeigen, zeigen die Unterrichtsteilnehmer gewissermaßen durch sie hindurch. Lehrer zeigen etwas *an* ihr, indem sie an ihr schreiben; Schüler sehen etwas *an* ihr, wenn sie von ihr abschreiben. Im An- und Abschreiben bestätigen die Unterrichtsteilnehmer die Wandtafel als autorisierendes Ding. Was an ihr geschrieben steht, ist relevant und wichtig, öffentlich sichtbar und verfügbar. Die Unterrichtsteilneh-

---

he zu bringen. Mit dem raumausfüllenden Klang der Glocken bereiten die Lehrpersonen dem Unterrichtsgespräch, aber auch den Dingen des Wissens, den Boden.

mer schaffen auf ihrer Oberfläche bedeutungsvolle Segmente. Der eigentliche
Fokus der Teilnehmer liegt dabei nicht auf der Tafel, sondern auf dem dort Angeschriebenen. Das Angeschriebene ist der Rede wert: Lehrer und Schüler kommentieren es und deuten auf einzelne Teile des Tafelbildes. Auch andersherum
kommentiert die Schrift den Unterricht, gibt ein Thema an und fordert zu Antworten auf Lehrerfragen heraus. Die Tafel ermöglicht als kognitives Werkzeug
ein dialogisches Verhältnis von Angeschriebenem und Gesprochenem. Besonders deutlich zu sehen ist der Fokus auf die schriftlichen Zeichen beim Operieren.
Wenn Lehrer und Schüler mit der Schrift an der Tafel rechnen, dann gelten ihre
praktischen Bemühungen den schriftlichen Zeichen selbst.

Wie enaktieren die Unterrichtsteilnehmer durch ihre Gebrauchsweisen die unterschiedlichen Dinge? Experimentelle Arrangements und Anschauungsobjekte treten als von den Unterrichtsteilnehmern unterschiedene und unabhängige
Objekte[46] hervor. In Anlehnung an die Wissenschaftsforschung kann man sie
als *Wissensobjekte* (Rheinberger 2006; Knorr-Cetina 2007) bezeichnen: Wie die
zu untersuchenden Dinge im Labor stehen sie im Zentrum der Aufmerksamkeit
und rufen Fragen hervor. Ihnen gelten – im Idealfall – das Interesse und die Bemühungen der Unterrichtsteilnehmer, in deren Augen sie das Wissen einer schulischen Disziplin verkörpern.

Die Wandtafel erscheint hingegen als im Hintergrund bleibender zuverlässiger
Träger von etwas Anderem: dem Angeschriebenen in Form der Schrift. Erst die
Schrift macht Wissen verfügbar und tritt als Gegenüber von Schülern und Leh-
rern auf. Allerdings ist sie weniger klar von Lehrern und Schülern getrennt als
die experimentellen Arrangements oder die Anschauungsobjekte. Sie gilt den
Teilnehmern als Spur lokaler Praktiken, an denen sie unmittelbar beteiligt sind.
Dadurch ist die Schrift an der Wandtafel nur schwer von den Praktiken ihrer
Herstellung zu trennen. Sie ist weniger unabhängiges Objekt denn Ergebnis der
Praktiken der Lehrperson und ihrer Klasse. Wie beispielsweise die an der Wand-
tafel ausgeführten Lehrerfragen und Lehrerkommentare zeigen, spricht der Leh-
rer durch die Schrift hindurch mit den Schülern. Allerdings tritt ihre Objekthaf-
tigkeit dann hervor, wenn mit ihnen z. B. rechnerisch operiert wird. Nun sind die
Schriftzeichen zwar keine unabhängigen Objekte, aber ein zu manipulierendes
Gegenüber. Die Wandtafel ist somit ein Medium, auf dem die Schrift als semioti-

---

[46] Der Begriff des Objekts stellt hier keine Rückkehr zum dekontextualisierten und objektivisti-
schen Verständnis der Dinge dar, welches ich in der Einleitung kritisiert habe. Vielmehr geht es
mir darum zu zeigen, wie Dinge durch die Praktiken der Teilnehmer performiert werden. Hier
bringen sie eben relativ klar von den menschlichen Teilnehmern getrennte Objekte hervor.

sche Darstellungsform des Wissens erscheinen kann. Während die Wandtafel die Schrift und das darin enthaltene Wissen trägt, re-präsentiert die Schrift Wissen und erlaubt Operationen. Wandtafel und Schrift bilden so gemeinsam die *Wissensmedien* des Schulunterrichts. Als Medien sind nicht sie selbst für die Unterrichtsteilnehmer von Interesse, sondern das, was sie darstellend zur Erscheinung bringen (Krämer 2008).

Bisher wurden zwei Formen einer *Praxis mit den Dingen* vorgestellt: zunächst die sozio-materiellen Arrangements schulischer Unterrichtsräume, die vor allem eine distanziert-schauende Begegnung von Dingen und Schülern nahelegen; dann die Praktiken des Zeigens, Anzeigens und Operierens, die ihre je eigenen Dinge hervorbringen. Der vor allem (post)phänomenologisch bestimmten *Praxis der Dinge* geht das folgende Kapitel nach und zeigt auf, wie die Dinge selbst zur Unterrichtspraxis beitragen.

4 Aufforderungen. Dinge als widerspenstige Mittler

Ich wende mich nun den Dingen des Schulunterrichts selbst zu und wechsle hierzu die theoretische Linse. Auch in den vorherigen Kapiteln sind die Dinge immer wieder aufgetaucht und waren Thema der Analyse. Sie sind dort als Ziel praktischer Bemühungen der Unterrichtsteilnehmer und anderer schulischer Akteure in Erscheinung getreten. Hier mache ich sie jedoch zum Gegenstand einer systematischen, (post)phänomenologisch informierten Analyse und beschreibe *ihren* Beitrag zur schulischen Praxis. Der Begriff der Aufforderung dient hier dazu, diese *Praxis der Dinge* zu bestimmen. Er weist uns darauf hin, dass Dinge sinnlich dazu einladen, sie in bestimmter Weise zu gebrauchen und über sie der Welt zu begegnen. Wir erfahren sie auf ganz unterschiedliche Weise und gehen verschiedene Mensch-Ding-Beziehungen mit ihnen ein.

Zunächst beschreibe ich, wie die Lehrmaterialien gestaltet sind, damit sie die Unterrichtsteilnehmer auf je spezifische Weise zu einer bestimmten (schulischen) Gebrauchsweise auffordern (4.1). Danach greife ich Überlegungen des letzten Kapitels auf und präzisiere, wie Dinge in Mensch-Ding-Beziehungen auftreten und wie sie dadurch als auffordernde Mittler an der Praxis beteiligt sind (4.2). Anschließend gehe ich den Vieldeutigkeiten und Pannen im Umgang mit den Dingen nach (4.3). Zum Abschluss beschreibe ich die Aufforderung schulischer Dinge als Ergebnis einer didaktischen Zurichtung, die den Schülern eine den Dingen angemessene Rezeptionshaltung abverlangt (4.4).

4.1 Die Gestalt(ung) der Dinge

Im Mathematik- und vor allem Physikunterricht treten die unterschiedlichsten Dinge auf. Viele sind eigens für didaktische Zwecke angefertigt worden: etwa Experimentierkästen, geometrische Modelle, Demonstrationsmessgeräte und natürlich die Wandtafel. Eine ganze Industrie widmet sich ihrer Herstellung und entwickelt auch neue Wissensobjekte und Wissensmedien für den Schulunterricht. Weitere Dinge im Schulunterricht entstammen hingegen anderen Kontexten. In sie ist kein didaktisches Wissen eingegangen – sie waren nicht das Ziel bearbeitender Praktiken, die sie auf den Schulunterricht vorbereitet hätten kön-

nen. Gemeint sind Gegenstände, die nicht primär für didaktische Zwecke herge-
stellt worden sind, die Lehrer aber dennoch *ad hoc* oder auch geplant einsetzen,
um Wissen darzustellen: Stifte, die als Boot dienen; Papierstapel, die geometrische Grundsätze zeigen sollen; Flugzeugmodelle, die näherungsweise als geometrische Körper bestimmt werden sollen usw.

Ich gehe im Folgenden der Frage nach, wie die verschiedenen Dinge gestaltet sind
und wie sie dadurch dazu auffordern, sie als Wissensobjekte oder Wissensmedien
zu nutzen.[47]

Wissensmedien

Wie ist die Wandtafel gestaltet, damit sie als Wissensmedium dienen kann? Sie
bleibt in ihrer Gestalt im Hintergrund, drängt sich nicht auf. Flach hängt sie an
der Wand, ragt nicht etwa in den Raum hinein. Die Wandtafel bietet eine Fläche dar, die als materielles Ding eher unauffällig ist. Der heute übliche dunkel-
grüne Farbton ist zurückhaltend, die dunkle matte Oberfläche reflektiert kaum
Licht. Durch ihren Farbton und ihre eindeutige Begrenzung hebt sich die Tafel aber auch von der Wand ab: Sie rahmt dadurch das Angeschriebene als klar
von der Wand Unterschiedenes und Abgegrenztes.[48] Die Oberfläche aus Stahlemaille ist plan und weist keine sichtbaren Unebenheiten auf. Hilfsmittel zu ihrer Reinigung (Schwamm, Lappen) sind in Mulden am unteren Rand der Tafel
angebracht. Auch sie halten sich zurück, lassen den Blick auf die Fläche frei (siehe etwa Abb. 4.1). Ferner ist die Wandtafel fixiert, sie kann das Klassenzimmer
nicht ohne Weiteres verlassen. Sie ist fest in das Arrangement schulischer Unterrichtsräume eingebunden und begegnet den Unterrichtsteilnehmern Tag für Tag
immer an der gleichen Stelle im Rücken des Lehrers, dem sie so sowohl symbolisch als auch praktisch zugeordnet ist. Sie ist vertrautes und selbstverständliches
Wissensmedium des Schulunterrichts.

Die typische Wandtafel mit ihren zwei Flügeln gleicht einem Triptychon. Wie
bei einem Altarbild sind verschiedene Bereiche klar voneinander abgegrenzt, zumeist in Form eines Metallrahmens. In der Mitte findet sich oft das zentrale The-

---

[47] Die Gestaltung der Dinge in der Lehrmittelindustrie kann indes auch als eine Form der *Praxis mit den Dingen* betrachtet werden. Ich interessiere mich hier aber für das *Ergebnis* dieser
Gestaltungsbemühungen in ihrem auffordernden Charakter.

[48] Die klare Begrenzung leistet damit etwas, was üblicherweise dem Rahmen eines Bildes zugespro-
chen wird. Sie grenzt ein Sujet nach Außen ab und lässt es nach Innen als Einheit hervortreten
(Simmel 1995).

Abbildung 4.1: Flügeltafel

ma einer Unterrichtsstunde, an den Seitenflügeln Nebenrechnungen und administrative Hinweise zu Klausuren und Hausaufgaben. Damit teilt die Tafel das Angeschriebene in relevante und weniger relevante Bereiche ein. Der große, von allen Plätzen nahezu gleich gut einsehbare Bereich des Mittelteils, auf dem der visuelle Fluchtpunkt des Klassenzimmers (siehe 2.2) ruht, thront zwischen den beiden peripheren Flügeln.

Treffen Kreide und Wandtafel aufeinander, löst sich unter leichtem Druck Kreidestaub. Die Oberfläche bietet der Kreide einen leichten Widerstand. Man spürt den Widerstand und registriert sein eigenes Schreiben (Ihde 1979: 7ff.). Die Tafel ist ein behäbiges Medium. Lehrer und an die Tafel gerufene Schüler müssen relativ langsam schreiben, damit sich auf der Stahlemaillefläche eine lesbare Spur der Schreibpraktiken bildet. Nach und nach füllt sich so langsam und nachvollziehbar die Tafel im Laufe einer Unterrichtsstunde.

Ich wende mich nun konkreten Tafelbildern und damit der Schrift zu. In Mathematikstunden, die vornehmlich der Hausaufgabenbesprechung oder Übungsaufgaben gewidmet sind, sind Tafelbilder typisch, die *ad hoc* entstehen und die Bearbeitung von Aufgaben klassenöffentlich verfügbar machen. Im Mathematikunterricht einer 10. Klasse dient ein derartiges Tafelbild dazu, verschiedene Aufgaben einer Klassenarbeit zu besprechen und zu erläutern (siehe Abb. 4.1).

Der Mittelteil zeigt die Bearbeitung einer Aufgabe in Form einer schrittweisen Berechnung. Am linken Flügel ist das Ergebnis und die teils grafische Lösung einer weiteren Aufgabe zu sehen. Rechts findet sich schließlich ein veranschaulichendes Schrägbild zur Aufgabe auf dem Mittelteil. Auch innerhalb der einzelnen Abschnitte finden sich weitere Differenzierungen. Die Schrift folgt innerhalb eines Abschnitts der konventionellen Leserichtung: von links nach rechts, von oben nach unten. Die Rechnung am Mittelteil ist so Schritt für Schritt eingeteilt. Oben stehen als Ausgangspunkt die gegebenen Werte einer Aufgabe in weißer Kreide, darunter folgt ihre Berechnung in gelber Farbe. Beide sind voneinander nicht nur räumlich, sondern auch farblich abgegrenzt. Jede Abfolge von durch Gleichheitszeichen abgetrennten Einheiten steht für einen kleineren Rechenschritt, jede Zeile für einen größeren Rechenschritt.

Die lineare Abfolge der Rechenschritte wird durch andere Elemente durchbrochen. Weitere erläuternde Zeichnungen finden sich neben und zwischen den Rechnungen, Pfeile und Farben stellen Verbindungen her. Die Zeichnung des rechten Flügels kommentiert den Mittelteil schon bevor die Rechnung fertiggestellt ist. Auch ohne dass die Lehrperson einzelne Teile herausgreift, hervorhebt und thematisiert, entsteht ein thematisches Feld, in dem es verschiedene Bezüge gibt. Dieses thematische Feld löst sich von der Wandtafel als Ding ab: Dies hat sich im letzten Kapitel auch daran gezeigt, dass die Schreib- und Zeigepraktiken der Unterrichtsteilnehmer auf das Angeschriebene (nicht aber auf die Wandtafel als Ding) gerichtet sind. Hier wird deutlich, dass man als Betrachter gar nicht umhin kann, das Angeschriebene als schriftliches Zeichen zu lesen, das über sich hinaus weist. Wir sehen nicht etwa Linien und Kringel, schon gar keinen Kreidestaub auf Stahlemaille, sondern Buchstaben, Zahlen, mathematische Operanden, Grundrisse und Pyramiden. Besonders eindrücklich ist aber, dass wir die Zeichnung am rechten Flügel so verstehen, dass die dargestellte Pyramide nur unvollständig zu sehen ist. Als Betrachter wissen wir, dass die Pyramide als »nur sichtbares« (Wiesing 2000) Ding nicht am Rand der Tafel endet. Das Angeschriebene ist eben nicht gleichzusetzen mit den Strichen auf der Wandtafel. Das Dargestellte löst sich von darstellender Wandtafel und Kreide.

Wie unterscheiden sich die Hebetafeln der Physikräume von den dreigeteilten Flügeltafeln? Das Beispiel einer Hebetafel im Physikunterricht einer 7. Klasse (siehe Abb. 4.2) soll diese Frage beantworten. Anders als im vorigen Beispiel dient das vorliegende Tafelbild in erster Linie dazu, einen neuen Sachverhalt in Form eines Merksatzes zu fixieren. Nach einer eröffnenden Frage, zu der die Schüler Mutmaßungen anstellen dürfen, notiert die Lehrperson einen Merksatz und wichtige Ergänzungen dazu und hält schließlich Hausaufgaben für die Schüler fest. Dieses Tafelbild folgt einer linearen Logik der Darstellung, deren Hauptachse von oben nach unten verläuft. In diesem Fall ist das Tafelbild auch in dieser li-

Abbildung 4.2: Hebetafel

nearen Abfolge entstanden. Einzig der rote Kasten um den Merksatz weicht hiervon ab. Er ist erst angeschrieben worden, nachdem die Lehrperson den Satz zum Proportionalitätsfaktor angeschrieben hatte. Nachträglich erhält der Merksatz dadurch seine herausgehobene Bedeutung im Tafelbild. Am Ende der Stunde und in den Aufschrieben der Schüler ist die nicht-lineare Entstehungsgeschichte des Tafelbildes allerdings nicht mehr sichtbar. Das vor den Augen der Schüler entstehende Tafelbild erfüllt eine andere Funktion als das in den Heften gespeicherte. Geht es im ersten Fall um den Nachvollzug eines klassenöffentlichen Denkens, so steht im zweiten Fall das Memorieren zentraler Aspekte im Vordergrund.

Der grundsätzlich linearen Abfolge des Tafelbildes entspricht in diesem Fall die vertikale Anordnung der beiden Flächen der Hebetafel. Dazu müssen die beiden Flächen nur in entsprechender Weise zueinander angeordnet werden. In anderen Stunden haben die Lehrer hingegen die Hebetafel oft auch in einer Weise benutzt, die das Arrangement von zwei Tafeln nahelegt: Auf einer Fläche befinden sich die ins Heft zu schreibenden Lehrinhalte, auf der anderen Nebenrechnungen und erläuternde Skizzen. Die Lehrer können sie in relativ schneller Abfolge abwechselnd in den Vordergrund heben, indem sie die Flächen ohne großen Kraftaufwand in ihren Schienen leichtgängig herauf bzw. hinunter schieben. Diese alternierende bzw. zyklische Abfolge liegt quer zur linearen Logik, die innerhalb einer Fläche anzutreffen ist.

Hier findet sich ein weiterer Hinweis darauf, dass Wandtafel und Angeschriebenes nicht gleichbedeutend sind und sich das Dargestellte (die schriftlichen Zeichen) vom Darstellenden (den Kreidespuren auf der Wandtafel) trennt. Wie der Text eines Buchs sich über einzelne Seiten hinweg fortsetzt, so breitet sich das Tafelbild hier kontinuierlich über die beiden Flächen aus. Dies führt weder bei den abschreibenden Schülern noch beim Ethnographen als anwesenden Teilnehmern zu Verwirrungen oder Missverständnissen. Das Beispiel zeigt ferner, dass es beim Abschreiben nicht um eine exakte Kopie geht, sondern um eine adäquate Reproduktion. Die Schüler sollen hier das Tafelbild beim Abschreiben in ihre Hefte um eine Zeichnung ergänzen. An der Wandtafel findet sich hierzu nicht die Zeichnung selbst, sondern nur der entsprechende Hinweis, eine Zeichnung aus dem Schulbuch abzuzeichnen. Das Tafelbild ist deshalb als Anleitung zu verstehen, eine *sinngemäße* Reproduktion anzufertigen (siehe hierzu den folgenden Abschnitt zu den Dingen als Mittlern).

Ich halte fest: Die Wandtafel ist so gestaltet, dass sie als relativ unauffälliges Medium dienen kann, um so die Schrift zum Erscheinen zu bringen. Sie bietet sowohl als Flügel- als auch als Hebetafel verschiedene Flächen, die unterschiedliche thematische Bezüge und Relevanzen eröffnen (können). Sie befindet sich im Zentrum eines visuellen Fluchtpunkts des Klassenzimmers und ist dem Bereich des Lehrers zugeordnet. Das Angeschriebene auf der Tafel bildet ein thematisches Feld, in dem sich verschiedene bedeutungsvolle Bezüge ausmachen lassen, die einerseits einer linearen und konventionalisierten Leserichtung folgen, aber auch quer dazu verlaufen.[49] Schließlich hat sich mehrfach gezeigt, dass sich das Dargestellte vom Darstellenden ablöst.

Wissensobjekte

Woher kommen die Wissensobjekte des Mathematik- und Physikunterrichts? Eine ganze Lehrmittelindustrie widmet sich der Entwicklung und Herstellung solcher Objekte. In umfangreichen Katalogen stellen die Hersteller eine Bandbrei-

---

[49] Dies hat die kulturwissenschaftliche Forschung als ganz allgemeines Merkmal von »Schriftbildlichkeit« (Krämer 2003) ausgemacht.

te unterschiedlichster Dinge vor, die den Schülern mathematisches und naturwissenschaftliches Wissen näherbringen sollen. Einige Unternehmen beliefern nicht nur Schulen, sondern auch naturwissenschaftliche Labore oder die chemische Industrie, andere sind hingegen auf schulische Verwendungszusammenhänge ausgerichtet. Während erstere gebräuchliche Erlenmeyerkolben, Bunsenbrenner, Voltmeter usw. produzieren und verkaufen, stellen letztere didaktisch ausgelegte Versionen dieser Dinge her (»mock-ups«; Lynch/Macbeth 1998: 272). Dass diese didaktisch induzierten Dinge von den Dingen abweichen, auf die sie verweisen, ist keineswegs als Defizit zu verstehen, sondern eine dem praktischen Ziel des Unterrichtens geschuldete Modifikation. Für die Lehrmittel der Physik besteht diese Modifikation z. B. darin, dass Anzeigen von Messgeräten und die Dinge selbst oft vergrößert angefertigt werden. Die Dinge und die darauf erscheinenden Zeichen sollen beim Demonstrationsexperiment für alle Schüler im Klassenzimmer sichtbar und ablesbar sein. Ferner folgen viele Geräte einer Logik der Vereinfachung und der Konzentration auf das Wesentliche. Sie sind auf wenige Funktionen beschränkt und lassen sich nur für eine kleine Zahl unterschiedlicher Zwecke einspannen. Die Firmen selbst preisen in Katalogen und Prospekten die Produkte als einfach zu handhaben, messgenau und robust an (etwa der Hersteller *PHYWE*).

Um es auf den Punkt zu bringen: Die Wissensobjekte der Lehrmittelindustrie greifen vor allem auf zwei Prinzipien zurück – Vergrößerung und Vereindeutigung. Die zu entdeckenden Naturgesetze und Phänomene sollen vor einer Klasse eindeutig und deutlich sichtbar gemacht werden. Entworfen werden diese didaktischen Objekte durch professionelle Akteure in den Planungs- und Designbüros der Lehrmittelindustrie, die ihre praktische Expertise und ihre Ethnotheorien des Unterrichtens – es sind auch ehemalige Lehrpersonen darunter – einbringen und in die Dinge einschreiben. Über dieses in den Dingen eingeschriebene Wissen ist die Lehrmittelindustrie mit den Unterrichtsräumen verbunden und nimmt vermittelt Einfluss darauf, wie Schulunterricht vonstatten geht (Kalthoff/Röhl 2011: 458f.).

Das »Lautsprecher-Transformator-Experiment« (Abb. 4.3) ist ein gutes Beispiel für die Gestaltung experimenteller Arrangements.[50] Dieses Demonstrationsexperiment im Physikunterricht einer 10. Klasse macht Schwingungen sichtbar:

---

[50] Lautsprecher und Zusammenstellung der Dinge entstammen selbstredend nicht der Lehrmittelindustrie, sondern sind Ergebnis der Gestaltungsbemühungen des Fachlehrers. Dennoch zeigt dieses von der Lehrperson zusammengestellte Arrangement gut die gestalterischen Prinzipien, die bei den Wissensobjekten zum Einsatz kommen.

Abbildung 4.3: »Lautsprecher-Transformator-Experiment«

Eine Erbse wird auf der Membran eines Lautsprechers dadurch zum Auf- und Abspringen gebracht, dass mithilfe eines Transformators eine Wechselspannung angelegt wird. Alle Bauteile des experimentellen Arrangements sind auch von den hinteren Reihen des Physikraums gut zu sehen. Der Lautsprecher hat einen Durchmesser von rund 30 cm, der Transformator ist etwa 20 cm hoch und ebenso breit. Die Kabel sind farblich klar voneinander unterschieden und verlaufen sichtbar zwischen beiden Bauteilen. Viele Dinge in experimentellen Arrangements haben eine relativ klar definierte Vorderseite, die zu den Schülern hin gedreht ist. Lautsprecher, Transformator und Kabel sind so auf dem Pult angeordnet, dass die Schüler das Wesentliche sehen können. Die Vorderseite des Transformators ist derart gestaltet, dass sich die dahinter verbergenden Schaltungen in Form eines konventionalisierten Schaltplans nach außen hin zeigen. Zumindest dem kundigen Betrachter erschließt sich dadurch das wesentliche Innere des Geräts. Einige Elemente orientieren sich an Designkonventionen alltäglicher Technik: Den Kippschalter zum Einschalten an der rechten oberen Ecke kann auch ein Physiklaie identifizieren. Gleiches gilt für das Netzkabel samt Stecker sowie für den Drehregler. Auf der Rückseite gibt es hingegen nichts weiter zu sehen, hier findet man lediglich eine plane, graue Metallfläche vor, in die mehrere Lüftungsschlitze eingelassen sind. Alles ist darauf angelegt, das Wesentliche an den Dingen so zu zeigen, dass es eine Klassenöffentlichkeit sehen und bezeugen kann.

Um den Schülern den Versuch verständlich zu machen, öffnen sowohl das experimentelle Arrangement als auch die Lehrperson Teile der dinglichen *black box.* Der Transformator stellt seine Funktionsweise in Form eines Schaltplans aus, jedem Steckplatz ist eine Position in einer Schaltung zugewiesen. Die farblich markierten und deutlich voneinander getrennten Kabel lassen eine leichte Zuordnung zu den elektrischen Polen zu. Der Lautsprecher ist groß genug, um nicht nur einen weithin hörbaren Ton zu erzeugen, sondern auch eine Erbse deutlich sichtbar zum Hüpfen bringen zu können. Die Lehrperson erleichtert diese Öffnung, indem sie einzelne Bestandteile des experimentellen Arrangements benennt und ihre Funktionsweise erläutert. In vielerlei Hinsicht bleibt die *black box* des experimentellen Arrangements freilich geschlossen. Aus Sicht des Schulfachs Profanes und Irrelevantes bleibt darin verborgen. Wenn man den Transformator aufschrauben würde, fände man wohl kaum eine Schaltung vor, die genau dem aufgedruckten Plan entspräche, sondern eine Vielzahl von weiteren Bauteilen: Schrauben, Lötzinn, Drähte, Platinen und vieles mehr. Auch wird den Schülern die Rückseite des Geräts vorenthalten. Dass z. B. das Gerät dort Lüftungsschlitze aufweist, ist nur dem neugierigen Ethnographen aufgefallen, der sich nach Unterrichtsende die Rückseite angeschaut hat. Für einen Teil der Unterrichtsteilnehmer – die Schüler – gibt es dort aber nichts Interessantes zu sehen. Die Wissensobjekte der Lehrmittelindustrie verdichten also die Dinge auf wesentliche Aspekte hin, die sich zeigen sollen. So wie die Lehrer mit Praktiken des Zeigens daran arbeiten, dass die Dinge etwas zeigen, hat die Lehrmittelindustrie ihre Geräte und Apparaturen weit vor Unterrichtsbeginn praktisch so gestaltet, dass sie etwas zeigen können.

Einen Sonderfall stellen die sogenannten Demonstrationsmessgeräte dar, die oft Teil physikalischer Experimente sind. Einerseits sind sie als Teil eines experimentellen Arrangements Dinge, die physikalische Phänomene zeigen. Andererseits sind auch sie Medien, auf denen konventionalisierte Zeichen auftreten. Abbildung 4.4 zeigt ein solches Gerät innerhalb eines Versuchsaufbaus zur Induktion. Auf der linken Seite sieht man ein etwa 15 cm hohes Gebilde, bestehend aus einem Magneten und einer drehbaren Kupferspule. Über zwei Kabel ist es mit einem ca. 30 cm hohen Multimeter des Lehrmittelherstellers *PHYWE* verbunden. Magnet und Kabel sind hier abermals farblich deutlich markiert. Die Pole sind dabei, einer gängigen Konvention folgend, mit grüner und roter Farbe voneinander unterschieden. Wie andere Geräte der Lehrmittelindustrie setzen die Demonstrationsmessgeräte auf das Prinzip der Vergrößerung. Der Multimeter zeigt sowohl seine derzeitige Konfiguration (»V«, »=«) als auch seine Skala und deren Beschriftung in einer Größe an, die noch in den hintersten Reihen des Physikraums gut zu sehen ist. Auffällig an diesem und an vielen anderen Messgeräten der Lehrmittelindustrie ist die Verwendung einer analogen Anzeige. Die analoge

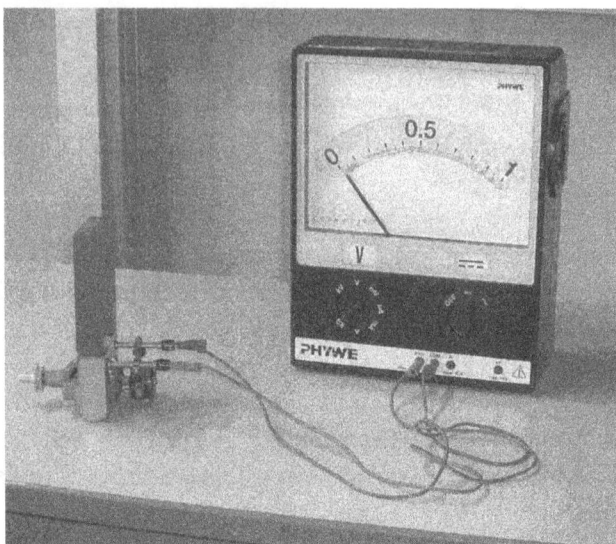

Abbildung 4.4: Versuch zur Induktion

Darstellung bietet einen entscheidenden didaktischen Vorteil gegenüber einem digitalen Display. Zwar kann man am digitalen Messgerät eindeutig einen Wert ablesen, es fehlt jedoch die deutlich sichtbare Bewegung eines Zeigers. Am analogen Gerät ändert sich hingegen mit dem Messwert auch die Lage des Zeigers.[51] Die Sichtbarkeit sich verändernder Messwerte ist maximiert.

Die Gestaltung von Experimentierkästen für Schüler folgt in vielerlei Hinsicht den für Demonstrationsexperimente vorgestellten Prinzipien. Die Logik der Vereindeutigung gilt bei ihnen in besonderem Maße. Der Kasten »Mechanik 1« stellt hier keine Ausnahme dar (siehe Abb. 4.5). Es handelt sich um einen schwarzen etwa 40 × 30 cm großen Kunststoffkasten mit einem ebenfalls schwarzen Einsatz, der in zahlreichen Mulden allerlei Dinge enthält: Gewichte, Metallstangen, ein Maßband, Verbindungsstücke, ein Newtonmeter, ein Gummiband, ein Messbecher, eine Metallfeder etc. Diese einzelnen Teile sind auf das Wesentliche reduziert. So sind die Gewichte, die zur Kraftmessung an die Federn gehängt werden sollen, einzig ihrer Funktion als zu wiegende Dinge gewidmet. Es handelt sich einerseits um klare, unbeschriftete Plastikobjekte, andererseits um Metallobjekte, wie man sie auch als Gewichte einer altmodischen Kaufmannswaage kennt. An der Oberseite finden sich Schnurösen, mit deren Hilfe man die Gewichte an

---

[51] Der Zeiger ist ein typisches Beispiel für einen »Index« nach Charles Sanders Peirce (1983).

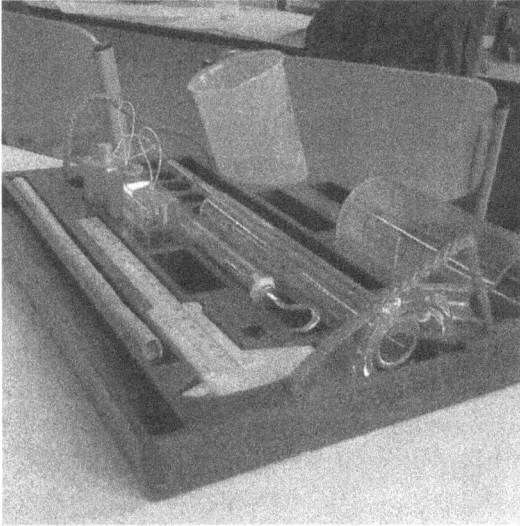

Abbildung 4.5: Experimentierkasten »Mechanik 1«

den Haken der Schraubenfedern oder Newtonmeter anbringen kann. Im Kasten stützen sich die Dinge gegenseitig in ihrer Bedeutung und Funktion als didaktische Wissensobjekte. Ein Gewicht mit Schnuröse erinnert vielleicht an einen Schlüsselanhänger. In einem Kasten, neben einem Messbecher, einem Newtonmeter und weiteren Gewichten erhält es aber eine relativ eindeutige Bestimmung. Mit ihrem schlichten Design und ihrer dunklen Farbe halten sich Kasten und Einsatz zurück und lassen dadurch die darin enthaltenen Dinge umso deutlicher hervortreten. Lediglich die rote Schnur am Einsatz hebt sich vom Schwarz des Kastens ab und bietet sich den Händen der Schüler zum Herausheben dar. Die unterschiedlichen Gegenstände erscheinen als relevant und versprechen eine Fülle von möglichen Experimenten, die mit ihnen durchgeführt werden können. Sie rufen allein durch ihre unbestimmte Nähe unterschiedliche Kombinationsmöglichkeiten wach, die einzig durch thematische Einbindung und Reduktion der Dinge auf ihre physikalisch relevanten Merkmale begrenzt sind.

Neben der Vereinfachung und Vereindeutigung der Gegenstände findet sich bei den Experimentierkästen ein weiteres entscheidendes Gestaltungsprinzip: der Kasten erleichtert die *Kontrolle* des sachgemäßen Umgangs mit ihm und seinen Materialien. Da sich bei den Schülerexperimenten viele unterschiedliche Inseln der Kommunikation und Interaktion bilden, kann der wandernde Blick der Lehrperson immer nur einen kleinen Teil der Klasse erfassen. Die den Schülern überlassenen Dinge sind deshalb den Schülern relativ ›schutzlos‹ ausgeliefert. Um dennoch Missbrauch und Diebstahl verhindern zu können, sind die Experimentierkästen mit einer Nummer sowie einer Beschriftung (»Mechanik 1«) gekennzeichnet. Die durchgehend nummerierten Kästen sind bestimmten Schülern in einer Liste namentlich zugeordnet. Am Ende einer Unterrichtseinheit kann die Lehrperson dementsprechend anhand der Nummern auf den Kästen die vollständige Rückgabe kontrollieren und etwaige Nachzügler schnell ausfindig machen. Gleichzeitig kann sie anhand eines weiteren Details des Experimentierkastens auf einen Blick die Vollständigkeit der Materialien überprüfen. Im Innern des Kunststoffeinsatzes finden sich zahlreiche genau passende Mulden für die einzelnen Bestandteile. Ein fehlender Gegenstand fiele sofort auf, da die entsprechende Mulde frei bliebe. Der Kasten ist demnach nicht nur Teil eines Themengebiets seiner fachlichen Disziplin, sondern sorgt zugleich für Disziplin im Umgang mit den Dingen.[52]

Eine weitere Eigenschaft des Kastens bzw. seines Materials, die sich durch bloßes Betrachten möglicherweise nicht erschließt, macht deutlich, wie Schüler hier konzipiert sind. Der Hersteller *MEKRUPHY* wirbt in einem Prospekt damit, dass die Kästen robust und stabil sind. Und andere Hersteller betonen ebenfalls Stabilität sowie die schülergerechte Konstruktion ihrer Experimentierkästen. So schreibt etwa *Cornelsen* in einem Katalog zu Experimentierkästen für die Fächer Physik und Chemie: »Alle Elemente des Systems sind übersichtlich, stabil und schülergerecht konstruiert.« Der im Design antizipierte Nutzer der Kästen ist der ungeschickte, unachtsame oder schlichtweg vandalistische Schüler. Der Kasten ist in der Lage dem zu widerstehen und erträgt – so zumindest die Verheißung des Herstellers – die Torturen mehrerer Schülergenerationen.

Ich fasse kurz die Beobachtungen zur Gestaltung der Wissensobjekte der Lehrmittelindustrie zusammen. Vor allem zwei Prinzipien sind am Werk. Die Dinge sind auf Wesentliches reduziert und setzen auf Vergrößerung. Sie sind damit auf das Zeigen wesentlicher Elemente vor einer größeren Gruppe ausgelegt. Zusammen mit der probeweisen Durchführung in den Sammlungen sichert ihre Gestaltung, dass sich das ›richtige‹ Ergebnis an den Dingen ablesen lässt.[53] Die *black box* ihrer Funktionsweise ist teilweise offengelegt und sie präsentieren den Schülern ihre relevante Vorderseite. Die Schülerexperimentierkästen folgen dem

---

[52] Zur Idee einer in die Dinge eingeschriebenen Moral bzw. Politik siehe Latour (1994b), Verbeek (2011) sowie Winner (1980).

[53] In dieser Vereindeutigung unterscheiden sich die schulischen Wissensobjekte nicht von didaktischen Exponaten naturwissenschaftlich-technischer Museen (Hemmings et al. 2000: 233).

Prinzip der vereinfachenden Reduktion in besonderen Maße. Darüber hinaus sind sie so gestaltet, dass sie dem antizipierten Missbrauch durch Schülerhände zuvorkommen.

Zwischenfazit: Bestimmende Gestaltung

Die Dinge des Wissens sind nicht nur in sie disziplinierende Arrangements oder Praktiken des Gebrauchs eingebunden, die sie bestimmen und in Mensch-Ding-Beziehungen einsetzen, sondern haben oft bereits vor ihrer Einbindung in den Unterricht einen Prozess der Gestaltung durchlaufen. Die Lehrmittelindustrie bzw. die Lehrer in den Sammlungen figurieren über die Dinge schon weit vor Unterrichtsbeginn die Schulstunde mit. In die Dinge wird Wissen eingeschrieben, damit sie im Unterricht ihre Funktion als Wissensobjekte und Wissensmedien erfüllen können. Ihre Gestalt ist darauf ausgelegt und fordert dazu auf, sie als zeigende oder anzeigende Dinge zu gebrauchen. Wissensobjekte folgen dabei vor allem den Prinzipien der Reduktion und der Vergrößerung. Das Wissensmedium Wandtafel zeichnet sich vor allem durch seine Unaufdringlichkeit und Verlässlichkeit aus. Die (lokal gestaltete) Schrift eröffnet hingegen durch farbliche und räumliche Bezüge ein thematisches Feld auf der Tafel.

4.2 Dinge als Mittler

Die Gestalt(ung) der Dinge liefert wichtige Hinweise darauf, wie die Dinge des Wissens die Unterrichtsteilnehmer zu bestimmten Gebrauchsweisen auffordern. Worin besteht die Aufforderung der Dinge? Sie sind keine neutralen Werkzeuge, sondern treten als *Mittler* in Relationen auf, aus denen weder die Dinge selbst noch die Menschen unverändert hervorgehen. Soweit stimmen ANT und Postphänomenologie überein (Latour 2007b; Verbeek 2005). Mit der postphänomenologischen Technikphilosophie präzisiere ich im Folgenden die Konzeption dieser Mittlerrolle der Dinge. Ich suche sie in den unterschiedlichen Mensch-Ding-Beziehungen und frage danach, wie die Dinge den Unterrichtsteilnehmern sinnlich begegnen und dadurch zu bestimmten Gebrauchsweisen auffordern.

Präsente Dinge

Sowohl im Mathematik- als auch im Physikunterricht finden sich eine Reihe von Dingen, die – für sich genommen – außeralltägliche Besucher des Klassenzim-

mers sind: Prismen, Abschussvorrichtungen, Gebläse, Oszilloskope, Flugzeugmodelle und viele mehr. Von diesen Dingen geht für viele Schüler eine ungeheure Faszination aus. Sie versprechen Abwechslung im meist diskursiven Unterrichtsgeschehen und stechen aus dem »interaktionalen Gleichfluss« (Krummheuer 2002: 46ff.) des Unterrichts hervor. So fragt nach der Vorstellung meines
Forschungsvorhabens in einer Physikstunde eine Schülerin hoffnungsvoll: »Machen wir jetzt mehr Experimente?« Die Schülerin erkennt damit auch die Kon-
sequenz, die die Anwesenheit eines Beobachters für die Organisation des Unterrichts durch die Lehrperson erzeugen kann: Die Steigerung der Erwartung, einen
anderen Unterricht zu machen, in dem es mehr zu sehen geben wird.

Die Schüler wenden sich diesen Dingen zumeist neugierig zu und wissen, dass
sie für kommende Versuche oder anschauliche Einheiten stehen: Blicke richten
sich erwartungsvoll auf das Experiment; Körper recken sich in Richtung des Versuchs oder Anschauungsobjekts; Schwätzer hören auf zu schwätzen; Schüler in
den hinteren Reihen stehen auf, um auch ja nichts zu verpassen. Auch mir, dem
ethnographisch forschenden Soziologen, sprangen diese Dinge sofort ins Auge.
Bei der Durchführung der Experimente wollten weder die Schüler noch ich etwas verpassen. Neugierde mischte sich mit Vorfreude. Dies war insbesondere für
mich in meiner Rolle als Forscher eine Herausforderung, da ich mich zwar gerade für diese Dinge des Schulunterrichts interessierte, andererseits aber auch nicht
verpassen wollte, was die Dinge mit den Schülern machten. Ich musste mich dazu
zwingen, die Augen von diesen besonderen und besonderten Dingen abzuwen-
den, um die Reaktionen der Schüler in den Blick zu nehmen.

Treffen die Schüler diese Dinge noch vor dem eigentlichen Unterrichtsbeginn
auf Pult oder Rollwagen an, äußern viele Erstaunen (»Boah!«) oder wagen sich
gar näher an Versuchsaufbau oder Anschauungsobjekt heran, um es genauer in
Augenschein zu nehmen. Sie erliegen dem Ruf der für sie oft unbekannten Dinge
und verlassen die ihnen in den Arrangements schulischer Räume zugewiesenen
Plätze. Manchmal sind die Dinge aber so profan und unscheinbar, dass die Schüler sie erst durch die vorbereitenden Praktiken des Lehrers als Teil eines experimentellen Arrangements wahrnehmen:

> Herr Baier legt eine gelbe Schnur vorne rechts auf das Pult und befestigt an einem Ende ein
> Gewicht und am anderen Ende eine Halterung. Dann steigt er auf das Pult und befestigt
> die Halterung an der Decke. Jetzt werden die Schüler aufmerksam. Eine Schülerin ruft
> freudig: »Juhu!« Ein anderer ruft ironisch: »Juhu! Wolle!« Ein Dritter: »Wolle an der
> Decke!« Die Klasse beginnt kollektiv zu lachen.
> (Physik, 10. Klasse)

Erst als Herr Baier sich und damit auch die Wollschnur einer erhöhten Sichtbarkeit aussetzt, reagieren die Schüler. Die ungewöhnliche Zuwendung des Lehrers zu einem Stück Schnur und ihre ungewohnte Positionierung machen aus Wolle, Gewicht und Halterung ein materielles Arrangement, das auf einen zukünftigen Versuch verweist. Dem kommenden sinnlichen Spektakel begegnet eine Schülerin mit laut geäußerter Vorfreude. Ein weiterer Schüler konterkariert dies, in dem er einen Bestandteil des Arrangements als Alltagsgegenstand entlarvt und zurück auf den Boden der Profanität holt. Der dritte Schüler führt das ironische Spiel weiter, indem er den Widerspruch von alltäglicher und experimenteller Verwendung einer Wollschnur als absurdes Bild deutlich macht. Die ironischen Bezüge der beiden Schüler leben aber gerade davon, dass das Klassenkollektiv um diesen Doppelcharakter vieler Dinge in den experimentellen Arrangements weiß. Sie sind profane Alltagsgegenstände und zugleich Wissensobjekte, die etwas Anderes zeigen.

Die Lehrer veranstalten mit den Wissensobjekten Spektakel, es gibt an ihnen etwas zu sehen. Als im Mathematikunterricht von Herrn Frankfurter ein Schüler das Klassenzimmer verlassen muss, kommentiert der Lehrer ironisch: »Frank, du verpasst hier natürlich das Spektakel!« Einerseits deklassiert er das dingliche Arrangement durch seinen ironischen Kommentar und gibt zu erkennen, dass es möglicherweise weniger spektakulär ist als didaktisch erhofft. Gleichzeitig macht sein Kommentar die oft implizit bleibende Erwartungshaltung des Schulunterrichts deutlich, dass es an den Wissensobjekten etwas zu sehen gibt und dass das zu Sehende als einmaliges Ereignis besonders sehenswert ist. Gegenüber der Wandtafel finden wir eine solche Erwartungshaltung nicht. Ein weiteres Beispiel zeigt diese Erwartungshaltung gegenüber den Wissensobjekten auf Seiten der Schüler:

> Herr Martin schiebt den Rollwagen abermals in Richtung Pult, ein Schüler muss die Jalousien schließen. Der Lehrer kündigt ein zweites Experiment zum Thema »Lichtbrechung« an. Langsam dimmt er die Lichter und dreht den Regler wohl etwas weiter als gewünscht. Plötzlich liegt der ganze Physikraum in fast völliger Dunkelheit. Ein Schüler nutzt die Gelegenheit, um sich auf den Schoß eines Mitschülers zu setzen. Als das Licht wieder angeht, ruft ein anderer Schüler: »Wow! Jetzt geht das Licht wieder an!«
> (Physik, 7. Klasse)

Im Schutz der Dunkelheit können die Schüler gegen gängige Gebote des Schulunterrichts verstoßen und etwa ihren Platz verlassen. Der übliche Unterrichtsablauf ist durch das ausgeschaltete Licht deutlich unterbrochen und macht einem Spektakel Platz, das zu Zwischenrufen animiert. Schon die Platzierung des Rollwagens und die Ankündigung des Lehrers lösen bei den Schülern die Erwartung aus, dass etwas passieren wird. Vor diesem Hintergrund kann das wieder eingeschaltete Licht als spektakuläres Ereignis ironisiert werden. Das »Wow!« des Schülers zeigt uns sein Wissen darüber, was ein Experiment ausmacht. Es besteht eben nicht darin, dass etwas Profanes passiert, das den Schülern schon bekannt ist. Was sich zeigt, soll überraschen oder zumindest in irgendeiner Form der alltäglichen Lebenswelt der Schüler enthoben sein.

Das experimentelle Arrangement verheißt also, dass es etwas zu sehen gibt und dass sich etwas Bemerkenswertes ereignet. Für die Schüler ist dies eine hochgradig affektiv aufgeladene Verheißung. Ihre jauchzenden oder erstaunten Ausrufe (»Juchu!«; »Boah!«) sind »audible glees« (Goffman 1978: 804f.), mit denen sie ihren Mitschülern ihre freudig-neugierige Haltung zum Geschehen anzeigen. Bleibt das Experiment trotz vorheriger Ankündigung durch die Lehrer oder der bloßen Anwesenheit eines entsprechenden Arrangements aus, reagieren viele Schüler dementsprechend enttäuscht:

> Nach einer mündlichen Erörterung des Themas »Lichtbrechung« schiebt Herr Martin den Rollwagen vor das Pult und kündigt an: »Und was passiert, wenn der Lichtstrahl jetz' von unten kommt, schauen wir uns jetz' an.« Er schließt den Stecker der Lampe auf dem Wagen an und beginnt einige Knöpfe zu drücken. Zwei Schüler ziehen auf sein Geheiß die Vorhänge zu. Herr Martin klappt dann eine der Vorrichtungen mit den Strom- und Gasanschlüssen herunter und steckt das Experiment an den dortigen Stromanschluss. Dann verkündet der Lehrer, dass das Experiment nicht durchgeführt werden könne. Die Schüler sind offensichtlich enttäuscht und einige rufen aus: »Ach Mann!« Die Vorhänge werden wieder aufgezogen.

> Herr Martin findet eine Alternative: »Es ist seltsam, aber das Experiment steht auch im Buch.« Er zieht den Stecker des Experiments aus der Steckdose und schiebt den Wagen zur Seite. Die Schüler sollen nun beschreiben, was sie auf der Abbildung im Buch sehen. Kurze Zeit später verschwindet Herr Martin im Nebenraum und kommt mit einem Stromkabel zurück: »So, ich hab Strom vom Nachbarn geholt.« Die Schüler reagieren euphorisch, einige stimmen eine Art Chor an: »Haaaaa (Pause) Ha, Ha, Halleluja!« (Physik, 7. Klasse)

Die offensichtliche Enttäuschung der Schüler (»Ach Mann!«) kann auch nicht dadurch gemildert werden, dass sie das Experiment im Buch nachlesen können. Anders als die Wissensobjekte repräsentiert das Buch Wissen in Zeichenform, macht aber nicht in gleicher Weise ein Phänomen präsent. Die Enttäuschung der Schüler schlägt aber in laute Freude um, als der Versuch doch noch durchgeführt werden kann. Wie schaffen es die Wissensobjekte, viele Schüler derart in ihren Bann zu ziehen? Drei Gründe sind hier zu nennen:

(1) Anders als Wandtafel und Schrift verkörpern Wissensobjekte das, was sie darstellen: Ein Prisma ist ein Prisma und nicht etwa ein Zeichen eines Pris-

mas; eine in Bogenbahn fliegende Kugel ist eine in Bogenbahn fliegende Kugel und nicht eine Abbildung einer in Bogenbahn fliegenden Kugel. Mit ihnen gelangt eine Präsenz unbekannter Phänomene und Sachverhalte in die Klassenzimmer und Physikräume, von der eine ungeheure Faszination ausgeht. Eine solche verkörperte Präsenz ist ungleich wirksamer als jede semiotische Darstellung desselben Phänomens (Gumbrecht 2004).

(2) Die Wissensobjekte treten als unbekanntes Anderes auf. Damit gehen sie darüber hinaus, reine Objekte zu sein. Sie sind mehr als den Schülern gegenübergestellte passive Entitäten, da sie sich den Zeigepraktiken der Lehrer nicht gänzlich unterwerfen: Der Versuch kann schiefgehen, die Dinge zeigen mehr als die disziplinäre Sicht verlangt. Mehr noch: Im Zeigen lassen die Lehrer gezielt Leerstellen zu, damit sich etwas für die Schüler Unerwartetes zeigen kann. Die Wissensobjekte treten den Schülern nicht nur als von ihnen unterschiedene Objekte entgegen (siehe 3.3), sondern auch als fremdartige Unbekannte in einer »Alteritätsbeziehung« (Ihde 1990: 97ff.): Was und wie das Ding ihnen etwas zeigt, ist den Schülern in der Regel nicht bekannt. In dieser Unbestimmtheit und Alterität liegt der Reiz der Dinge als Wissensobjekte, die Fragen hervorrufen sollen.

(3) Oft gilt es, dem Experiment als Ereignis beizuwohnen. Das Andere zeigt sich nur einmal und ist dann unwiderruflich verloren: Die Kugel fällt jetzt zu Boden, der Zeiger schlägt just in diesem Moment aus. Diese den Versuchen eigene Zeitlichkeit steht in scharfem Kontrast zur behäbigen und fixierenden Wandtafel. Dies erklärt auch, warum die Anschauungsobjekte der Mathematik nicht in gleichem Maße die Blicke auf sich ziehen wie die Experimentalarrangements der Physik. In der Einmaligkeit seiner Durchführung unterscheidet sich übrigens auch das Demonstrationsexperiment des Schulunterrichts vom Experiment im naturwissenschaftlichen Labor, das sich gerade durch seine Reproduzierbarkeit auszeichnet. Das Demonstrationsexperiment ist hingegen Teil einer zeitlich begrenzten Dramaturgie und wird nur in Ausnahmefällen wiederholt (etwa wenn es aus Sicht der Lehrperson misslingt).

Als (praktisch so hervorgebrachte) Wissensobjekte verfügen die Dinge über eine »Aura« (Benjamin 1996). Die Aura ist Ergebnis ihrer Besonderung: Mittels sprachlicher und gestischer Inszenierung, aber auch durch die räumliche Distanz auf der Schaubühne des Unterrichts und die gesonderte Aufbewahrung in den Sammlungen, erhalten die Wissensobjekte aus Sicht der Unterrichtsteilnehmer den Status besonderer Artefakte.[54] Selbst wenn die Schüler vor Unterrichtsbeginn zum Pult vorgehen, um den Versuchsaufbau näher in Augenschein zu nehmen, bleiben sie mit etwas Abstand davon entfernt stehen und berühren die Dinge nicht – auch dann, wenn die Lehrer noch einmal in die Sammlung zurückgegangen sind. Bei einigen Experimenten werden die Schüler gruppenweise von der Lehrperson nach vorne gebeten, um der Durchführung beizuwohnen. Dies passiert etwa bei Versuchen, die man nur schlecht von den Plätzen der Schüler aus beobachten kann. Die Schüler bilden dann einen Halbkreis um das experimentelle Arrangement und achten darauf, einen Abstand zu den Dingen zu wahren. Dies ist sicherlich auch der kollektiven Zuschauersituation geschuldet, die jedem Schüler einen Blick auf die Dinge ermöglichen soll. Dennoch fällt auf, dass es in der Schule ein Berührungsverbot zu geben scheint, das nur in Ausnahmefällen durch die Lehrer außer Kraft gesetzt ist. Ähnliche Berührungsverbote finden sich auch in Museen und an sakralen Stätten – an Orten also, die bestimmten Dingen einen hohen Stellenwert zuweisen. Diese Verbote zeigen nicht nur die Disziplinierung der Schüler an, sondern auch die Zurückdrängung und Stillstellung ihrer Körper, die auf das Sehen reduziert werden.

In den Schülerexperimenten findet man indes etwas anderes vor. Die Schüler dürfen die Dinge nun explizit in die Hände nehmen. Gleichwohl gilt auch hier, dass die Hände vor allem als manipulierende Werkzeuge eingesetzt sind. Sie sollen den Versuchsaufbau zusammenstellen und das Experiment durchführen – Wissenschaft soll im Schulunterricht auch als praktische Tätigkeit erfahren werden (Roth/McGinn 1997). Es geht aber nicht darum, tastend die Dinge zu erfahren oder sie gar zu erspüren. Der primäre Erkenntnissinn bleibt der Sehsinn im Rahmen eines disziplinären Sehens. Auch das Schülerexperiment wird beobachtet und Werte werden sehend gemessen und in schriftliche Form übertragen.

Welche Haltung fordern die Wissensobjekte von den Schülern ein? Zwar sind die Schüler in der Regel nicht als Koexperimentatoren angelegt, sie sind aber keinesfalls gänzlich passive Zuschauer, sondern wohnen dem Ereignis als wahrnehmende Körper bei und bezeugen als » attentive witnesses « (Lynch/Macbeth 1998: 277), dass sich an den Wissensobjekten etwas gezeigt hat. Schüler treten diesen Dingen als zwar zumeist distanzierte, aber dennoch aufmerksame Zeugen der Präsenz des Anderen gegenüber. Sie sind dabei als Klassenkollektiv angesprochen: »Dann stellen wir fest ...«

---

[54] Ähnliche Techniken der auratisierenden Besonderung lassen sich auch in Museen ausmachen (Doering/Hirschauer 1997). Man denke etwa an die Schaukästen und Absperrungen, mit denen einzelne Dinge inszeniert und zugleich von den Besuchern distanziert werden.

Was machen Versuche und Anschauungsobjekte indes mit den Lehrern? Sie halten nicht Wissensobjekte, sondern »technische Dinge« (Rheinberger 2006) in den Händen, mit denen sie relativ routiniert etwas zur Erscheinung bringen. Sie können sich dabei mal mehr, mal weniger darauf verlassen, dass ihre Zeigepraktiken die Dinge zu Wissensobjekten für die Schüler machen. Mit ihren Zeigepraktiken antizipieren sie, dass sich den Schülern nur dann etwas zeigt, wenn die Wissensobjekte in eine Dramaturgie des Zeigens eingelassen sind. Als Meister der Dinge (siehe 3.3) wissen sie um ihr Geheimnis und sie sind diejenigen, die sie berühren und als ihre Fürsprecher einführen dürfen. Anders als die Schüler wenden sie sich den Wissensobjekten nicht mit überschwänglichem Interesse zu. Meist stehen sie der Klasse zugewandt *hinter* den experimentellen Arrangements und Anschauungsobjekten, während sie auf einzelne Bestandteile zeigen oder den Versuch durchführen. Ihre Sicht auf das, was sich zeigt, ist also beschränkt. Ihnen selbst geht es nicht um eine Präsenz der Dinge, sondern um ein instrumentalistisches Zeigen mit den Dingen vor einer Klassenöffentlichkeit. Nur in Ausnahmefällen, etwa wenn statt des Sehsinns der Hörsinn der Schüler in den Vordergrund rücken soll (siehe 3.1), nehmen sie eine schüleranaloge Rezeptionshaltung ein. In diesem Fall zeigen sie mit ihren Körpern an, wie man dem Wissensobjekt kompetent zu begegnen hat.

Abschließend lässt sich präzisieren, inwiefern Dinge Wissensobjekte sein können. Nicht alle Teile eines dinglichen Arrangements – etwa eines Versuchsaufbaus – sind gleichermaßen an der Darstellung eines Phänomens beteiligt. Einzelne Bestandteile sind technische Dinge, die dazu beitragen, dass sich an anderer Stelle des Arrangements etwas zeigt. Lehrer und Schüler schenken Klammern, Schrauben, Ständern, Stromkabeln etc. zumeist keine große Bedeutung und Aufmerksamkeit; sie weisen auch nicht besonders auf sie hin, sondern nehmen sie als zwar notwendige, aber für das Demonstrationsexperiment nur bedingt relevante Teile hin. Daneben gibt es Dinge, die zwar ebenfalls technisch zu nennen sind, die gleichwohl aber einen relevanten Beitrag beim Zeigen leisten. Die Rede ist von Bestandteilen, die Einsicht in die *black box* des Wissensobjekts geben sollen: farbige Kabel, die zeigen, wo welcher Strom entlangfließt; Schaltpläne auf der Außenseite eines Geräts etc. Andere Teile des experimentellen Arrangements sind hingegen als unmittelbar relevante Dinge gekennzeichnet: die Holzkugel, die durch die Luft fliegt und dadurch eine Bogenbahn beschreibt; die springende Erbse auf einer vibrierenden Lautsprechermembran; Centmünze, Kupferrohr und Wasserbehälter, an denen sich die Lichtbrechung demonstrieren lässt usw.

Transparente Medien und sinnhafte Zeichen

Im Gegensatz zu den Wissensobjekten ruft die Wandtafel keine freudige Erwartung bei den Schülern hervor. Sie ist den Unterrichtsteilnehmern selbstverständlich und gehört zu ihrem Schulalltag dazu. Als Medium schenkt ihr niemand größere Beachtung.[55] Nur im Tafeldienst oder bei Pannen wenden die Unterrichtsteilnehmer sich ihr bewusst zu. Die Leistung der Wandtafel als Ding des Wissens besteht darin, stumm und zuverlässig ihren Dienst zu verrichten, um der Schrift einen Untergrund zu bieten, auf der sie erscheinen kann. Damit sie dies leisten kann, darf sie sich selbst nicht aufdrängen, sondern muss im Hintergrund bleiben. In ihr finden wir eine Beziehung von Dingen und Menschen, die man postphänomenologisch als *verleiblicht* (»embodied«) beschreiben kann (Ihde 1990: 72ff.). Anders als die prototypischen Beispiele Ihdes (etwa das Fernrohr) ist sie freilich kein quasi-prothetischer Teil des Körpers.[56] Dennoch soll auch sie etwas vermittelnd zur sinnlichen Erscheinung bringen, ohne selbst in den Vordergrund zu treten (Krämer 2008). Sie verstärkt dabei einen Ausschnitt der Welt: Auf ihr können weiße Linien in ihrer Eigenschaft als sinnhafte Zeichen auftreten und ihre Sinnlichkeit als Kreidestaub vergessen machen. Die Unterrichtsteilnehmer blicken gleichsam durch die Stahlemaillefläche hindurch auf das Angeschriebene. Das an der Wandtafel Angeschriebene ist für einen längeren Zeitraum verfügbar, die Kreide erzeugt auf ihrer Oberfläche eine beständige Spur, die nur durch gezieltes Auswischen wieder getilgt werden kann. Diese temporäre Fixierung entlastet die Unterrichtsteilnehmer ungemein. Schüler sind wahre Meister darin, ihre Aufmerksamkeit im schnellen Wechsel zu verlagern (Breidenstein 2006: 121f.): Wandtafel und andere Medien ermöglichen ihnen einen wandernden Blick, der sich von Tafel und Lehrer ab- und dem eigenen Heft, aber auch den Mitschülern oder dem Schulhof zuwenden kann. Statt einer punktuellen Aufmerksamkeit auf ein Ereignis ist hier – zumindest bis zum nächsten Auswischen – eine Beständigkeit gegeben. Immer wieder konnte ich beobachten, wie der Blick der Schüler umherschweifte, früher oder später aber bei der Wandtafel landete, um sich dem Angeschriebenen zu widmen. Auch ich als Forscher konnte mich auf das Zusammenspiel von Wandtafel und Kreide verlassen

---

[55] Das galt auch für mich im Feld. Mit Schülern und Lehrern habe ich mich auf die Darstellungsleistung der Tafel verlassen, ohne sie zu hinterfragen. Oft genug musste ich mich daran erinnern, in Distanz zur Wandtafel (und damit zur Haltung der Unterrichtsteilnehmer) zu treten und sie mit anderen Augen zu sehen.

[56] Die Kreide kann hingegen als Verlängerung des anschreibenden Leibs verstanden werden. Wenn ein hinreichend kompetenter Unterrichtsteilnehmer an der Wandtafel schreibt, so spürt und schreibt er quasi durch die Kreide hindurch (Ihde 1974: 271ff.).

und den Blick dadurch auf das Treiben der Unterrichtsteilnehmer richten. Meine Abschriften des Tafelbildes konnten auf eine spätere Ergänzung warten, während ich beispielsweise beobachtete, wie die Schüler in ihre Hefte blickten oder auf die Wissensobjekte reagierten.

Die Leistung der Wandtafel als Wissensmedium besteht also vor allem darin, nicht weiter aufzufallen und sich so als fügsame beschreibbare Fläche anzubieten. Sie erhöht die Sichtbarkeit des Angeschriebenen und veröffentlicht es (relativ) dauerhaft vor den Augen der Klasse, um so ein Klassenkollektiv zum Abschreiben eines öffentlich autorisierten Wissens aufzufordern. Bereits das Lehrgespräch macht aus einem dialogischen Zusammentreffen von Lehrperson und Schüler ein klassenöffentliches Geschehen. Die Wandtafel verstärkt diese Eigenschaft des lehrerzentrierten Zusammenunterrichts jedoch. Autorisierend kann die Wandtafel vor allem deshalb wirken, weil sie dem Lehrer als Garant der Richtigkeit des Angeschriebenen an der Stirnseite der Klassenzimmer nahe ist und in seinen Wirkbereich fällt. Und durch die Sichtbarkeit vor der Klasse ist eine Konfrontation mit dem Angeschriebenen quasi unausweichlich.

Das, was an der Tafel sichtbar wird, sind Schriften und andere Zeichen. Und obwohl das Angeschriebene den Unterrichtsteilnehmern als das Ergebnis ihrer Bemühungen gilt, löst es sich im Schreiben teilweise von seinen Autoren und tritt ihnen im Lesen als etwas Fremdes gegenüber (Bosse 2012: 192). Es kann kommentiert und distanziert betrachtet werden. Die Schrift entäußert so etwas, worüber ihr Autor mitunter nur noch begrenzt verfügt (Engert/Krey 2013). Das Unterrichtsgespräch kann auch dank dieses Umstands mit der Schrift an der Tafel objektiviert und autorisiert werden. Das Angeschriebene steht dementsprechend im Zusammenspiel mit der Autorisierung durch die Lehrkraft für das gesicherte, objektive Wissen und kann eifrig abgeschrieben werden.

Die Möglichkeit, schriftliche Zeichen reproduzieren und mit ihnen operieren zu können, ist in den Augen der Unterrichtsteilnehmer relativ unproblematisch. Auch in der vorliegenden Arbeit gehe ich von dieser Prämisse aus und greife auf etliche mehr oder minder genaue Reproduktionen von Tafelbildern zurück. Mir und den Teilnehmern gelten die Tafelbilder in der Regel als übertragbar und – einmal in Hefte oder Notizbücher gebracht – als transportierbar. Das derartig konservierte Wissen kann vergessen und auch wieder aktualisiert werden. Ein Blick in meine Feldnotizen zeigt mir ferner, dass ich das an der Wandtafel Geschriebene – genau wie die Schüler – oft im Modus der Reproduktion der Schriftzeichen abgeschrieben habe. Die Feldnotizen zur Wandtafel kommen deshalb meistens ohne weitere Kommentare aus. Während ich der Beschreibung der Experimente und Anschauungsobjekte oft sehr viel Platz in meinen Notizbüchern eingeräumt habe, beschränkt es sich beim Tafelbild auf wenige zusätzliche Bemerkungen. Wie sich dort etwas zeigt, – so die gängige Rezeptionshaltung der Unterrichtsteilnehmer, die ich im Abschreiben oft geteilt habe – ist selbstverständlich und bedarf keiner weiteren Erläuterung. Dementsprechend gehen die Lehrer davon aus, dass die Schüler mit dem Abschreiben das kollektiv verfügbare Wissen adäquat in ihren Heften konservieren können, um es so zum Lernen mit nach Hause zu nehmen, wieder in den Unterricht mitzubringen und letztendlich in Prüfungen reproduzieren zu können. In der Unterstufe kontrollieren die Lehrkräfte noch die Abschriften ihrer Schüler in den Heften und korrigieren sie gegebenenfalls: »Gut! Unterstreichst du bitte noch die Ergebnisse?« Die Hefte dienen als Ausweis einer geleisteten Arbeit und verbürgen die – grundsätzlich mögliche – korrekte Abschrift.

Ferner behandeln Lehrer und Schüler das Tafelbild oftmals so, als ob es sich um die dort dargestellten Dinge selbst handle. Formeln stehen für Strecken in geometrischen Körpern und Figuren, Skizzen für alltägliche Dinge wie ein Wellblechdach. Immer geschieht dies im Tonfall des Faktischen, oft begleitet von deiktischen Gesten:

> In der nächsten Aufgabe sollen die Schüler die Länge eines Wellblechdaches ausrechnen. Herr Frankfurter zeichnet eine Skizze an und kommentiert: »Also wir haben hier so'n Blech ((zeigt auf die Skizze)).«
> (Mathematik, 10. Klasse)

> Die Zeichnung zeigt einen stark stilisierten Tisch mit einem Gewicht darauf, darunter ist ein Pfeil zu sehen, der vom Boden weg in Richtung Tisch zeigt. Herr Thomas deutet auf das Gewicht und kommentiert: »Wenn man hier ein Gewicht hochhebt ...«
> (Physik, 12. Klasse)

> Herr Hecker zeichnet ein Schrägbild eines Würfels an die Tafel: »Was is' das für ein Körper?« Eine Schülerin antwortet: »Ein Prisma.«
> (Mathematik, 10. Klasse)

Die dokumentierten Äußerungen zeigen, dass sich die Unterrichtsteilnehmer mit dem Tafelanschrieb selbstverständlich auf die dargestellten Dinge beziehen. Dass die Zeichen an der Wandtafel dazu in der Lage sind, wird nicht in Frage gestellt (für die Wissenschaft siehe Ochs et al. 1996). Die Skizzen, Zeichnungen und Schrägbilder repräsentieren deshalb nicht nur etwas, sie *sind* für die Zwecke des Unterrichtsgesprächs ein Wellblechdach, Gewicht oder Prisma. Selbst spöttische Kommentare mancher Schüler verweisen auf diese Eigenschaft der Schrift an der Tafel. Wenn sie die Zeichnung einer Centmünze belächeln (»Boah! So ein fettes Centstück!«; siehe 4.3), dann spielen sie mit der Zweideutigkeit des

Angeschriebenen als Darstellung und Dargestelltem. Auch für das Spötteln gilt jedoch, dass die Schüler diesen semiotischen Realismus anerkennen. Sie nehmen die Darstellung einer Centmünze spielerisch für bare Münze, weil sie darum wissen, dass die Zeichen diesen Durchgriff auf die Welt erlauben. Genau hierin liegt die entscheidende Qualität der Schrift an der Wandtafel.

Dieses Hindurchgreifen mit dem Tafelbild auf die Welt zeigt, dass das Angeschriebene durch eine eigentümliche Transparenz gekennzeichnet ist. Don Ihde spricht im Zusammenhang mit der Schrift und anderen Zeichensystemen von der »hermeneutischen Transparenz« (1990: 82). Wir wenden uns im Lesen den Zeichen selbst zu. In der Interpretation der Zeichen verstehen wir sie jedoch als Hinweis auf etwas Anderes. Damit ist eine wichtige Eigenschaft der Schrift als Zeichen angesprochen. Ihre Dinglichkeit tritt zurück, während sich an ihnen gleichzeitig etwas anderes zeigt: Sinn. Dementsprechend verlassen sich die Unterrichtsteilnehmer beim Abschreiben darauf, dass sie das Tafelbild mit Stift und Heft konservieren und reproduzieren können, obwohl ihre Abschriften keine exakten Kopien darstellen. Schüler und Ethnograph schreiben eben nicht Kreidestaub auf Stahlemaille ab, sondern sinnhafte Zeichen. Im An- und Abschreiben gerinnt so Sinnlichkeit zu Sinn.

Das Operieren mit der Schrift drängt den sinnhaften Verweis zugunsten der Zuwendung zu den Zeichen in den Hintergrund. Dennoch: operiert wird auch hier mit dem Sinn der Zeichen. Lehrer und Schüler rechnen mit *einer* »Drei« und nicht mit *dieser* 3 an der Wandtafel. Wenn sie etwas an der Tafel operativ durchstreichen (beispielsweise beim Kürzen), dann streichen sie zugleich den Sinn der Zeichen durch. Die Schüler können die Operationen als sinnhafte Zeichenfolge in ihre Hefte übernehmen. Die Schrift fordert dazu auf, sie hinsichtlich eines Sinns zu lesen. Schüler treten als Aufzeichnende oder Protokollanten dieses Sinns auf, denen die Schrift als sinnhafte Zeichen begegnet.

Während sich die Schüler der Wandtafel im Rahmen eines im Raum wandernden Blicks zuwenden, ist die körperliche Haltung der Lehrer durch eine im Grunde zweigeteilte Ausrichtung bestimmt. Im Lehrgespräch orientieren sie sich in Richtung der Klasse und lassen den Blick über die Schüler schweifen. Wenn sie an der Wandtafel etwas anschreiben, dann sind sie meist für die Dauer einer Texteinheit der Tafel als Anschreibefläche zugewandt. Oft wiederholen sie dabei mündlich, was sie gerade schreiben und bleiben so zumindest sprachlich mit der Klasse verbunden. Ihre Körper sind dann aber gänzlich auf die Tafel ausgerichtet. Lediglich für kurze Erläuterungen richten sie einen Teil des Oberkörpers Richtung Klasse, sprechen sozusagen über ihre Schulter hinweg mit den Schülern, die Kreide noch an der Wandtafel aufgesetzt. Wenn die Texteinheit erst einmal an der Tafel steht, dann widmen sie sich wieder ganz der Klasse. Im Hervorheben zeigen sie so zwar auf einzelne Teile des Angeschriebenen, achten aber darauf, weiter mit ihrem Körper (und vor allem ihrem Gesicht) auf die Klasse hin orientiert zu sein. Müssen die Schüler hingegen längere Textabschnitte abschreiben, ziehen sich die Lehrer oft auch gänzlich aus dem Aufmerksamkeitszentrum an der Tafel zurück und setzen sich ans Pult, um dort beispielsweise schweigend und in sich zurückgezogen das Klassenbuch zu bearbeiten. Sie treten dann für die Schüler sichtbar als der Klasse zugewandte Lehrende zurück und überlassen der Wandtafel bzw. dem Angeschriebenen das Unterrichten.

Übergänge und Übersetzungen

Bisher habe ich Wissensobjekte auf der einen und Wissensmedien auf der anderen Seite getrennt betrachtet und auch konzeptionell voneinander unterschieden: Wissensobjekte (etwa die experimentellen Arrangements) sind durch eine kontrollierte Präsenz einer unbestimmten Alterität gekennzeichnet und werfen dadurch Fragen auf; Wissensmedien (etwa die Wandtafel und die darauf erscheinende Schrift) machen hingegen durch ihre zurückhaltende Verlässlichkeit Wissen verfügbar und handhabbar. Selbstverständlich sind sie aber aufeinander bezogen und gehen ineinander über. So kommentiert etwa die Wandtafel Experimente und Anschauungsobjekte, indem sie z. B. mit einer Überschrift das Thema der Schulstunde angibt oder gar den Versuchsaufbau vorab in schriftlicher Form fixiert. Hin und wieder fragen die Lehrer ihre Schüler auch nach dem geeigneten experimentellen Arrangement passend zum Angeschriebenen:

Herr Baier schreibt an die Tafel:

> Wir hören ≥ 16 Hz Schwingungen als Ton. Steckdosen bzw. Trafo-Wechsel-Spannungen haben die Frequenz 50 Hertz.
> ? Versuch ?

Dann merkt er an: »Vielleicht hat jemand eine Idee, wenn er da die Fragezeichen sieht.« (Physik, 10. Klasse)

Das Beispiel zeigt, wie Lehrpersonen im laufenden Unterrichtsgeschehen problemlos von einem Medium in ein anderes wechseln – von der Schriftlichkeit in die Mündlichkeit. Sie und die Schüler wechseln aber auch ohne Weiteres vom Angeschriebenen zu einem experimentellen Arrangement. Der Versuch ist hier angelegt als etwas, das einen schriftlich festgehaltenen Sachverhalt erhellen kann.

Er gehört zum an der Wandtafel fixierten Wissen dazu. Die angeschriebene ›Frage‹ ? **Versuch** ? ruft ihn auf und bindet ihn schon vor seiner Durchführung in das Tafelbild ein. Umgekehrt ist für die Unterrichtsteilnehmer das Angeschriebene durch Wissensobjekte empirisch überprüfbar und kann beim Vervollständigen des an der Wandtafel autorisierten Wissens weiterhelfen. Mit dem Versuch, so die Annahme, geht es auch mit dem Tafelbild weiter und die durch die gedoppelten Fragezeichen und den Lehrerkommentar aufgeworfene Frage erhält ihre Antwort.

Fachliche Themengebiete und Wissensobjekte sind im Schulunterricht stets aufeinander bezogen. Themengebiete des Lehrplans finden ihre Entsprechung in den Schränken der Sammlung mit ihren Apparaturen und Geräten; das Tafelbild verlangt mehr oder weniger explizit nach zu ihm passenden Versuchen. Und umgekehrt stehen die Dinge wiederum für die schulisch relevanten Themen und Inhalte. So kann ein Lehrer die Frage danach, ob die Volumenberechnung von Pyramiden klausurrelevant ist, dadurch beantworten, dass er das Modell einer Pyramide vor der Klasse emporhebt und ausruft: »Natürlich kommen Pyramiden dran!« Und die Anwesenheit des Rollwagens mit seinen Gerätschaften führt gelegentlich dazu, dass die Schüler Mutmaßungen über die Inhalte der Schulstunde anstellen – zumindest aber wissen sie, dass ihnen mit diesen Dingen etwas schulisch Relevantes gezeigt werden soll, über das im Unterricht gesprochen und geschrieben wird. Die sinnhafte Welt sprachlicher Zeichen und die sinnliche Welt präsenter Dinge verweisen aufeinander. In der Logik einer schulischen Disziplin sind sie eng miteinander verbunden. Jedes Ding hat einen klar bestimmbaren und mit Namen versehenen Platz in der Wissensordnung einer Disziplin.

Die für den Schulunterricht wohl wichtigste Verschränkung von Dingen und Zeichen ist die Transformation eines Wissensobjekts in die Schrift an der Tafel. Um zu zeigen, wie die Unterrichtsteilnehmer dies bewerkstelligen, kehre ich zu Herrn Grabows Experiment zum waagrechten Wurf zurück. Was passiert nach der Durchführung des Versuchs?[57]

> Herr Grabow sammelt die Kugel wieder auf und setzt sie abermals in die Apparatur ein: »Also noch mal, wir spannen vor ((spannt vor)), um noch einmal einen Blick auf den fantastischen Flug. Auf die Plätze, fertig, los! ((betätigt Auslöser, Kugel fällt auch jetzt wieder auf den Boden und springt dort auf)).«
>
> Nun will Herr Grabow wissen: »So, is' natürlich klar, wenn man des so nachmalen wollte, in etwa, Tim, wie sieht's aus?« Tim: »So. ((Tim vollführt mit dem Zeigefinger eine Bogenbahn.))« Der Lehrer greift die Geste auf und wiederholt sie gut sichtbar für die Klasse.

---

[57] Den Beginn des Protokolls führe ich hier teilweise wiederholend auf.

W 7 Der waagrechte Wurf

Beim waagrechten Wurf führt der Körper gleichzeitig 2 Bewegungen aus, die sich gegenseitig nicht stören.

x - Richtung: gleichförmige Bewegung
y - Richtung: freier Fall

Somit gelten folgende Bewegungsgesetze:

x-Richtung: $v_x = v_0$ = konstant
$s_x = v_0 \cdot t$

y-Richtung: $v_y = g \cdot t$
$s_y = \frac{1}{2} g t^2$

Beobachtung: Bei gleichzeitigem Start treffen beide Kugeln gleichzeitig auf.

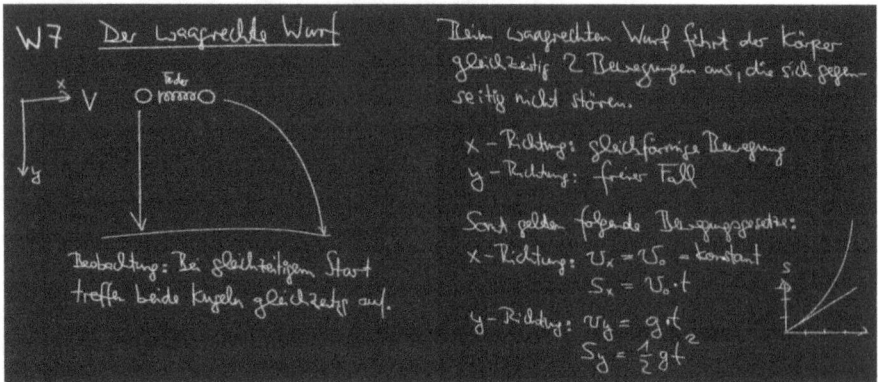

Abbildung 4.6: Der waagrechte Wurf

Dann hält Herr Grabow diese gestisch dargestellte Bogenbahn in Form eines Diagramms an der Tafel fest (siehe Abb. 4.6, linke Seite).

Etwas später spannt er die Kugel an anderer Stelle der Apparatur ein und lässt die Holzkugel gerade zu Boden fallen. Das Phänomen wird als »freier Fall« benannt und die Bewegung ebenfalls in der Zeichnung an der Tafel festgehalten.

Jetzt kündigt er an, dass er beide Kugeln gleichzeitig zu Boden fallen lassen wolle, und lässt die Schüler darüber abstimmen, welche der beiden Kugeln zuerst auf dem Boden aufkommt. Zunächst lässt er dabei nur die beiden Optionen waagrechter Wurf und freier Fall zu und bereitet auf der zweiten Tafelfläche eine entsprechende Strichliste vor. Ein Schüler bemerkt jedoch, dass die beiden Kugeln ja auch gleichzeitig den Boden berühren könnten. Herr Grabow wischt die alte Strichliste aus und schreibt eine neue mit allen drei Möglichkeiten hin. Der Versuch wird durchgeführt: 6 Schüler stimmen für den freien Fall, 4 für den waagrechten Wurf und 2 dafür, dass beide Kugeln zur gleichen Zeit auf dem Boden ankommen. Im Lehrgespräch klärt Herr Grabow auf, dass tatsächlich beide Kugeln gleichzeitig auftreffen. Der Lehrer hält diese Beobachtung an der linken Seite der vorderen Tafel fest: Beobachtung: Bei gleichzeitigem Start treffen beide Kugeln gleichzeitig auf.

Später führt man auf Grundlage dieser Beobachtung aus, dass sich der waagrechte Wurf in zwei voneinander unabhängige Bewegungen zerlegen lasse. Herr Grabow ergänzt das Tafelbild neben der Skizze des Versuchs um eine diagrammatische Darstellung der x- und y-Achse und stellt so eine Analogie zwischen den beiden Bewegungen her. Nach und nach ergänzt Herr Grabow mit der Klasse das Tafelbild, bis man mehrere Formeln zur Bestimmung der Bewegungen erhält (siehe Abb. 4.6, rechte Seite).
(Physik, 11. Klasse)

Der Protokollauszug und die Abbildung zeigen, dass die konkrete Beobachtung an der Tafel Schritt für Schritt in eine allgemeingültige Form gebracht wird. Zuerst wird die Beobachtung des waagrechten Wurfs in eine idealisierte Form überführt, d h. vereinfacht und von allen störenden Elementen befreit. Der Lehrer entlockt den Schülern dazu eine Geste, die das Wesentliche am Experiment beschreibt, und veröffentlicht diese vor der Klasse. Mit der Überschrift ist das eigentliche Thema der Unterrichtseinheit bezeichnet: der waagerechte Wurf. Die zweite Beobachtung dient der genaueren Bestimmung der ersten. In Verbindung mit dem Versuch zum gleichzeitigen Abschuss der beiden Kugeln können Lehrer und Schüler so den waagrechten Wurf als aus freiem Fall und gleichförmiger Bewegung zusammengesetzt analysieren. Ein angedeutetes Koordinatensystem neben der Skizze dient als Verbindung zwischen skizzierter Beobachtung und Analyse des waagrechten Wurfs als zusammengesetzter Bewegung. Schließlich überführen die Unterrichtsteilnehmer die Bewegungen in mathematisierte Formeln.

Auf dem Weg zur Formel geht den Unterrichtsteilnehmern etwas verloren, und zwar durch die Schrift, die ihrerseits ein selektives Vergessen des durchgeführten Versuchs anleitet und umsetzt. Zunächst macht die disziplinäre Sicht aus dem beobachteten Experiment und dem Versuchsaufbau eine Idealisierung (siehe auch Abb. 3.4, S. 84): Weder die Klammern und Halterungen des Versuchsaufbaus noch das Aufspringen der Kugel tauchen an der Tafel auf. Die Zeichnung ist auf die für den Physikunterricht wesentlichen Bestandteile reduziert. Auch die scheinbar demokratische Einigung über den Ausgang des Experiments spielt nur auf einem Nebenschauplatz (der hinteren Tafelfläche) eine Rolle und ist nicht Bestandteil des abzuschreibenden Tafelbilds. Letztlich setzt sich auch nicht der demokratische Wille der Klasse durch, sondern die wissenschaftliche Wahrheit in Form der fachlichen Autorität des Physiklehrers. Er bestimmt, was das Klassenkollektiv beobachtet hat und was folglich festgehalten wird. Seinen krönenden Abschluss findet dieser Prozess der abstrahierenden Verallgemeinerung in der Formel. Sie ist überhaupt nicht mehr an die konkrete Beobachtung gebunden und lässt – im Gegensatz etwa zur Skizze – nicht erkennen, wie und was bewegt worden ist. Zugleich gewinnen die Unterrichtsteilnehmer auch etwas mit der zunehmenden Abstraktion in Form der schriftlichen Darstellung an der Tafel. Zum einen können sie mit der Formel nicht nur diesen, sondern jeden waagrechten Wurf bestimmen. Zum anderen können sie den waagrechten Wurf in schriftlicher Form in ihren Heften und Aufzeichnungen immer und überall wieder aufsuchen.[58]

In späteren Unterrichtsstunden oder auch schon zu einem späteren Zeitpunkt in derselben Stunde können die Lehrperson und die Schüler auf das vergangene Experiment oder Anschauungsobjekt Bezug nehmen. Dies geschieht im Modus

---

[58] Siehe hierzu auch die Idee der »Inskription« bei Latour (1996).

einer kollektiven Zeugenschaft: »Und wir haben gesehen, dass ...«, »Ihr habt gesehen, die passen hier in den Würfel rein ...«. Dabei zeichnen die Lehrer Skizzen, Diagramme oder Formeln der vergangenen Stunde an und verweisen auf die vergangenen Versuche, indem sie auf das Angeschriebene zeigen und es mündlich kommentieren. Mündlich, schriftlich und dinglich werden die Situationen des Unterrichts und Unterrichtsstunden miteinander verknüpft.

Die Unterrichtsteilnehmer sprechen mittels Zeichen über die Dinge. So lässt etwa Herr Grabow in der Unterrichtsstunde nach dem Experiment zum waagrechten Wurf zunächst die Formeln und das Diagramm der letzten Stunde wiederholen, um dann auf das Angeschriebene zeigend darüber sprechen zu können, wie die Kugel damals geflogen sei: »Und dann is sie hier ((zeigt auf Bogenbahn)) so langgeflogen.« Es geht nicht darum, den Versuch in all seinen kontingenten Einzelheiten zu wiederholen, sondern als idealisierte und mathematisierbare »zusammengesetzte Bewegung« an der Tafel. Manchmal weckt die Anrufung eines anschaulichen Beispiels aber auch unpassende Erinnerungen bei den Schülern: Sie erinnern sich dann an die »Kugel« oder das »Schiffchen«, nicht aber an die Physik dahinter.

Die Anrufung des Experiments über die Zeichen verleiht dem Tafelanschrieb seine empirische Weihe als Beschreibung einer evidenten Tatsache. Das Kollektiv aus Schülern und Lehrperson hat diesem Ereignis beigewohnt und gemeinsam gesehen, dass es so und nicht anders war. Diese kollektive Zeugenschaft ist eine »essential instructional fiction« (Macbeth 1994: 328), die das Weiterlaufen des Lehrgesprächs ermöglicht. Natürlich gibt es keine Garantie dafür, dass alle Schüler das Experiment gleichermaßen beobachtet oder überhaupt gesehen haben. Einige Schüler bleiben dem Unterricht fern oder interessieren sich – trotz der starken Präsenz der Wissensobjekte – mehr für ihre *peers* als für das Spektakel, das der Lehrer dort veranstaltet. Tafelbild und Sprachspiel des Unterrichts unterstellen aber, dass die Klasse als Kollektiv dem Geschehen aufmerksam gefolgt ist. Im Tafelbild und der dazugehörigen Abschrift in die Hefte der Schüler erzeugt die Klasse ein Dokument, das sowohl das Experiment als auch dessen Beobachtung durch die Klasse bezeugt.

Oft sind die Wissensobjekte selbst schon so gestaltet, dass die Unterrichtsteilnehmer sie leicht in die schriftliche Form überführen können. Bereits das gestalterische Prinzip der Reduktion auf das Wesentliche stellt eine Zähmung der Wissensobjekte in ihrer Alterität dar. In Kombination mit der in einer disziplinären Sicht resultierenden Dramaturgie des Zeigens sind die Wissensobjekte schon so weit bearbeitet, dass der Schritt vom präsenten Ding zum sinnhaften Zeichen

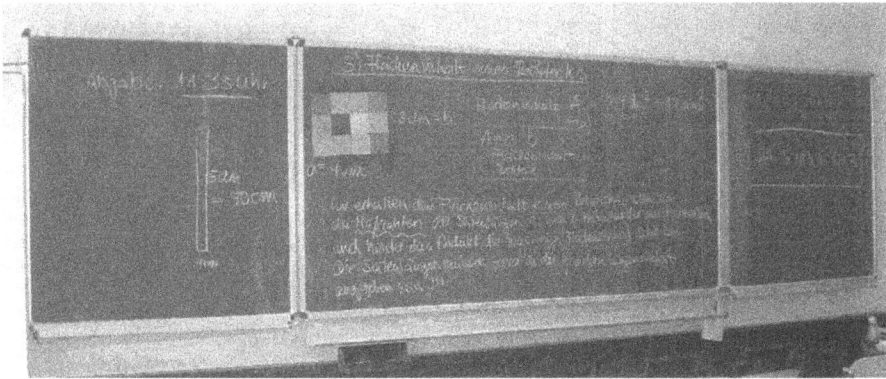

Abbildung 4.7: Das ›Moosgummirechteck‹

ein kleiner ist. Insbesondere die Demonstrationsmessgeräte stellen hier einen interessanten Fall dar. Zwar machen auch sie mit dem Ausschlag ihrer Zeiger ein unbekanntes Phänomen präsent, gleichzeitig übersetzen sie diese Präsenz mit ihren Skalen in einen Zahlenwert, der sehr leicht in Wertereihen festgehalten oder in Formeln eingesetzt werden kann.

In einer Mathematikstunde einer 5. Klasse findet sich ein in dieser Hinsicht besonders interessantes Ding in Form eines Rechtecks aus Moosgummi:

Frau Dassel kündigt »was Neues« an. Hierzu befeuchtet sie eine Ecke des mittleren Teils der Tafel mit dem Schwamm und klebt 12 farbige Quadrate aus Moosgummi als Rechteck auf (siehe Abb. 4.7).

Als die Schüler schätzen sollen, wie groß ein einzelnes Quadrat ist, kommen sie schnell darauf, dass es sich um 1 dm² große Quadrate handelt. So ist es den Schülern ein Leichtes, auf die Frage nach der Länge (4 dm), der Breite (3 dm) und auch der »Größe« des Rechtecks (12 dm²) Antworten zu finden. Während ein Schüler die »Größe« anhand der Anzahl der Rechtecke ermittelt, kann ein anderer darauf hinweisen, dass man auch darauf kommt, indem man die Breite mit der Länge multipliziert. Frau Dassel erläutert, dass man die »Größe« »Flächeninhalt« nennt und ergänzt das Tafelbild um den neuen Begriff und die von den Schülern gemachten Angaben. Sie fügt hinzu, dass man den Flächeninhalt deshalb mit A abkürze, weil das A für »Area« stehe.

Nun verlangt sie von den Schülern: »Schön allgemein, wie lautet die Formel? Keine konkreten Zahlen.« Ein Schüler will es mit Abzählen versuchen. Dies stellt Frau Dassel nicht zufrieden, sie sucht eine »elegantere« Lösung und gibt den Hinweis: »Ich hab der Länge und Höhe Buchstaben verpasst.« Nun antwortet ein Schüler, dass man »a mal b malnehmen« müsse. Die Lehrerin notiert die allgemeine Formel für den Flächeninhalt eines Rechtecks in einem rot umrandeten Kasten an der Tafel und bittet die Schüler das Tafelbild ins Heft zu übertragen. Ein Schüler will wissen: »Sollen wir das auch bunt machen ((zeigt auf die Moosgummiquadrate))?« Frau Dassel meint, dies gehe im Unterricht zu lange und die Schüler könnten die Quadrate gerne zuhause bunt anmalen. Schließlich weist sie noch darauf hin, was man beim Aufschreiben der Rechnung zum Flächeninhalt beachten muss: »Gewöhnt euch an, das so ((zeigt auf $3 \cdot 4\,dm^2$)) aufzuschreiben. Die Quadratdezimeter kommen hinter die letzte Zahl.«

Schließlich schreibt sie den zugehörigen Merksatz an die Tafel und markiert zentrale Begriffe farbig. Danach ergänzt Frau Dassel die Überschrift des Tafelbildes und markiert in der Rechnung die konkreten Zahlen, die mit den Begriffen korrespondieren. Schließlich will sie von den Schülern wissen, was noch fehle (»Wer fertig ist, kann sich schon mal überlegen, was noch fehlt.«), und klopft mit der Hand auf das Ende des Merksatzes. Sie wartet einige Zeit auf eine Antwort und sagt dann: »Gut! Was meint ihr, was fehlt noch?« Da von den Schülern immer noch keine Antwort kommt, zeichnet sie auf den linken Flügel der Tafel ein langgezogenes Rechteck und ergänzt die Längenangaben.

Frau Dassel: »Was muss man hier noch machen?«
Ein Schüler ruft rein: »Multiplizieren!«
Frau Dassel: »Das reicht nicht.«
Eine Schülerin: »Man muss umrechnen.«

Frau Dassel bestätigt dies und rechnet die 5 dm in 50 cm um. Da gongt es, aber die Lehrerin wirft sofort ein: »Wir müssen ein paar Minuten überziehen.« Sie schreibt einen letzten Satz an die Tafel und gibt eine Hausaufgabe auf, die sie am rechten Flügel festhält. (Mathematik, 5. Klasse)

Auch hier kann man sehen, dass die Unterrichtsteilnehmer gemeinsam ein konkretes Ding Schritt für Schritt in eine abstrakte mathematische Form übersetzen. Das ›Moosgummirechteck‹ wird analytisch zerteilt und wieder zusammengesetzt, Fachbegriffe (»Fläche«) ersetzen nach und nach alltagsweltliche Begriffe (»Größe«), von einer konkreten Berechnung ausgehend steht am Ende eine allgemeingültige Formel zur Berechnung des Flächeninhalts aller möglichen Rechtecke sowie ein Merksatz an der Wandtafel. Gleichzeitig vermittelt die Lehrerin explizit und im Anzeigen an der Tafel, wie man mit der mathematischen Schrift umzugehen hat. Es ist eine auf das Wesentliche konzentrierte, ökonomische Abschrift, die die Lehrperson von den Schülern fordert. Neben dem praktischen Training des fachlichen Sprechens (siehe 3.1) wird hier das Training der Schrift markiert. Dass die Lehrerin selbst Farbe zur Markierung von Begriffen einsetzt, dient in dieser Klassenstufe als probates Mittel, die Aufmerksamkeit der Schüler zu lenken. Später, in den folgenden Schuljahren, verliert sich die farbige Schrift in den Mathematikstunden.

Ein für diese Studie entscheidender Punkt ist das Moosgummirechteck. Als mathematisches Anschauungsobjekt ist es ein präsentes, dreidimensionales Ding. Es steht für sich selbst als konkretes Rechteck und zieht in seiner auffälligen Farbgebung die Blicke auf sich. Zugleich ist es aber auch als Zeichen angelegt. Die einzelnen Moosgummiquadrate vereinfachen den Schülern, den Flächeninhalt des Rechtecks in Form eines numerischen Kalküls zu bestimmen. Jedes Quadrat steht für eine abstrakte Einheit. Zugute kommt dem Moosgummirechteck aber vor allem, dass es mit etwas Wasser relativ flach auf der Tafel angeklebt werden kann. Von den Plätzen der Schüler aus und auf der Photographie der Wandtafel scheint das Rechteck sich kaum von der Tafeloberfläche abzuheben. Dem flüchtigen Blick bietet es sich als Zeichnung dar. Dass man dieses Ding an der Tafel abzeichnen und in sein Schulheft übertragen kann, scheint den Schülern dementsprechend auch nicht fragwürdig – im Gegenteil: eifrig zeichnen sie es ab und schließen es selbstverständlich in die Rezeptionshaltung des Abschreibens des Tafelbildes ein. Lediglich die unterschiedlichen Farben der Quadrate erzeugen kurzzeitig Unsicherheit (»Sollen wir das auch bunt machen?«). Vor dem Hintergrund einer Erwartungshaltung der Unterstufenschüler, eine möglichst getreue Abschrift des Tafelbildes zu erzeugen, erregen sie Aufmerksamkeit und drängen sich auf: Schließt die Reproduktion des Tafelbildes die didaktisch motivierte, mathematisch aber irrelevante Farbgebung mit ein?

So, wie es hier an der Tafel auftaucht, ist das Moosgummirechteck weder eindeutig Anschauungsobjekt noch zeichenhafte Darstellungsform. Es ist – an dieser Stelle sei ein Neologismus gestattet – ein *Dingzeichen*, das zwischen beiden Modi steht. Es fungiert als Bindeglied zwischen einem anschaulichen präsenten Ding und seiner Transformation in Zeichenform. Damit erleichtert das Moosgummirechteck den Schülern die Transformation. An ihm lernen die Kinder in der Klasse von Frau Dassel exemplarisch, was es heißt, die Dinge disziplinär und damit als Zeichen *für* etwas Anderes zu sehen. Sie gelangen von einem »ontologischen« zu einem »operativen Symbolismus« (Krämer 1997). Statt um *dieses* Moosgummirechteck und seine »Größe« geht es um alle Rechtecke und ihren Flächeninhalt, der sich mittels einer allgemeinen mathematischen Formel bestimmen lässt; statt um das Abzählen konkreter Quadrate geht es um das Operieren mit abstrakten Zeichen.

Ganz ähnlich kann Herr Grabow auf einen Filzstift zurückgreifen, um von der schriftlichen Darstellung an der Tafel wieder zu einer in einer früheren Stunde durchgeführten Demonstration (siehe Abb. 3.5, S. 66) zurückzukehren:

> Herr Grabow schreibt die Formel für die Geschwindigkeit an die linke Seite der Tafel. Zunächst schreibt er die allgemeine Formel mit Buchstaben an, dann zeigt er anhand eines dicken Filzstifts an der Tafel, wie sich das Boot über den Fluss bewegt: »Nicht so ((führt Stift in direkter Linie über den Fluss)) und dann um die Ecke ((führt den Stift direkt nach rechts)), sondern er tuckert die Diagonale da lang ((führt Stift entlang einer imaginären Linie diagonal über den Fluss)).«
> (Physik, 11. Klasse)

Einerseits kann sich der Lehrer so auf das vergangene Anschauungsobjekt beziehen und es allen Beteiligten noch einmal vor Augen rufen, andererseits bewegt er sich bereits in der zeichenhaften Darstellung dieses vergangenen Schauspiels. An der Wandtafel überschneiden sich so beide Modi des Unterrichtens. Damit führt er vor, dass in diesen schulischen Beispielen die Repräsentation grundsätzlich umkehrbar ist: Mit den Zeichen (Diagramm und Schrift) kann man zu den Dingen zurückkehren; sie ersetzen die Dinge und stehen für sie. Ebenso gilt auch: Durch die Zeichen hindurch kann man auf die Dinge blicken; das heißt Zeichen erzeugen eine spezifische Sicht auf sie. Die Beispiele zeigen, dass es im Schulunterricht darum geht, die Dinge als Zeichen zu sehen bzw. mit den Zeichen auf die Dinge zu sehen. Ist die Transformation eines Dings in die schriftliche Form an der Tafel abgeschlossen, manipulieren die Unterrichtsteilnehmer über die Zeichen stellvertretend das dargestellte Ding.

Die Übergriffigkeit der Dinge

Die von den Dingen angeregte Vermittlung bestimmt nicht nur, wie sie selbst den Unterrichtsteilnehmern begegnen. Vielmehr verändern die Dinge auch ganz allgemein den menschlichen Weltbezug und legen Rezeptionshaltungen nahe, die sich auch auf andere Dinge auswirken. Wir sind durch die Dinge anders in der Welt, nehmen anders wahr und erfahren die Welt, die uns umgibt, auf andere Weise. Lehrer können dies gezielt für ihre Zwecke einsetzen:

> Nach einem Versuch mit einem Pendel zum Thema »Schwingungen und Wellen« stellt Herr Baier eine große, gut ablesbare Stoppuhr neben den Versuchsaufbau auf das Pult und will wissen: »Was könnte man hier messen?« Im Lehrgespräch wird klar, dass es um die Messung der Zeitdauer geht. Die Stoppuhr wird im weiteren Verlauf der Unterrichtsstunde nie eingeschaltet, geschweige denn tatsächlich eine Messung durchgeführt. (Physik, 10. Klasse)

Dinge legen bestimmte Weisen des In-der-Welt-Seins nahe. So ruft die Stoppuhr die Zeitdauer als messbare Größe auf und steht für einen messenden Zugang zur Welt. Aus dem Versuch, der zunächst einen einfachen Sachverhalt gezeigt hat (Schwingung), wird ein mathematisch erfassbarer Sachverhalt. Allein durch ihre konventionalisierte Gestaltung als Zeitmesser legt die Stoppuhr diesen Weltbezug nahe und verändert damit auch rückwirkend den bereits durchgeführten Versuch. Ihre räumliche Nähe zum Versuch und die rahmende Frage des Lehrers reichen hierzu aus, die Messung selbst muss nicht durchgeführt werden.

Selbstverständlich unterliegen die Schüler auch dann diesem ›Ruf‹ der Dinge, wenn dies gar nicht in der Intention der Lehrer liegt. Abermals soll es um das Schülerexperiment in der Klasse der Physiklehrerin Frau Langmann gehen. Zur Erinnerung: Die Schüler sollten Kräfte messen, indem sie verschiedene Gewichte an eine Feder bzw. ein Gummiband hängen und die Ausdehnung mit einem Maßband bestimmen. Folgende Szenen spielten sich währenddessen vor meinen Augen ab:

> Zwei andere Jungen bauen aus den Teilen des Kastens eine überlange, ca. 1 m hohe Apparatur. Zusammen mit einem weiteren Team hängen sie mehr und mehr Gewichte an den an einem Gummiband befestigten Haken. Vorerst hält einer der Schüler die Gewichte noch in der Hand, so dass diese keine Kraft auf das Band ausüben. Dann zählt ein anderer Schüler einen Countdown herunter. Bei Null lässt der Festhaltende die Gewichte los, woraufhin das Gummiband ruckartig reißt und die Gewichte mit einem lauten Knall zu Boden fallen.

> Nachdem zwei Schülerinnen mit dem Versuch fertig sind, hängt eine von ihnen ihren Schlüsselanhänger (eine Entenfigur) an die Schraubenfeder in der Versuchsapparatur. Eine andere Schülerin befestigt das Mäppchen ihrer Mitschülerin an einem losen Gummiband und kommentiert: »Boah! Dein Mäppchen is' schwer!«
> (Physik, 7. Klasse)

Der Versuchsaufbau zur Kraftmessung eröffnet in diesem Beispiel einen messenden Zugang zur Welt. Ganz alltägliche Gegenstände erscheinen plötzlich als zu messende Dinge mit einem bestimmbaren Gewicht. Allerdings begegnet den Schülern keine Welt kühler Rationalität bar jeglicher Affektivität und Sinnlichkeit. Stattdessen erkunden sie eine affektiv aufgeladene Welt des Messens und Beobachtens und eignen sich eine für sie neue, ungewohnte Perspektive an, denn ihre Erfahrung wird durch die Messung objektiviert. Sie erschließen sich die disziplinäre Sicht, die eben kein kühles Registrieren ist, sondern eine situative Leistung, die immer wieder zum Teil eines sinnlich-leiblichen Bezugs zur Welt gemacht werden muss. Im Gegensatz zum Stoppuhrbeispiel ruft das Schülerexperiment dies aber nicht nur als sichtbares Symbol auf, sondern als von den Schülern zu handhabendes Werkzeug. Auch die zwei Jungen, die das Experiment aus Sicht der Lehrerin missbrauchen, geben sich dem messenden Zugang hin, zu dem die Apparatur auffordert. Sie loten neugierig die Grenzen der Messbarkeit aus, machen sich (und letztlich auch der Klasse) die Schwere der Gewichte im Knall überdeutlich erfahrbar.

Zwischenfazit: Dinge zwischen Transparenz, Sinn und Präsenz

Die Analysen haben zunächst gezeigt, dass Wissensobjekte und Wissensmedien den Unterrichtsteilnehmern unterschiedlich präsent sind. Menschen und Dinge sind so in unterschiedlichen Mensch-Ding-Beziehungen miteinander verbunden. Während die Wissensobjekte den Schülern vor allem als verkörperte Präsenz einer (sich zumeist ereignenden) Alterität begegnen, ist die Wandtafel ein quasi-transparentes Wissensmedium, auf das sich die Unterrichtsteilnehmer verlassen, dem sie aber als präsentes Ding keine große Beachtung schenken. Irgendwo dazwischen liegt die Schrift als sinnhaftes Zeichensystem. Im An- und Abschreiben geht es um den Sinn der Zeichen, nicht aber um sie selbst. Gleichwohl müssen wir uns interpretativ den Zeichen zuwenden. Wenn wir mit der Schrift operieren, verschiebt sich dieses Verhältnis zugunsten der Zuwendung zu den Zeichen selbst.

Inwiefern fordern die Dinge in ihrer unterschiedlichen Präsenz die Unterrichtsteilnehmer jeweils auf? Die Wissensobjekte ziehen punktuell Aufmerksamkeit auf sich und ihre ereignishafte Andersartigkeit. Ganz anders das Wissensmedium Wandtafel: Sie bietet sich als beschreibbare Fläche dar und verleiht dem Angeschriebenen erhöhte Sichtbarkeit und Relevanz vor den Augen der Klasse. Durch die Fixierung des Angeschriebenen erlaubt sie den Schülern, den Blick im Klassenzimmer schweifen zu lassen. Die Schrift löst hingegen Dargestelltes vom Darstellenden und bietet so über sich hinausweisend den Unterrichtsteilnehmern Sinn dar, der konserviert und reproduziert werden kann. Wie sollen die Schüler den Dingen entgegentreten? Sie sollen den Dingen einmal als Zeugen einer Präsenz, ein andermal als Protokollanten des Sinns begegnen. Im Zusammenspiel dieser Rezeptionshaltungen erhält das mathematische und naturwissenschaftliche Wissen im Unterricht seine Überzeugungskraft.

Beim genaueren Hinsehen entpuppt sich die Grenze zwischen präsenten Dingen, quasi-transparenten Medien und sinnhaften Zeichen als brüchig. Die kontrollierte Präsenz der Wissensobjekte ist auf ihre Transformation in Zeichenform angelegt. Die Unterrichtsteilnehmer arbeiten beständig daran, genau diese Transformation zu leisten und schließen so Ding und Zeichen miteinander kurz. Präsente Dinge und sinnhafte Zeichen sind deshalb ebenfalls teilweise transparent, insofern sie aus Sicht der Unterrichtsteilnehmer relativ selbstverständlich aufeinander verweisen. Schließlich gibt es Dinge, die sich nicht klar zuordnen lassen. Statt klar umrissene Typen von Dingen zu unterscheiden, ist es deshalb lohnender, ein Kontinuum verschiedener sozio-materieller Modi anzunehmen. Die

Dinge des Wissens lassen sich so anhand einer Achse Transparenz-Sinn-Präsenz unterscheiden. Diese Achse ist bestimmt durch unterschiedliche Weisen, in denen die Dinge für die Unterrichtsteilnehmer präsent sind: Mal treten sie als präsente Dinge in den Hintergrund und sind nicht selbst Ziel der Praktiken, sondern quasi-transparentes Werkzeug; mal stehen sie im Vordergrund und Lehrpersonen und Schüler wenden sich ihnen aufmerksam zu, d. h. die Unterrichtsteilnehmer richten ihre Bemühungen auf die Dinge selbst und bringen sie als ihnen gegenübergestellte und von ihnen unterschiedene Objekte hervor.

Die hier beschriebenen Mensch-Ding-Beziehungen führen fort, was im letzten Kapitel anhand der unterschiedlichen Gebrauchsweisen über die Dinge gesagt werden konnte. Über die Kennzeichnung der Dinge als Wissensobjekte und Wissensmedien hinaus verdeutlichen die hier angestellten Analysen die unterschiedliche Wirkung der Dinge auf ihre menschlichen Benutzer und die Vielfalt der Beziehungen zwischen Menschen und Dingen.

4.3 Vieldeutigkeiten und Pannen

Im Unterricht kommt es immer wieder zu Momenten, in denen sich die Dinge als nicht gefügig erweisen. Dinge entziehen sich sowohl dem Gebrauch als auch den Gestaltungsbemühungen der Lehrer und der Lehrmittelindustrie.[59] Sie entgleiten den Händen, gehen zu Bruch oder quittieren schlichtweg den Dienst. Und in ihrem Aufforderungscharakter sind sie mehr- und vieldeutig. Dementsprechend fordern sie zu ganz unterschiedlichen Gebrauchsweisen auf und sind in ihrer Bedeutung niemals gänzlich geschlossen. Dadurch sperren sie sich immer wieder gegen eine didaktische Verwendung und drängen sich in unpassender Weise auf. In dieser Vieldeutigkeit können sie aber immer noch Teil routinierter Gebrauchsweisen sein: etwa wenn Schüler die Lehrmittel eines Experimentierkastens dazu verwenden, ihre Klassenkameraden zu ärgern. Zwar arbeiten die Schüler dann entgegen dem in die Dinge eingeschriebenen Wissen, sie setzen die Dinge aber in sinnhafte Mensch-Ding-Beziehungen ein. Anders sieht es aus, wenn die Dinge den Dienst quittieren oder Pannen auftreten. Sie können sich dann für einen Augenblick völlig dem menschlichen Zugriff entziehen. Diesen Vieldeutigkeiten und Pannen gehe ich im Folgenden nach. An ihnen lässt sich zeigen, auf welch unterschiedliche Weise Dinge wirken und wie sie mit Praktiken der Gestaltung und des Gebrauchs in Wechselwirkung stehen.

---

[59] Zur Schwierigkeit, Dinge so zu gestalten, dass sie den praktischen Gebrauch vorwegnehmen siehe Suchman (2007) sowie Verbeek (2011: 97ff.).

Abbildung 4.8: Versuch zu Kräften

Eine Quelle für Vieldeutigkeiten ist die Gestaltung der Dinge (Norman 1988; Graver 1991). Sie kann den Betrachter und potentiellen Nutzer in die Irre ob des angemessenen Gebrauchs der Dinge führen. Ein bekanntes Beispiel aus der Literatur sind trügerische Türklinken, die zum einfachen Drücken bzw. Ziehen aufzufordern scheinen, wo sie doch zunächst heruntergedrückt werden müssen. In der Schule nötigen in ähnlicher Weise einige Dinge die Schüler zu – aus Sicht der Lehrer – unpassenden Ausrufen. Ein Protokollauszug:

> Noch bevor Frau Langmann den Unterricht beginnt, holt sie aus der Sammlung ein ca. 20 × 20 × 20 cm großes Gerät und stellt es auf das Lehrerpult. An der Rückseite des Geräts ist ein Schlauch angeschlossen, der in einen hellgrauen Plastikzylinder mündet. Entfernt erinnert dieser Schlauch an einen Staubsauger, was einen der Schüler dazu veranlasst, laut »Ein Staubsauger!« reinzurufen.
> (Physik, 7. Klasse)

Wie bei anderen Wissensobjekten auch führt die Anwesenheit des Versuchsaufbaus hier zu einem lauten Ausruf eines Schülers. Die Dinge lassen die Schüler abermals nicht unberührt – und dies schon vor ihrer eigentlichen Aufführung in der Dramaturgie des unterrichtlichen Zeigens. Wie sich später herausstellt, handelt es sich beim vermeintlichen »Staubsauger« aber um ein Gerät, das Luft nicht etwa ansaugt, sondern im Gegenteil ausstößt. Damit zeigt Frau Langmann den Schülern das Prinzip des Kräftegleichgewichts, in diesem Fall das Gleichgewicht zwischen Gewichtskraft und entgegengesetzter Kraft des Luftstrahls, die beide auf den Tischtennisball wirken (siehe Abb. 4.8). Das Gerät folgt der typischen Gestaltung didaktischer Wissensobjekte: Es ist auf wesentliche Bestandteile reduziert (ein Schalter, ein Regler, ein Schlauch) und trägt die relevanten Informationen in Form einer gut sichtbaren Skala auf seiner Vorderseite zur Schau. Wieso ruft dieses Ding dennoch die Staubsaugerassoziation hervor? Der dem Schüler aus dem Alltag bekannte Schlauch könnte sich so ähnlich auch an einem Haushaltsstaubsauger finden und führt ihn so – aus Sicht der Lehrerin – auf die falsche Spur. Interessant ist, dass ein scheinbarer Haushaltsgegenstand auf dem Pult im Physikunterricht zu einem Wissensobjekt wird, an dem sich Begeisterung entfachen kann. Wohl kaum ein Schüler brächte das gleiche enthusiastische Interesse für den Staubsauger des Elternhauses auf. Sicherlich weiß der Schüler sogar um die Unangemessenheit seines Zurufs. Dennoch erinnert ihn der Schlauch an einen Staubsauger. Dies greift er mit seinem Kommentar auf, um dadurch die Diskrepanz von profanen Alltagsgegenstand und physikalischem Experiment deutlich aufzuzeigen. Die potentielle Vieldeutigkeit der Dinge kann zu einem diskursiven Spiel mit den Dingen führen, in dem die Schüler zu erkennen geben, dass sie um die Besonderheit und die didaktische Zurichtung schulischer Wissensobjekte wissen.

Vor dem Hintergrund schulischen Unterrichtens und der jeweiligen Disziplin werfen die Dinge Fragen auf. Den Schülern stellt sich vor allem folgende Frage: Was hat dieses Ding mit unserer Schulstunde zu tun? Diese Frage kann auf zweierlei Arten beantwortet werden. Zum einen könnte es sich um ein »technisches Ding« (Rheinberger 2006) handeln, das es erlaubt, etwas anderes damit zu zeigen oder zu tun – man denke etwa an einen CD-Player, mit dem Lieder im Fremdsprachenunterricht präsentiert werden sollen. Zum anderen rechnen die Schüler mit Wissensobjekten, an denen sich selbst etwas zeigen soll. In dieser Fragwürdigkeit unterscheiden sich einige Dinge im Unterricht von vertrauten und in dieser Hinsicht profanen Gegenständen wie etwa dem Schlüsselbund des Lehrers oder seiner Schultasche. Sie sind besondere Dinge. Gerade deshalb sind sie in Praktiken des Zeigens eingebunden, die verdeutlichen, mit welchen Dingen wir es zu tun haben und was an ihnen zu beachten ist (siehe 3.1). Bleiben diese Praktiken aus, so sind die Anwesenheit und die Rolle der Dinge fragwürdig. Folgende kleine Szene zeigt beispielhaft diese Fragwürdigkeit der Dinge:

> Herr Frankfurter betritt das Klassenzimmer mit seiner Tasche in der Hand und drei Päck-
> chen Kopierpapier unter dem Arm. Eine Schülerin fragt entsetzt: »Schreiben wir etwa
> einen Test?« Frankfurter beruhigt: »Meinst du wir brauchen dafür 1 500 Seiten? Das ha-
> be ich mir nur geliehen, um euch damit etwas zu zeigen.«
> (Mathematik, 10. Klasse)

Das Kopierpapier ist für die Schülerin kein unschuldiges Handwerkszeug ihres
Lehrers, das er vielleicht in späteren Stunden braucht. Stattdessen sucht sie vor
dem Hintergrund ihrer Schulstunde nach der Bedeutung dieses Dings. Besondere, vom Lehrer mitgebrachte Gegenstände sind – zumindest potentiell – jetzt für
diese Schulstunde relevant und verweisen auf Unterrichtspraktiken in der nahen
Zukunft. In den Dingen steckt gewissermaßen eine Dramaturgie des Unterrichtens. Dass es sich um ein mathematisch relevantes Ding handeln könnte, schließt
die Schülerin aber aus. Sie sieht darin ein technisches Ding zur Durchführung
einer unangekündigten schulischen Prüfung. Das in den Päckchen verborgene
Papier verweist auf seine Rolle als Trägermedium der Schrift und fordert zur Beschriftung auf. Zudem ist es hochgradig mobil. In Form einzelner Blätter kann
es individuell an Schüler ausgeteilt und wieder eingesammelt werden. Vor dem
Hintergrund der Schule als Ort regelmäßiger Wissensüberprüfungen und der
skizzierten Fragwürdigkeit einiger Dinge ist die Reaktion der Schülerin nachvollziehbar. Stattdessen soll das Kopierpapier aber »etwas zeigen«, wie der Lehrer
leicht spöttelnd expliziert. Damit überführt er das Kopierpapier in den Status eines Anschauungsobjekts, an dem er später das Cavalierische Prinzip[60] vorführen
kann.

Das Kopierpapier hat sich der Schülerin zunächst als beschreibbares Papier in
einer Prüfungssituation dargeboten und ist damit schulisches Ding geblieben.
Gänzlich schulfremde Gegenstände rufen andere Assoziationen wach. Betrachten wir hierzu eine Unterrichtsszene, in der ein Lehrer das Modell eines Flugzeugs als Anschauungsobjekt in den Unterricht mitnimmt:

> Herr Hecker, ein Referendar am Gymnasium Heilig Geist, muss heute für Herrn Frank-
> furter einspringen und übernimmt dessen Unterricht in der 10. Klasse. Mit dem Satz »Ich
> hab euch etwas mitgebracht« zieht der junge Lehrer ein rund 30 cm langes Modell einer
> Passagiermaschine neben dem Tisch hervor (siehe Abb. 4.9a). Ein Schüler bemerkt, dass
> dies ein Flugzeug der *Swissair* sei. Herr Hecker berichtigt, dass es sich hier um eine Ma-
> schine der *Swiss* handele (so auch der Schriftzug auf dem Flugzeug). Kurz skizziert er die
> Geschichte des Unternehmens und erklärt den Schülern, dass er einige Zeit bei der Flug-
> gesellschaft gearbeitet habe. Die ganze Zeit hält er dabei das Modell in der Hand.

---

[60] Das Prinzip von Cavalieri besagt, dass zwei Körper dann das gleiche Volumen besitzen, wenn
ihre Schnittflächen in jeder Höhe den selben Flächeninhalt aufweisen.

(a) Flugzeugmodell   (b) Prisma

Abbildung 4.9: Zwei Wissensobjekte im Vergleich

Dann holt er die Schüler wieder zurück: »Also gut, haben wir so 'n Flugzeug.« Nun fragt er nach dem Flugzeugtyp. Einige meinen eine Boeing zu erkennen. Der Lehrer klärt auf: »Das is' eine Embraer!« Schließlich will Herr Hecker wissen, was für einen Zweck so ein Flugzeug erfülle. Ein Schüler verweist auf den Personenverkehr. Wie hoch das Flugzeug fliegt und welcher Bezugspunkt hierzu gilt, wird ebenfalls geklärt (»8–10 km.«; »Über Normalnull.«). Welche Probleme ein Flug in solchen Höhen mit sich bringt, können die Schüler ebenfalls benennen: »Man kann da nicht atmen, da herrscht ein anderer Druck.« Während dieses Lehrgesprächs hält der Lehrer weiterhin das Flugzeugmodell die ganze Zeit in der Hand und verweist immer wieder gestisch darauf.

Die Lösung des Problems wird schließlich im »Air Conditioning« gefunden. Als nächstes möchte Herr Hecker wissen, was man dabei berücksichtigen müsse. Die Schüler nennen zunächst Druck und Statik. Herr Hecker verneint dies nicht, gibt aber den Schülern mit einem langgezogenen und erwartungsvollem »Jaaa« zu verstehen, dass es nicht ganz die Lösung ist, die er sucht. Schließlich meldet sich ein Schüler und sagt: »Das Volumen!« Herr Hecker kommentiert freudig: »Da wollt ich hin!«
(Mathematik, 10. Klasse)

Zunächst kommt es Herrn Hecker auf eine genaue Bestimmung des Modells an: das Flugzeug ist eine »Embraer« der Fluggesellschaft »Swiss« und eben keine »Boeing« der »Swissair«. Das, worauf er zunächst Wert legt, ist für das mathematische Problem unwichtig. Im Zusammenhang einer biographischen Geschichte kann sich der Referendar so als wissender Experte inszenieren. Die Luftfahrt erscheint als Unterfangen zur Personenbeförderung, das spezifische technische Schwierigkeiten mit sich bringt. Mit dem in seiner Hand verbleibenden Modell vergegenwärtigt der Referendar beständig diesen praktischen Bezug. Erst nach der Einordnung des Flugzeugmodells in die berufliche Biographie und Expertise des angehenden Lehrers überführen Herr Hecker und seine Klasse dieses Ding in ein geometrisches Wissensobjekt, das dem mathematischen Kalkül zugänglich ist. Zum Problem des »Air Conditioning« wird eine mathematisch bestimmbare Größe gesucht. Schließlich lenkt Herr Hecker die Klasse nach mehreren nicht ganz passenden Vorschlägen seitens der Schüler zum Volumen. Mit dem Flugzeugmodell hat Herr Hecker nach einem Problem und dessen Lösung gesucht, die er die Schüler im aktuellen Thema der Unterrichtsstunde finden lässt: das Volumen als Teil der Geometrie. Die Unterrichtsteilnehmer umkreisen hier stochernd das Ding mit allerlei Erzählungen und diskursiven Bestimmungen, bis sie schließlich bei der mathematischen Betrachtung des Dings als geometrischem Körper mit einem Volumen ankommen. Ganz anders hingegen kann Herr Frankfurter in derselben Klasse mit einem geometrischen Prisma (siehe Abb. 4.9b) verfahren:

> Herr Frankfurter zieht die verschiedenfarbigen Kunststoffmodelle dreier Pyramiden aus einem transparenten Kunststoffwürfel (einem Prisma), die ihn genau ausfüllen: »Ihr habt gesehen, die passen hier in den Würfel rein.« Nun stellt Herr Frankfurter seinen Stuhl auf das Lehrerpult und dort hinauf die drei Pyramiden, so dass alle Schüler sie sehen können. Durch Nebeneinanderstellen und Aneinanderhalten demonstriert er nun, dass die Pyramiden die gleiche Höhe und Grundfläche haben. Er hält ferner fest, dass diese auch das gleiche Volumen haben. Schließlich fragt er: »Warum ist das wichtig, dass die drei das gleiche Volumen haben?« Eine Schülerin weiß es: »Man kann die Formel für das Volumen des Prismas nehmen und durch drei teilen.«
> (Mathematik, 10. Klasse)

Die Unterrichtsteilnehmer schreiten hier im Unterrichtsgespräch sehr viel zielgerichteter auf das Ding zu und bestimmen es als Anschauungsobjekt. Durch eine einfache Demonstration, einige wenige Feststellungen sowie eine sich daran anschließende Frage gelangt die Klasse zu einem geometrischen Sachverhalt. Schon zu Beginn des Ausschnitts sind die Unterrichtsteilnehmer bei einem geometrischen Problem und ebensolchen Objekten.

Wie kommt es zu diesen unterschiedlichen Gebrauchsweisen? Selbstverständlich geht es in den beiden Unterrichtsstunden um unterschiedliche Probleme. In Herrn Heckers Unterrichtsstunde erarbeiten Schüler und Lehrer gemeinsam ein mathematisches Problem und dessen Lösung. Bei Herrn Frankfurter findet sich eine stärker lehrerzentrierte Unterweisung. Allein dadurch sind beide Szenen unterschieden. Ferner sieht man, dass der erfahrenere Lehrer (Herr Frankfurter) den Gegenstand und nicht sich selbst inszeniert – er verkörpert schon die Autorität, die ein Referendar noch nicht besitzt. Der Referendar muss sich hingegen als Experte darstellen – das Modell eines Flugzeugs eignet sich für eine solche Inszenierung. Die Aufführung der Dinge ist deshalb auch durch die Position der Lehrpersonen bestimmt.

Dennoch gibt es gute Gründe, anzunehmen, dass auch die Gestaltung der Dinge für die unterschiedlichen Gebrauchsweisen verantwortlich ist. Das Flugzeugmodell ist nicht in erster Linie ein didaktisches Lehrmittel. Solche Modelle dienen oft als Sammlerstück, vielleicht auch als Spielzeug oder – wie im Fall von Herrn Hecker – als Erinnerungsobjekt. Als miniaturisierte Nachahmung des Dings, auf das sie verweisen, finden sich an ihnen auch eine Reihe von Details. Schriftzüge, unterschiedliche Farben, Einkerbungen usw. sollen das Original vor unseren Augen detailgetreu in Erinnerung rufen. Ein solches technisch-ästhetisches Modell weist über sich hinaus und weckt unterschiedliche Assoziationen. Schulunterricht und die große weite Welt ›da draußen‹ werden über das Modell miteinander verbunden. Herr Hecker muss deswegen sehr viel mehr situative Arbeit investieren, um aus dem äußerst bedeutungsvollen Ding ein mathematisches Wissensobjekt zu schaffen. Gleichzeitig kann der angehende Lehrer mit dem Modell auch seine Inszenierung als Luftfahrtexperte leisten, der die Welt jenseits der Schule kennengelernt hat.

Das Prisma hingegen ist auf wesentliche Elemente reduziert. Kein Schriftzug, kein Muster, kein Schnörkel lenkt von seiner Form ab. Es ist Prototyp eines geometrischen Körpers und vereint alle Eigenschaften eines idealen Prismas in sich. Das Prisma zeigt gewissermaßen auf sich selbst und ist Exemplar einer ganzen Kategorie von Dingen. Durch seine Transparenz können auch durch die vorne liegenden Flächen hindurch alle anderen Flächen und Seiten und vor allem die drei darin enthaltenen Pyramiden betrachtet werden. Es ist ein Körper, der – phänomenologisch gesprochen – seinen Horizont zumindest teilweise offenlegt. Welchem anderen Zweck sollte dieses Ding dienen? Worauf sollte es verweisen, wenn nicht auf sich selbst? Die Signalfarben der Pyramiden erregen zudem Aufmerksamkeit und stechen aus den relativ zurückhaltenden Tönen des Pultbereichs hervor. Damit ist es für Herrn Frankfurter ein Leichtes, aus dem Prisma ein Wissensobjekt zu machen, mit dem er den Schülern etwas zeigen kann. Er muss nicht erst ein praktisches Problem finden, das sich mathematisch lösen lässt, sondern kann den Gegenstand sofort als mathematisches Objekt behandeln. Die Vieldeutigkeit des Prismas ist durch seine Gestaltung als Wissensobjekt minimiert.

Aber selbst wenn die Dinge so gestaltet sind, dass sie eindeutig einer Gebrauchsweise zuzuordnen sind, lässt sich ein – aus Sicht der Lehrer – unsachgemäßer Gebrauch seitens der Schüler nicht verhindern. Am Beispiel des Schülerexperiments habe ich gezeigt, dass zwei Schüler die Dinge aus dem Experimentierkasten dazu verwenden, sich gegenseitig zu ärgern. In diesem Fall wussten die Schüler um den schulisch angemessenen Gebrauch der Dinge und führten neben ihren Spielereien auch den Versuch korrekt durch. Der Reiz ihres Streichs bestand gerade darin, die Dinge ›gegen den Strich‹ zu benutzen und so mit deren Bedeutung im Kontext schulischer Experimente zu spielen.

Neben eher interpretativen Schwierigkeiten kennt der Unterricht zahlreiche Pannen und Störungen im Umgang mit den Dingen: Dinge entgleiten den Händen, gehen zu Bruch, verweigern oder quittieren den Dienst. Die Lehrer ersetzen die Dinge dann durch andere oder reparieren sie kurzerhand (»So, jetzt geht es wieder!«). Manchmal zeigen Messgeräte falsche Werte an oder die dingliche Darstellung eines Phänomens ist aus anderen Gründen unzureichend:

> Bei einem Versuch zur Wechselspannung erläutert Herr Baier, dass der Voltmeter fälschlicherweise auch ohne zu messende Spannung leicht ausschlägt. Während ein Schüler an einer angeschlossenen Induktionsspule dreht, hält er einen Zeigefinger an die entsprechende Stelle und bittet die Schüler dies als Nullstellung anzusehen.
> (Physik, 10. Klasse)

> Bei der Demonstration des Cavalierischen Satzes hängt eine Ecke des Stapels mit Kopierpapier herunter. Herr Frankfurter erläutert: »Das soll jetzt nicht schlapp herunterhängen ((biegt die Ecke hoch)).«
> (Mathematik, 10. Klasse)

Hier können die Lehrer mit Kommentaren und einfachen Handgriffen so aushelfen, dass sich doch noch etwas zeigt. Die Schüler sollen die Dinge in einer Weise betrachten, die sie über materielle Kontingenzen der aufgeführten Wissensobjekte hinwegsehen lässt. Die Lehrpersonen in den beiden Beispielen verlassen sich darauf, dass ihre manipulativen, zeigenden und kommentierenden Interventionen dies bei den Schülern erreichen können. Abermals zeigt sich, dass Wahrnehmen im Unterricht kein einfaches Registrieren darstellt, sondern an den Zeigepraktiken der Lehrpersonen und an der Beherrschung einer disziplinären Sicht seitens der Schüler hängt. Für die Zwecke des Schulunterrichts hängt die Ecke nicht herunter und der Zeiger befindet sich in der »Nullstellung«.

Durch die materiellen Pannen tritt etwas an den Dingen zutage, das schulisch nicht relevant ist. Die Dinge drängen sich in ihrer eigenständigen Präsenz förmlich auf. Nicht immer gelingt es den Schülern dann, das – aus Sicht der Lehrperson – Irrelevante, das Kontingente an den Dingen zu vergessen und mit der Darstellung an der Tafel nicht nur auf die Dinge, sondern auf die relevanten Dinge zu schauen:

> Frau Langmann legt ein 5 Kilo-Gewicht auf ein großes, weißes Blatt Papier (A3-Format) auf das Pult. Die Aufgabe für die Schüler bestehe nun darin, das Blatt Papier herauszuzie-

hen ohne das Gewicht zu berühren. Zunächst fragt sie, wie das wohl gehen könne. Ein Schüler: »Man muss es schnell genug rausziehen.« Der Schüler wird aufgefordert dies zu tun, hat aber keine Lust oder traut sich nicht. Ein anderer Schüler (Jonas) springt bereitwillig ein. Er stellt sich vorne an den Schülertisch, mit dem Gesicht zur Klasse, und zieht das Papier ruckartig hervor. Dabei kippt das Gewicht um, was einigen Tumult und Kommentare hervorruft. Ein Mädchen soll es nun besser machen. Sie zieht beim ersten Versuch sehr zaghaft und zerknittert dabei das Papier. Frau Langmann ermuntert sie, es noch einmal zu versuchen und kräftiger zu ziehen. Schließlich schafft sie es, ohne dass das Gewicht umkippt. Während dieser Demonstration sind alle Schüler Feuer und Flamme, jeder will es mal versuchen, alle sind auf das Geschehen vorne fokussiert. Frau Langmann zeichnet später diesen und weitere Versuche zur Trägheit an die Tafel.

Einige Zeit später: Eine Schülerin liest den Trägheitssatz noch einmal vor. Auf die Beispiele an der Tafel zeigend fragt Frau Langmann nun: »Wo in den Beispielen finden wir ruhende Körper?« Eine Schülerin weiß es: »Das Gewicht in V 1.« Ein Schüler wendet ein: »Aber bei Jonas ist das umgekippt!« Frau Langmann entgegnet, dass man schnell genug ziehen müsse, und verweist auf die »Verzahnung« der Oberflächen: »Beim langsamen Ziehen übt man natürlich doch Kraft auf das Gewicht aus.«
(Physik, 7. Klasse)

Hier misslingt das disziplinäre Wahrnehmen teilweise. Das laute Umkippen eines schweren Gewichts bleibt im Gedächtnis eines Schülers haften. Die Kontingenz des widerspenstigen Dings überlagert so die Übersetzung der Beobachtung in die schriftliche Form an der Wandtafel. Es wird deutlich, dass es anders als beim wissenschaftlichen Experiment nicht um neues, sondern um zu reproduzierendes Wissen geht. Die Lehrperson sichert die Reproduktion des Wissens, indem sie routiniert dafür sorgt, dass der Knall erst gar nicht auf der Tafel auftaucht. Für sie ist offensichtlich, was sich zeigen soll. Gibt es dabei Probleme, helfen die Lehrpersonen aus, indem sie etwa Fehlinterpretationen diskursiv entgegenwirken.

Bisher habe ich nur über Vieldeutigkeiten und Pannen im Zusammenhang mit den Wissensobjekten gesprochen. Welche Probleme begegnen den Unterrichtsteilnehmern indes im Umgang mit Wandtafel und Schrift? Die Wandtafel ist äußerst zuverlässig und widersetzt sich dem anschreibenden Gebrauch im Unterricht kaum. Als vertrautes Wissensmedium kennt sie keine Fehlinterpretation. Ihre Bestimmung im Klassenzimmer oder Physikraum ist allen Anwesenden klar. Pannen und Störungen treten hingegen auf: Wischspuren machen das Tafelbild unleserlich, die Kreide quietscht oder bricht ab, Wandtafel oder Kreide sind zu nass usw. Diese Pannen sind aber meist schnell behoben und werden nicht weiter kommentiert:

Frau Langmann beginnt an die Tafel zu schreiben: Warum ist eine Schraubenfeder zur. Sie setzt die Kreide kurz ab und meint: »Leider nass geworden die Kreide.« Dann vervollständigt sie die Frage an der Tafel mit einem neuen Stück Kreide:

Warum ist eine Schraubenfeder zur Kraftmessung besser geeignet als eine Gummischnur?

(Physik, 7. Klasse)

Wandtafel und die dazugehörige Kreide drängen sich dann auf, wenn sie sich in Pannen dem eingeübten Gebrauch entziehen. Aus einem »zuhandenen« Werkzeug wird plötzlich ein »vorhandenes« Objekt (Heidegger 2006: 63 ff.). Als solches fordert es zu Kommentaren heraus, wird überhaupt erst zum Thema. Dies unterscheidet abermals die Wissensmedien von den Wissensobjekten. Gilt es, die Wissensobjekte im Unterricht diskursiv und praktisch zu zähmen, so sind Wandtafel und Kreide bereits domestizierte Bewohner des Klassenzimmers. Hin und wieder bricht ihre Dinglichkeit aus ihnen heraus und sie müssen wieder an ihren Platz verwiesen werden. Gegenüber den Schülern reicht ein einfacher Kommentar, um das Missgeschick abzumildern. Gegenüber den Dingen muss manchmal zu drastischeren Mitteln gegriffen werden: Das unbrauchbare Ding wird durch ein funktionierendes ersetzt.

Gerade weil die Tafel als Wissensmedium domestizierter Bewohner des Klassenzimmers ist, können sich die Praktiken des Gebrauchs ohne Umschweife auf das Angeschriebene richten. Bei der angeschriebenen Schrift treten hingegen, anders als bei der Wandtafel, interpretative Schwierigkeiten – meist auf Seiten der Schüler – auf: Die Schüler machen sich über die schematischen Zeichnungen der Lehrer lustig (»Boah! So ein fettes Centstück!«; »Das ist aber ein komisches Blatt Papier!«), sind sich ob der thematischen Einordnung einzelner Texteinheiten unsicher (»Ist das eine neue Überschrift?«), schreiben die Zeichen falsch ab oder kennen ihre Bedeutung schlichtweg nicht (»Was ist das da für ein Zeichen?«). Von Pannen bzw. Störungen im weitesten Sinne kann man beim Angeschriebenen dann sprechen, wenn die Schrift der Lehrperson oder eines Mitschülers unleserlich ist. Die Kreidestriche heben sich dann nicht als sinnhafte Zeichen von der Wandtafel ab, sondern bleiben unbestimmte Spuren an der Tafel. Die unleserliche Schrift ruft regelmäßig Nachfragen und hörbare Verwirrung bei den Schülern hervor: »Hä? Was heißt des?«

Ich halte fest: Es finden sich sowohl Vieldeutigkeiten, die zu Fehlinterpretationen seitens der Schüler führen, als auch Pannen und Störungen, durch die die Dinge aus den Gebrauchspraktiken des Unterrichts herausfallen und sich in einer nicht-schulischen, eigenständigen Präsenz aufdrängen. Nicht umsonst müssen die Lehrpersonen die Wissensobjekte immer wieder zum Gegenstand ihrer Bemühungen machen und eine disziplinäre Haltung gegenüber ihnen sprachlich und gestisch einfordern. Die Dinge sind keineswegs willfährige Untertanen der Zuschreibungspraktiken durch die Lehrkräfte. Gerade daran, dass ihre Anwesenheit erklärungsbedürftig ist, zeigt sich die ihnen inhärente Aufforderung, die nicht gänzlich im schulischen Gebrauch aufgeht. Besonders Dinge aus nichtdidaktischen Kontexten stellen für die Praktiken des Zeigens im Schulunterricht eine besondere Herausforderung dar. Die Lehrpersonen müssen hier *in situ* mehr Zeit und Mühe aufwenden, um mit ihnen etwas zu zeigen. Die Wandtafel ist anders als die Wissensobjekte durch ihre Verlässlichkeit und Selbstverständlichkeit gekennzeichnet. Ihr Status ist allen Teilnehmern klar, selten kommt es zu Pannen. Allerdings kann das an ihr Angeschriebene zu Fehlinterpretationen führen. Die Rolle einzelner Elemente an der Wandtafel muss erst durch Praktiken des Anzeigens und Operierens bestimmt werden. Didaktische Gestaltung (seitens der Lehrmittelindustrie), unterrichtlicher Gebrauch sowie die Vorbereitung in den Sammlungen (seitens der Lehrer) arbeiten gegen die Vieldeutigkeiten und Pannen an und versuchen, die Dinge in schulischen Mensch-Ding-Beziehungen stabil zu halten. Diese Schließung der Dinge ist dabei nie vollständig, sondern kann immer wieder aufbrechen. Für manche Schüler besteht der Reiz gerade darin, die besonders eindeutig didaktisch bestimmten Dinge zweckzuentfremden. Sie spielen mit der Geschlossenheit schulischer Dinge.

4.4 Didaktische Zurichtung und Zumutung

Dinge fordern zu unterschiedlichen Gebrauchsweisen auf. Damit sie zu einer schulisch angemessenen Gebrauchsweise auffordern, bedarf es einer Reihe von praktischen Bemühungen. In den Büros der Lehrmittelindustrie arbeiten die Designer an einer didaktisch angemessenen Gestalt. Die Lehrer stellen in den Sammlungen verschiedene Dinge zusammen und versichern sich ihrer korrekten Funktionsweise. Und im Unterricht rahmen räumliche Arrangements und Gebrauchsweisen die Dinge und sichern den sich zeigenden Phänomenen und Schriftzeichen die ihnen gebührende Aufmerksamkeit. Die Aufforderung der Dinge ist dementsprechend nicht nur sozio-historisch (Ihde 1990) oder sozio-genetisch (Langeveld 1955) variabel, sondern auch Ergebnis praktischer Bemühungen und situativer Rahmungen. Lehrer und Lehrmittelindustrie arbeiten hierbei gemeinsam an einer didaktischen Zurichtung der Dinge, die vor allem in einer Vereindeutigung und Verdeutlichung besteht. Mit und an den Dingen soll sich fachlich Relevantes deutlich und eindeutig zeigen.

Die Aufforderung der Dinge besteht dabei aber nicht in einem kommunikativen Akt, sondern darin, die Unterrichtsteilnehmer sinnlich zu affizieren und somit Gebrauchsweisen nahezulegen. Im mathematisch-naturwissenschaftlichen Schulunterricht ist hiervon vor allem der Sehsinn betroffen. Dinge sollen von einer geordneten Gruppe von Schülern in erster Linie betrachtet werden. Ihre Gestaltung ist dementsprechend auf die Sichtbarkeit vor einer Klasse ausgerichtet. Wissensobjekte fordern dabei durch ihre Präsenz Aufmerksamkeit ein. In ihrer Gestalt sind sie auf das für schulische Zwecke Wesentliche reduziert und laden zum disziplinären Sehen ein. Wissensmedien sind hingegen so gestaltet, dass sie selbst nicht in den Vordergrund treten, sondern die auf ihnen prozessierten Zeichen, die sich dank ihrer klassenöffentlichen und autorisierten Sichtbarkeit einem reproduzierenden Abschreiben anbieten. Die Tafel ist dabei alltäglicher Bestandteil unterrichtlicher Praktiken. Der Umgang mit Wandtafel und Schrift ist für die Unterrichtsteilnehmer unhinterfragte »Technik der Vergeistigung« (Bosse 2012: 191) und gehört selbstverständlich zu ihrer sinnlich-leiblichen Erfahrung des Unterrichtsgeschehens hinzu. Die Augen der Schüler und Lehrer sehen gewissermaßen durch sie hindurch auf den Sinn der Schriftzeichen. Anders als bei den Experimenten und Anschauungsobjekten treffen die Unterrichtsteilnehmer hier nicht auf fremde Objekte. Ein ›sprechendes‹ Medium, das ein konventionalisiertes Lesen von Zeichen erfordert, steht einem zeigenden Ding gegenüber, das ein disziplinäres Sehen verlangt. Zeigen und Sprechen stehen sich als zwei Erkenntnismodi gegenüber (Berg/Gumbrecht 2010). Das präsentische Zeigen der Wissensobjekte ist zugleich dringlicher und vieldeutiger als das sinnhafte ›Sprechen‹ der quasi-transparenten Tafel. Dementsprechend müssen die Unterrichtsteilnehmer große Mühen darauf verwenden, die Wissensobjekte und ihren Sinnüberschuss sprachlich und gestisch zu rahmen, um sie in die (relative) Eindeutigkeit sprachlicher Zeichen überführen zu können.

Mit der Aufforderung zu einer schulisch angemessenen Gebrauchs- und Rezeptionsweise mutet die Schule den Schülern zu, die Dinge so und nicht anders zu verwenden und wahrzunehmen. Eine solche »Zu-Mutung« (Nohl 2011: 126) ist sowohl im Sinne eines Zutrauens als auch im Sinne eines Abverlangens von Haltungen und Handlungen zu verstehen, die in unhinterfragter Selbstverständlichkeit zum alltäglichen Treiben im Klassenzimmer dazugehören (Jackson 1968: 1ff.). Die Organisation Schule sorgt deshalb mit den Dingen nicht nur dafür, dass ihre Mitglieder etwas lernen, sondern auch dafür, dass ein relativ stabiles wiederkehrendes Interaktionsgeschehen zustande kommt und auf Dauer gestellt wird (Schatzki 2005). Die Schüler sollen regelmäßig von der Wandtafel abschreiben, Experimente bezeugen und fachlich beobachten sowie schließlich in die schriftliche Form überführen. Die Lehrer sollen hingegen an die Tafel schreiben und experimentelle Arrangements dazu verwenden, curriculare Themen eines

den Dingen zugeordneten Fachs zu verhandeln und den Schülern damit vorgege-
bene, etablierte Erkenntnisse zu ermöglichen. Indem die Unterrichtsteilnehmer
dies tun, bestätigen sie nicht nur Wandtafel und Experiment als Wissensmedium
bzw. -objekt, sondern auch die schulische Organisation der Wissensvermittlung.
Diese setzt vermittelt über die Dinge (unter anderem) auf:

(1) eine Asymmetrie von Lehrpersonen und Schülern, bei der Novizen durch
die fachliche Anleitung von Initiierten in den angemessenen Umgang mit
schulischen Dingen eingeführt werden;

(2) eine fachliche und curriculare Sequenzierung des Wissens, in der Dinge
für Schulstunden in Fächern und für die Abfolge von Themen im Lehrplan stehen (»ein Demonstrationsexperiment zur Mechanik im Fach Physik«);

(3) einen Primat der Schrift, der in der Dokumentation und Transformation
präsenter Dinge in die schriftliche Form an der Wandtafel besteht.

Dinge sind damit in (mindestens) dreierlei Hinsicht vermittelnde Instanzen der
Organisation Schule: Sie stehen für unterschiedliche Zugriffe auf eine das Unterrichtsgeschehen bestimmende Ressource, sie legen zeitlich-thematische Abfolgen nahe und sie symbolisieren unterschiedliche Zugänge zur Welt, die in einer
Hierarchie zueinander stehen. Wandtafel und Schrift sind gegenüber den Wissensobjekten zentral gesetzt. Jedwede schulisch relevante Beobachtung landet irgendwann in schriftlicher Form an der Wandtafel.

Im Übersetzen der Wissensobjekte in die Zeichenform an der Wandtafel findet
sich dementsprechend der entscheidende Punkt des Mathematik- und Physikunterrichts. Dinge werden als schriftlich bezwingbare Objekte aufgerufen. Kollektive Zeugenschaft und kollektives Protokollieren gehen hier eine Verbindung ein.
Das Zeichen steht für die Evidenz des konkreten aufgeführten Dings und verleiht ihm dadurch Dauer. Die Zeichen ersetzen schließlich die präsenten Dinge und erlauben erst die mathematische Darstellung der Welt. Letztlich geht es
nicht um Dinge, sondern um Repräsentationen von Dingen. Auf dem Weg zum
Zeichen wird nicht nur die kontingente und lokale Geschichte konkreter Dinge
ausgeblendet, sondern auch der Beitrag der Unterrichtsteilnehmer an ihrer Hervorbringung.

Allen Bemühungen zum Trotz, die Dinge schulisch zu bändigen und zu verein-
deutigen, lassen sich zahlreiche Pannen, aber auch unpassende Zwischenrufe seitens der Schüler beobachten. Dinge sind kein beliebig formbares Wachs in den

Händen menschlicher Nutzer, sondern durch ein »zu nichts gedrängtes Insich-stehen« (Gadamer 1986: 112) gekennzeichnet. Es handelt sich um eigenständi-ge und vieldeutige Entitäten, die sich dem menschlichen Zugriff teilweise ent-ziehen. Und selbst wenn es Lehrern und Lehrmittelindustrie gelingt, die Din-ge hinreichend zu schließen und damit die Schüler um die richtige Rezeption wissen, ist der reibungslose Ablauf des Unterrichts nicht garantiert. Die Schüler spielen oftmals mit der ihnen zugemuteten Aufforderung der schulischen Din-ge und konterkarieren sie, indem sie Gegenstände gegen die didaktische Intenti-on verwenden. Das, was die Schule über die Dinge von den Schülern einfordert, steht in einem Spannungsverhältnis mit der vieldeutigen und pannenbeladenen Eigenständigkeit der Dinge, aber auch mit der Eigensinnigkeit der Schüler, deren Wünsche und Begierden gegenüber den Dingen sich nicht immer im Einklang mit den didaktischen Absichten befinden.

In diesem und den beiden vorangegangenen Kapiteln habe ich drei verschiedene heuristische Zugänge zur Materialität des modernen lehrerzentrierten Schulun-terrichts gewählt. Bevor diese Heuristik zum Ende der Studie wieder zusammen-geführt wird, soll im folgenden Kapitel der Frage nachgegangen werden, was mit dem Schulunterricht passiert, wenn digitale Wissensmedien Einzug in das Klas-senzimmer erhalten.

5 Von der Kreide zum Pixel. Digitale Medien

Digitale Medien sind zunehmend Bestandteil des schulischen Unterrichts – und zwar nicht nur innerhalb gesonderter Informatikstunden in eigens dafür bereitgestellten Computerräumen, sondern auch innerhalb des Unterrichts anderer Fächer. Computer und interaktive Whiteboards kommen immer öfter auch im regulären Klassenzimmer zum Einsatz. Wie solche digitale Medien als sozio-materielle Mittler das Unterrichtsgeschehen verändern, ist Gegenstand der folgenden Ausführungen.

PowerPoint und andere Programme zur Computerpräsentation sind schon seit einiger Zeit ein – zumindest episodenweiser – Bestandteil des Unterrichts. An den Decken der Klassenzimmer und Physikräume in den von mir untersuchten Schulen fand sich für solche Zwecke hin und wieder gar ein fest montierter Beamer. Daneben stellen die Schulen auch mobile Beamer und Computer zur Verfügung, um in jedem Klassenzimmer derartige Präsentationen zu ermöglichen. Die interaktiven Whiteboards haben in Deutschland erst seit einigen wenigen Jahren Einzug in vereinzelte Klassenzimmer gehalten (Aufenanger/Bauer 2010: 6). Sie verbinden einen berührungsempfindlichen Bildschirm mit Kurzdistanzbeamer und Computer, um so die Bearbeitung der projizierten digitalen Inhalte zu ermöglichen. Es gibt sowohl mobile als auch – allerdings seltener – fest in den Klassenzimmern montierte Modelle.

Im Folgenden widme ich mich zuerst einer Eigenschaft, die Computerpräsentation und interaktive Whiteboards miteinander teilen und die sie vom klassischen schulischen Wissensmedium Wandtafel unterscheidet: Die Unterrichtsteilnehmer – insbesondere die Lehrer – müssen sie umsorgen und sich ihnen zuwenden (5.1). Erst dann betrachte ich die beiden digitalen Wissensmedien getrennt: zunächst die Computerpräsentationen mit Beamer und Laptop (5.2) und dann die interaktiven Whiteboards (5.3). Am Ende des Kapitels diskutiere ich, inwiefern die digitalen Medien den Schulunterricht als sozio-materielle Praxis verändern (5.4).

5.1 Umsorgen und Zuwenden

Wie die Tafel bieten die digitalen Medien eine sichtbare Fläche an der Stirnseite des Klassenzimmers. Die Schüler sind in die Richtung der Projektion oder des Whiteboards ausgerichtet und blicken durch sie hindurch auf das Angeschriebene bzw. das Projizierte. In dieser Beziehung unterscheiden sie sich nicht vom klassischen Medium des Unterrichts. Anders als die Wandtafel sind sie jedoch häufig kein fester Bestandteil der Unterrichtsräume. In diesem Fall müssen erst einige Aufbauarbeiten durchgeführt werden. Sind die digitalen Medien nicht nur Teil einer kurzen Einheit innerhalb der Schulstunde, dann geschieht dies in der Regel vor dem eigentlichen Unterrichtsbeginn. Die Schüler sind zwar an ihren Plätzen, unterhalten sich aber miteinander und schenken dem Geschehen am Lehrerpult keine große Beachtung. Die Lehrperson betritt das Klassenzimmer, ohne sich der Klasse zu widmen, geht an ihren Platz am Pult und legt zunächst ihre Tasche und andere Dinge wie etwa ihre Schlüssel ab. Wenn sie mit einzelnen Schülern spricht, dann in einer Lautstärke, die die Klassenöffentlichkeit ausschließt. Beamer und Laptop müssen ausgepackt und aufgestellt, Kabel miteinander verbunden werden. Wenn der Unterricht dann mit einer laut gesprochenen Begrüßung und der Klärung administrativer Fragen (z. B. der Anwesenheit der Schüler) beginnt, zeigt sich bereits ein Bild an der Wand oder am interaktiven Whiteboard, oft ist es der »Schreibtisch« des Computers oder die Titelfolie einer Präsentation.

Während die Wandtafel als präsentes Ding den Unterrichtsteilnehmern zumeist nicht der Rede wert ist, sieht dies bei den digitalen Medien oft anders aus. Anders als die Wandtafel verlangen sie im Unterricht immer wieder nach einer Erläuterung. Lehrpersonen explizieren ihr eigenes Tun und das des Geräts: »Knopf drücken!«. Oft murmeln sie dies halblaut – aber doch für alle im Raum verständlich – vor sich hin, während sie am Laptop oder am interaktiven Whiteboard zugange sind. Dies tun sie meist dann, wenn sie eine Datei suchen oder ausprobieren, wie man ein bestimmtes Programm bedient:

> Frau Schmidt sucht, für alle durch den Beamer sichtbar, nach der Präsentationsdatei am Laptop und kommentiert halblaut: »Ich muss grad' mal die Datei aufrufen«. Als die Lehrerin sie gefunden hat, öffnet sie die Datei und blickt zunächst auf die Projektion. In die Runde blickend fragt sie: »Kann man das sehen? Ist es nicht zu hell?«
> (Mathematik, 12. Klasse)

Frau Schmidts Frage (»Ist es nicht zu hell?«) zeigt außerdem, dass die Handhabung der digitalen Unterrichtsmedien voraussetzungsvoller ist als die der Wandtafel. Das räumliche Arrangement des Klassenzimmers mit seiner tageslichtspendenden Fensterseite ist für analoge Wissensmedien ausgelegt. Bildschirme mit Hintergrundbeleuchtung verlangen aber nach einer weniger hellen Umgebung. Während sich die Unterrichtsteilnehmer meist darauf verlassen, dass die Wandtafel etwas für alle sichtbar zeigt, muss sich die Lehrerin dieser Leistung der digitalen Medien erst einmal versichern. Bisweilen zwingt dies die Lehrpersonen dazu, in fast schon defensiver Haltung die Unzulänglichkeiten ihrer Präsentationen zu benennen:

> »Also meine Damen und Herren, hier sehen Sie, es ist ein bisschen klein, eine Simulation des schiefen Wurfs.«
> (Mathematik, 11. Klasse)

Häufig fordern die digitalen Medien Wartezeiten ein, etwa dann, wenn Programme geladen werden wollen. Auch dann kommentieren die Lehrer oft, was an den Computern passiert:

> Frau Schmidt ruft am Computer einen Link zur trigonometrischen Funktion auf. Währenddessen murmelt sie: »So, ich mach jetzt mal ...« Die Seite öffnet sich, aber ein Java-Applet muss noch laden. Frau Schmidt merkt etwas lauter an: »Während das hier lädt ...« Sie zeichnet ein rechtwinkliges Dreieck an die Wandtafel und klärt Grundlegendes zur Trigonometrie. Dann wendet sie sich wieder der Projektion zu, das Applet wurde mittlerweile geladen.
> (Mathematik, 12. Klasse)

Durch ihre Kommentare füllen die Lehrpersonen zeitliche Lücken im Ablauf des Unterrichts und sichern, dass die Ordnung des Unterrichthaltens präsent bleibt. Mit diesen »Vor-Aktivitäten« (Goffman 1980: 289ff.) beginnt so zwar die Unterrichtseinheit mit dem Computer als soziale Veranstaltung, zugleich ist der Beginn der eigentlichen Präsentation zurückgestellt. Wie im Rundfunk gilt im Unterricht, dass stets klar sein muss, was gerade ›läuft‹. Unerklärte Pausen und Lücken (›Funkstille‹) sollen vermieden werden. Manchmal genügt es auch, dass die Lehrpersonen darstellen, dass sie gerade etwas suchen oder vorbereiten:

> Herr Kerner ruft nun eine PDF-Datei mit dem Arbeitsblatt zur Hausaufgabe auf und sitzt weiter am Tisch. Dann öffnet er ein Programm (*Notebook*). Ein Ladebildschirm ist zu sehen. Herr Kerner blickt stumm auf seinen Bildschirm. Nachdem das Programm endlich geladen ist, sagt er zu den Schülern: »So, wer kommt mal nach vorne?«
> (Mathematik, 8. Klasse)

> Zwischendurch sucht Herr Kerner wieder mal eine Datei in seinem Netbook. Dies scheint länger zu dauern und irgendwann stoppt er die Übertragung von seinem Computer zum interaktiven Whiteboard. Ein blauer Bildschirm mit dem Logo des Herstellers (*SMART*) erscheint. Herr Kerner guckt weiterhin konzentriert auf sein Netbook und legt seine Stirn in Falten.
> (Mathematik, 8. Klasse)

Die digitalen Medien verlangen nach Zuwendung. Statt der Klasse wenden sich die Lehrpersonen zunächst der Technik zu. Sie absorbiert Zeit und Aufmerksamkeit. Die Lehrer stellen dies gegenüber ihren Schülern auch dadurch dar, dass sie stumm am Pult bleiben und sich deutlich den Bildschirmen ihrer Computer zuwenden. Indem sie etwa ihre Stirn in Falten legen, markieren sie auch, dass sie beschäftigt sind und ernsthaft arbeiten. In beiden Beispielen sehen die Unterrichtsteilnehmer auch am interaktiven Whiteboard, dass der Computer noch auf sich warten lässt. Ein Ladebildschirm bzw. das blau unterlegte Herstellerlogo weisen dies deutlich aus. Im zweiten Beispiel gibt es außer dem Herstellerlogo auf dem interaktiven Whiteboard nichts zu sehen. Der Lehrer sichert so auch die Privatheit seiner Vorbereitung. Den Schülern verwehrt er den Einblick in die vorbereitenden Schritte: Sie sind für die Schüler nicht relevant, es sind bloße technische Handgriffe. Was sich später auf der Fläche des interaktiven Whiteboards zeigt, ist das eigentlich Relevante. Sind die Vorbereitungen abgeschlossen, richten sich die Lehrpersonen wieder an die Klasse und rahmen sprachlich (»So«) den Beginn des eigentlichen Unterrichts.

Statt der stummen und unaufdringlichen Wandtafel begegnen uns hier Wissensmedien, denen man sich zuwenden muss, die regelrecht umsorgt werden wollen. Sie drängen so auch dem Unterricht eine andere Zeitlichkeit auf. Die Wandtafel ist sofort verfügbar, fordert aber ein vergleichsweise behäbiges Anschreiben ein. Im Falle digitaler Medien ist der Unterricht zunächst durch den oft zeitaufwändigen Aufbau, das Warten beim Laden und das Suchen nach Dateien bestimmt. Während man mit der Wandtafel sofort operieren kann, müssen die Unterrichtsteilnehmer zunächst mit der Technik der digitalen Medien umgehen und auf sie warten. Dann können die digitalen Medien aber ihren Geschwindigkeitsvorteil ausspielen: Folien können im Sekundentakt vorbereitete Texte und Grafiken an die Projektionsfläche oder das interaktive Whiteboard werfen; mit dem interaktiven Whiteboard kann man zwischen Anschreiben/Operieren und Aufrufen von Programmen und vorbereiteten Folien hin und her schalten.

Ferner zeigt sich, dass Pannen fester Bestandteil des digitalen Medieneinsatzes sind (Schnettler/Tuma 2007). Beamer funktionieren nicht oder fallen plötzlich aus. Die neuen Wissensmedien drängen sich dadurch immer wieder auf und stehen plötzlich im Vordergrund. Wenn es eine solche Panne gibt, dann äußern sich die Lehrer wenig überrascht. Eine Panne ist Teil einer Reihe: »Wo hängt's denn jetzt grade?« Bezüglich der digitalen Medien gibt es nachgerade eine Pannenerwartung:

Nach einer Reihe von kleineren Pannen soll eine Schülerin vorkommen, um dort eine Aufgabe zu bearbeiten. Herr Kerner kommentiert: »Ich hoffe, es klappt jetzt!« (Mathematik, 8. Klasse)

Nachdem eine Schülerin die erste Aufgabe bearbeitet hat, übernimmt Herr Kerner. Er wandelt die mündlichen Antworten der Schüler mit seinem Finger in schriftliche Lösungen am interaktiven Whiteboard um. Dies gelingt sofort ohne technische Probleme; Herr Kerner kommentiert: »Wer hat das denn so schön eingerichtet?« (Mathematik, 8. Klasse)

Dass die Präsentation auf Anhieb funktioniert, ist für die Unterrichtsteilnehmer alles andere als selbstverständlich: Sie hoffen auf einen reibungslosen Ablauf und sind überrascht, wenn es doch einmal klappt. Treten Pannen auf, sind es stets die Lehrpersonen, die anfangen zu sprechen und die Umstände zu erläutern. Auch hier sind sie Meister der Dinge, die Pannen stehen dadurch letztlich in ihrer Verantwortung. Die Forschung zu Computerpräsentationen im Allgemeinen hat gezeigt, dass Vortragende nunmehr nicht nur als ›Autoren‹ einer Rede, sondern auch hinsichtlich der »Orchestrierung« eines sozio-technischen Ensembles beurteilt werden (Schnettler/Tuma 2007: 184ff.). Gleichzeitig ermöglichen die neuen Medien, dass technische Aufgaben an Schüler delegiert werden können, während das eigentliche Unterrichten weiter den Lehrpersonen zufällt. So können sich Schüler als kompetente Experten der Technik bewähren, die von den Lehrern Anerkennung erhalten.[61] Die Wandtafel gewährt den Schülern nur das Wischen im Tafeldienst, das aber nur dann Erwähnung findet, wenn es unzureichend erfolgt.

Die relativ häufigen Pannen könnten den Eindruck erwecken, dass die von mir untersuchten Lehrer digitale Anfänger sind. Dies ist nicht der Fall. Sie sind allesamt durchaus medienkompetent. Herr Kerner gibt gar selbst Kurse zum interaktiven Whiteboard. Die Pannen treten also nicht etwa aufgrund ungeschickter Gebrauchsweisen auf, sondern scheinen selbstverständlicher Teil ihrer Verwendung im Unterricht zu sein. Die Lehrer sind gar so kompetent und vertraut im Umgang mit den Pannen, dass sie – vermutlich auch an den anwesenden Soziologen gerichtete – Scherze darüber machen (»Das ist eine Medienkompetenz hier!«) und sich nicht beirren lassen:

Dann ist die »Hyperbelgruppe« der letzten Woche gefragt. Eine Schülerin wiederholt von ihrem Platz aus, was auf der Internetseite zu den Hyperbeln zu sehen war. Während sie dies ausführt, ruft Frau Schmidt für alle sichtbar die entsprechende Internetseite am

---

[61] In den von mir beobachteten Schulstunden waren es stets Schüler männlichen Geschlechts, denen das Aufbauen und Einrichten des interaktiven Whiteboard zukam. Das Anschreiben am interaktiven Whiteboard fiel hingegen auf Schülerinnen und Schüler gleichermaßen zurück.

Computer auf. Sie zeigt dort einen Graphen, über den die Schülerin gerade spricht. Auf einmal geht ein Hinweisfenster des Antivirenprogramms auf. Frau Schmidt schmunzelt: »So, jetzt ist der Virenschutz wieder aktuell.«
(Mathematik, 12. Klasse)

Die Pannen – so ist zu vermuten – sind auch das Ergebnis der technischen Komplexität eines Arrangements aus Rechnern, Beamern, Kabeln und Projektionsflächen. Steht die Tafel als Medium für sich, so sind die digitalen Medien auf das Funktionieren der Elemente und ihres Zusammenspiels angewiesen. Deutlich wird am Beispiel von Frau Schmidt ferner, dass die Welt von außen hineinragt. Die digitalen Medien sind häufig mit dem Internet verbunden und halten sich über Updates auf dem neuesten Stand der Softwaretechnik.

Angesichts der Pannenanfälligkeit digitaler Medien äußern Lehrpersonen auf Messen und Lehrertagungen gegenüber den Anbietern oder Seminarleitern ihre Bedenken. Die Geräte sollen möglichst leicht und ohne großen Aufwand aufzubauen sein. Die Lehrer wünschen sich, dass alle Störungen des Unterrichtsablaufs auf ein Minimum reduziert sind. Auch die digitalen Medien sollen als Wissensmedien möglichst im Hintergrund bleiben und sich nicht aufdrängen. Die Vertreter der Lehrmittelindustrie versuchen diese Vorbehalte zu entkräften und weisen auf die robuste und zuverlässige Ausführung der Geräte hin. So betonte etwa ein Mitarbeiter eines Vertriebs für interaktive Whiteboards, dass sich bei einigen Modellen die Oberfläche auch mit regulären Whiteboardstiften beschriften lasse, sollte das Gerät wider Erwarten ausfallen.

5.2 Bildschirme. Computerpräsentationen

Die heute gängigen Präsentationsprogramme sind ursprünglich entwickelt worden, um mithilfe des Computers Folien für den Tageslichtprojektor zu erstellen (Schnettler et al. 2007: 11 ff.). Deshalb spricht man auch heute noch von Folien oder »slides«. Erst in den 1990er-Jahren entwickelten sich *PowerPoint* und ähnliche Programme zu Anwendungen, mit denen die Präsentationen selbst durchgeführt werden können. Im Schulunterricht trifft man Computerpräsentationen eher sporadisch an. Wohl kein Lehrer gestaltet seinen gesamten Unterricht auf Grundlage dieses digitalen Wissensmediums. Es sind einzelne Unterrichtsstunden oder -einheiten, in denen die Präsentationen zum Einsatz kommen. Ansonsten arbeiten die Lehrer weiter mit der Wandtafel. Die Computerpräsentation ergänzt dies lediglich. Die Lehrer bringen einen Laptop mit in die Klasse, bauen diesen auf und schließen ihn entweder an einen bereits fest im Raum installierten oder einen mitgebrachten Beamer an. Viele Klassenzimmer verfügen über eine ausgewiesene weiße Projektionsfläche neben der Tafel (siehe etwa Abb. 2.1, S. 44), oft genügt aber auch ein Teil der meist weiß gestrichenen Wände. Ist das technische Ensemble erst einmal aufgebaut, richtet sich die Aufmerksamkeit der Schüler – falls es nicht gerade eine Panne gibt – in erster Linie auf die Projektion. Der Computer als Bedieneinheit ist eher im Fokus der Lehrperson.

Folien und Formatierungen

Die gängigen Präsentationsprogramme (*PowerPoint*, *Keynote* etc.) geben vor, wie Folien zu gestalten sind. Icons, Symbolleisten, Menüs und andere Bedienelemente legen beispielsweise nahe, einen Titel für eine Folie zu wählen oder Text in Form von Spiegelstrichlisten darzustellen. Ferner reihen sich Folien an Folien in einer linearen Abfolge. Im Unterricht bindet die Bedienung des Programms die Lehrer an den Computer. Sie sind die »one-touch-authority« (Adams 2008: 65) der Präsentation. Möchten sie etwas an der Projektion zeigen und hervorheben, dann bewegen sie sich zwangsläufig von den Bedienelementen des Computers weg. Umgekehrt können sie am Computer nicht in der gleichen Weise wie an der Projektionsfläche auf das Projizierte zeigen.

Stärker als beim Tafelunterricht sind einzelne Folien voneinander getrennt. Ein teilweises ›Auswischen‹ gibt es hier üblicherweise nicht. Mit dem Wechsel der Folien wechselt die Gesamtheit des Projizierten. Auf den einzelnen Folien steht in der Regel nur ein kleiner Teil dessen, was sich an einer vollbeschrifteten Wandtafel findet. Daraus folgt oft auch eine schärfere Differenzierung in unterschiedliche Typen von Folien. Sind die Tafelbilder oft recht heterogene Gebilde, auf denen thematische Überschriften, Merksätze, Skizzen, Nebenrechnungen, administrative Hinweise und die Bearbeitung der Übungsaufgabe sich ein munteres Stelldichein geben, finden sich klarer voneinander abgegrenzte Funktionen für einzelne Folien.

Ein Folientyp ist dem Definieren und dem Fixieren von Merksätzen vorbehalten (siehe Abb. 5.1). Sie sind in kurze vortragsartige Erläuterungen der Lehrperson eingebunden und halten wichtige Definitionen und Sachverhalte fest. Meist lesen die Lehrer laut vor, was auf den Folien ohnehin zu lesen ist. Dabei ergänzen sie aber das Projizierte, erläutern es und heben einzelne Teile hervor, indem sie entweder mit dem Mauszeiger auf die entsprechenden Teile deuten oder zur Projektion gehen, um dort mit den Händen und Gesten darauf zu zeigen.

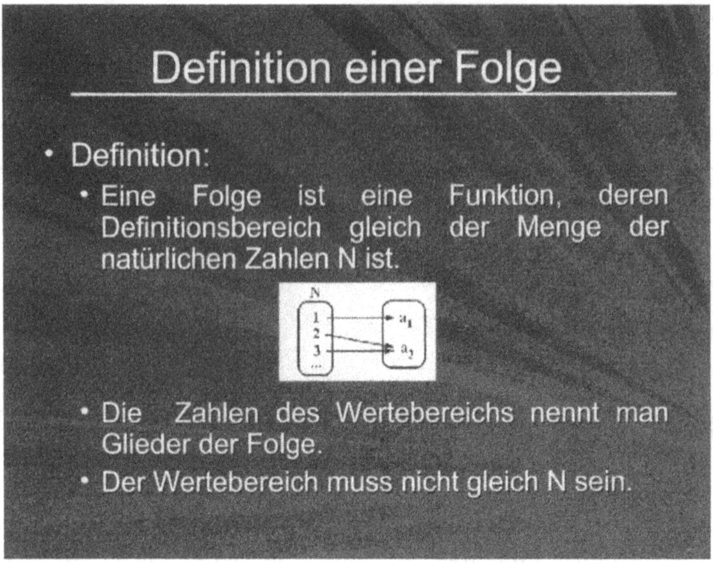

Abbildung 5.1: Eine Definitionsfolie

Die Überschrift rahmt im vorliegenden Fall eine Spiegelstrichliste als zentrale
Punkte eines Themas. In prägnanten Sätzen ist schulisch relevantes Wissen angegeben. Die Spiegelstrichliste macht daraus eine Schritt für Schritt zu memorie-
rende Abfolge kleiner Einheiten: Zu diesem Thema gibt es drei wichtige Punkte
zu sagen. Dieses Wissen stellt sich trotz seiner Listenförmigkeit als für die schulischen Zwecke abgeschlossen dar. Es füllt die gesamte und einzige Folie zum
Thema aus, auf der nächsten Folie folgt bereits ein neues Themengebiet. Die Folien stellen alles an ihnen Relevante unmittelbar dar und suggerieren, dass sie
abgeschlossen sind. Ein Diagramm ergänzt den ersten Merksatz. Solche Text-
Bild-Kombinationen sind ein häufiges Stilelement der Computerpräsentationen
(Pötzsch 2007). Sie machen deutlich, dass die Ikonographie der Folie mehr ist
als eine lineare Abfolge von Texteinheiten. Einerseits visualisieren Bilder und
Diagramme die schriftlichen Aussagen, andererseits sind sie erst vor dem Hintergrund eines sie begleitenden Texts verständlich. Die Farbgestaltung der Computerpräsentationen steht oft in einem starken Kontrast zur gewohnten Ästhetik
des Tafelbildes. Statt des vertrauten Weiß auf Dunkelgrün begegnet uns hier eine
blaue Folie mit weißer und gelber Schrift. Sie sticht dadurch aus der farblichen
Gleichförmigkeit der Stirnwand des Klassenzimmers hervor.

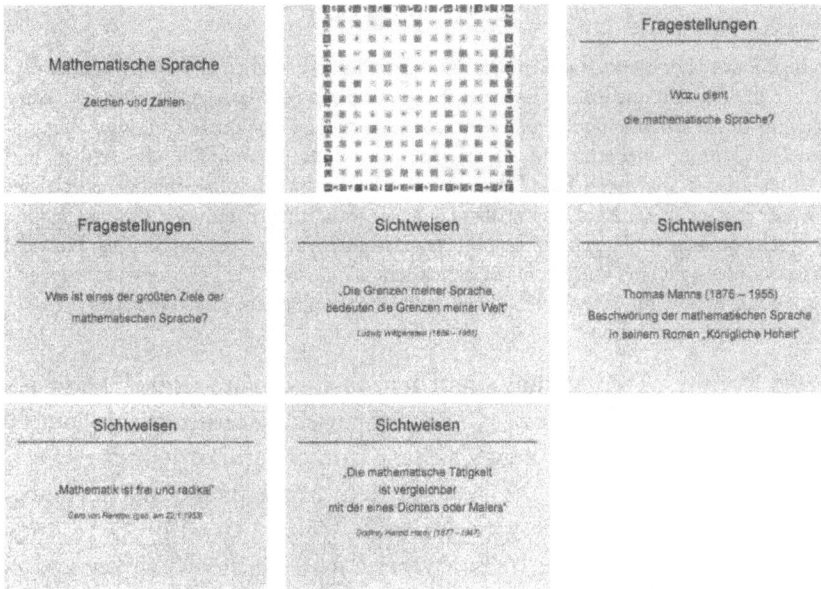

Abbildung 5.2: Computerpräsentationen als Stichwortgeber

Andere Folien sind eher als Ausgangspunkt für Diskussionen zu sehen. Sie stehen in der Regel am Anfang eines Themenblocks und dienen der Öffnung eines Themas im Lehrgespräch. Auf solchen Folien finden sich z. B. einzelne Zitate und offene Fragen. In Verbindung mit dem schnellen Wechsel der Folien dient die Computerpräsentation hier als Stichwortgeber. Abbildung 5.2 zeigt eine Abfolge von Folien, wie sie in einer Mathematikstunde der 12. Klasse zur Anwendung kam. Betrachten wir zunächst, wie die Lehrerin die ersten Folien der Präsentation verwendet:

Frau Schmidt ruft die erste Folie der Präsentation auf, sie trägt den Titel: »Mathematische Sprache – Zeichen und Zahlen«. Sie erläutert, dass sie den Schülern etwas über die mathematische Sprache beibringen wolle. Schnell geht sie zur zweiten Folie über. Die Folie enthält zahlreiche »kleine Bildchen«, die verschiedene Zeichen, Zahlen und Symbole auch aus nicht-mathematischen Bereichen darstellen. Frau Schmidt fordert die Schüler auf: »Schaut drauf und überlegt Euch, was Euch dazu einfällt.« Die Schüler merken an, dass einige etwas mit Mathematik zu tun haben, andere wiederum nicht: so finden sich neben mathematischen auch chemische, musikalische und esoterische Zeichen auf der Folie. Ein Schüler mutmaßt, dass die verschiedenen Farben, mit denen die Bilder unterlegt sind, eine Bedeutung haben könnten, vielleicht kennzeichnen sie verschiedene Kategorien. Frau Schmidt weist dies skeptisch zurück, die Farben hätten eher keine Bedeutung. Während des Lehrgesprächs zeigt sie immer wieder auf die Projektion und greift so einzelne Zeichen heraus.

Einige Zeit später merkt Frau Schmidt an: »Gut, ihr habt jetzt einen Überblick über verschiedene Zeichen und Zahlen bekommen, besonders in der Mathematik, aber auch zum Beispiel in der Chemie ((zeigt auf chemisches Symbol)).« Die dritte Folie wird aufgerufen. Frau Schmidt wiederholt die auf der Folie stehende Frage mündlich: »Wozu dient die mathematische Sprache?« Eine Schülerin weist darauf hin, dass Sprache normalerweise mehrdeutig sei, in der Mathematik aber eindeutig. Eine andere stellt fest, dass die mathematische Sprache im Gegensatz zur »normalen« international verständlich sei. Ein weiterer Schüler sieht eine Vorteil der mathematischen Sprache in der Fähigkeit, unterschiedliche Sachverhalte mit derselben Sprache zu beschreiben, sprich: »zu verallgemeinern«. (Mathematik, 12. Klasse.)

Die erste Folie der Präsentation rahmt zunächst – genau wie die Überschriften auf der Wandtafel – das Thema der Unterrichtseinheit. Mit der zweiten Folie sind die Schüler gefragt. Sie dient als offene Interpretationsfläche, die eine Vielzahl von Deutungen zulässt. Die grundsätzliche Ambiguität bildlicher und symbolischer Darstellungsformen wird durch die Vielzahl an »Bildchen« und deren eigentümliche Gegenüberstellung vervielfacht: Zeichen, Symbole und Zahlen aus völlig verschiedenen Kontexten reihen sich scheinbar relativ wahllos nebeneinander. Im Unterschied zur Schrift auf der Wandtafel kann Frau Schmidt diese Folie als frei zu interpretierendes Bild behandeln. Sie sollen »drauf« schauen und sich eigene Gedanken zum Dargestellten machen. Die mathematische Schrift lässt derlei freie Interpretationen im Schulunterricht üblicherweise nicht zu. Wie beim Angeschriebenen auf der Wandtafel greift Frau Schmidt dabei sowohl verbal als auch gestisch auf einzelne Elemente zu und hebt sie so hervor.

Auffällig ist, dass Frau Schmidt klar zwischen einer thematischen Überschrift, die den gesamten Unterrichtsabschnitt rahmt, und einzelnen Impulsen trennen kann: Beide finden sich auf unterschiedlichen Folien. Bei der Tafel findet sich hingegen beides oft gleichzeitig sichtbar an der Tafel. Erst das einigermaßen aufwändige Auswischen stellt einen deutlichen Bruch her. Die dritte Folie enthält schließlich eine explizit formulierte Frage. Aber auch bei der Computerpräsentation reicht es offensichtlich nicht aus, schriftliche Fragen in den Raum zu stellen. Anders als Fragen in einem Buch oder in einer schriftlichen Prüfung müssen diese mündlich durch die Lehrperson wiederholt werden. Ihnen allein kommt keine performative Wirkung als Sprechakt zu (Knoblauch 2007). Der weitere Verlauf der Unterrichtsstunde ist von einem schnellen Wechsel der Folien – und damit der Themen – gekennzeichnet. Folie um Folie wird gezeigt und kurz besprochen. Das Gezeigte (Zitate oder offene Fragen) dient als Ausgangspunkt für ein Lehrgespräch, in dem die Kommentierung durch Frau Schmidt zunächst suspendiert ist. Die Schüler dürfen Mutmaßungen anstellen und Meinungen äußern.

PowerPoint und andere Präsentationsanwendungen sind wenig geeignet für das gemeinsame Operieren und Rechnen in der Klasse: Rechnungen können allenfalls schrittweise präsentiert, nicht aber gemeinsam bearbeitet werden. Die Programme bieten auch keine Möglichkeit, Schülerantworten und -lösungen vorläufig für die Klassenöffentlichkeit festzuhalten, um sie dann gegebenenfalls wieder von der Projektion zu entfernen oder aber als autorisierte Antwort stehen zu lassen. Die Schüler treffen auf vorgefertigte Folien, von deren Gestaltung sie ausgeschlossen sind. Auch die Abfolge der Folien und Stichpunkte ist zwar nicht unumstößlich, aber doch vorgegeben. Wenn Lehrpersonen eine Folie überspringen oder zu bereits gezeigten Folien zurückkehren, ist dies für die Klasse sofort sichtbar. Die Präsentation suggeriert anders als die Wandtafel eine Abgeschlossenheit und festgelegte Zielrichtung: Dies sind die Folien zu diesem Thema, sie enthalten alles Wichtige dazu und sind in folgender Reihenfolge zu betrachten. Die Wandtafel ist dagegen eine prinzipiell offene Fläche, auf der Ergänzungen und Nebenrechnungen jederzeit hinzutreten können.[62]

Für die Zwecke von Frau Schmidts Schulstunde, in der die Diskussion und Erarbeitung eines neuen Themas im Mittelpunkt steht, leistet die Computerpräsentation wertvolle Dienste. Anstelle des gemeinsamen Operierens und Erstellens findet man hier das gemeinsame Diskutieren von Stichworten und offenen Fragen. Die Abfolge der Folien inszeniert hier ein gelehrtes Sprechen *über* die Mathematik: Zunächst wird ein Thema klar benannt. Darauf folgt ein Bild, das unzählige Deutungen zulässt und als offener Einstieg in die Diskussion dient. Die Fragen auf den nächsten beiden Folien sind zwar offen formuliert, lenken die Diskussion aber stärker in eine bestimmte Richtung. Unterschiedliche Geistesgrößen kommen auf den folgenden Folien zu Wort: ein Sprachphilosoph, ein Schriftsteller, ein Mathematiker sowie ein Wissenschaftsjournalist. Mathematik ist hier nicht bloßes Kalkül, sondern eine kulturelle Leistung. Unterstrichen wird dies dadurch, dass die Aussprüche in Form eines Gelehrtenzitats auftauchen: eine prägnante Aussage, darunter Vor- und Nachname des Autors mit dem Geburtssowie gegebenenfalls dem Todesjahr.

Was ferner auffällt, ist die mittige Ausrichtung der Folien. Statt einer Spiegelstrichliste finden sich bei diesen Folien nur eine Überschrift und einzelne Sätze.

---

[62] Selbstverständlich folgt auch das Tafelbild oft einem vorgefertigten Skript, mit dessen Hilfe die Lehrpersonen das gemeinsame Erstellen mit den Schülern inszenieren. Das Skript kann aber der Klasse verborgen bleiben und Abweichungen davon sind leicht möglich.

Die Folieninhalte erhalten dadurch weniger den Charakter von Merksätzen als von Schlagworten, die in den Raum gestellt werden. Die Folien weisen ferner keine richtige Antwort aus, sondern liefern nur Stichworte und offene Fragen für die Diskussion. Zwar fasst Frau Schmidt die aus ihrer Sicht wichtigsten Punkte des Lehrgesprächs noch einmal zusammen und weist so darauf hin, was das ›Ergebnis‹ des Unterrichts ist. Jedoch wird – anders als im Tafelunterricht – weder das Ergebnis schriftlich und für die Klassenöffentlichkeit sichtbar festgehalten, noch erscheint es anderweitig auf der Folie. Mit den Fragen auf den Folien steuert sie in erster Linie die Aufmerksamkeit der Schüler und regelt den Wechsel von Themen – ganz so wie dies auch die mündliche Lehrerfrage leistet (Kalthoff 1997: 97).

Die Logik des schnellen Wechsels ist in die Programme und die angeschlossene Technik eingeschrieben. Dieser Wechsel mit seinem schnellen »Aufblitzen« (Adams 2008: 68f.) der neuen Folie zieht immer wieder die Aufmerksamkeit der Schüler auf die Projektion. Schon dieses Aufblitzen setzt klar eine neue Einheit in Szene und macht das Projizierte unmittelbar relevant. Eine alte Folie wird in einem Augenblick komplett durch etwas Neues ersetzt; eine plötzliche Bewegung zeigt sich an der Projektionsfläche, die unsere Blicke anzieht. Mit einer kleinen Fingerbewegung am Computer kann Frau Schmidt schnell und mühelos von einer Diskussionsfrage zu einem Zitat Ludwig Wittgensteins wechseln. Statt Zeit auf das An- und Abschreiben zu verwenden, schaffen sich die Unterrichtsteilnehmer mit der Computerpräsentation zeitliche Freiräume, in denen das Dargestellte zur Diskussion gestellt werden kann: Nun reden wir über dieses Zitat, dann über das nächste. Festgehalten und abgespeichert werden mit der Präsentation nicht die Antworten, sondern die Zitate und Fragen. Das Nachdenken und Reden über das Thema »Die mathematische Sprache« ist relevant, nicht die endgültige Beantwortung von Fragen.

Asynchronitäten

Das Abschreiben des Dargestellten verliert angesichts der technischen Reproduzierbarkeit der Präsentation seinen zwingenden Charakter und kann in der Regel ausbleiben. An seine Stelle tritt das Abspeichern einer außerhalb der Unterrichtszeit versandten Datei. Obwohl die Lehrpersonen ihren Schülern die Präsentationen zukommen lassen und dies den Schülern auch mitteilen, weisen sie diese aber an einigen Stellen an, das Dargestellte abzuschreiben. So lässt beispielsweise Frau Schmidt ihre Schüler während einer Präsentation wissen:

»Ich schick euch die Präsentation hier dazu, aber ich hab so'n paar Seiten, wo ich euch bitten würde, dass ihr die übernehmt, einfach dass des noch mal durch den Stift in den Kopf und so weiter. Und das wäre so eine. Also, ihr könnt als Überschrift Reihen und Folgen schreiben und dann dass ihr die Definitionen wenigstens mit übernehmt und dann kommen noch so'n paar Übungen, dass ihr die euch mit abschreibt. Is' ja auch immer nich' viel.«
(Mathematik, 12. Klasse)

Eine gängige Ethnotheorie des Lernens sieht im Schreiben einen wichtigen Modus der Aneignung des ›Stoffs‹. Deshalb müssen die Schüler angesichts der digitalen Medien daran erinnert werden, zumindest zentrale Folien (Definitionen) abzuschreiben. Anders als an der Wandtafel ist die Überschrift mit der Titelfolie entschwunden. Die Folien der Präsentationssoftware sind nicht am Abschreiben, sondern am Präsentieren orientiert. Folgt man gängigen Formatierungen und Formatvorlagen oder auch Hinweisen zur optimalen Gestaltung von Folien, dann sollen nur wenige prägnante Sätze, Begriffe oder Formeln auf einer einzelnen Folie versammelt werden. Angesichts der Redundanz – die Schüler erhalten eine Reproduktion, der Fixierung des ›Stoffs‹ ist also Genüge getan – rechtfertigt sich Frau Schmidt vor den Schülern und sieht sich am Ende gar zu einer Art Beschwichtigung genötigt: »Is' ja auch immer nich' viel.« Das Abschreiben wird mit der computergestützten Präsentation zur Ausnahme und muss, wenn es doch einmal erfolgen soll, explizit eingefordert werden.

In ihrer Darstellungsleistung ist die Computerpräsentation zunächst vergleichbar mit der Wandtafel. Sie ist Wissensmedium und bietet eine zentrale Fläche dar, auf der Zeichen erscheinen können. Ohne die dort erscheinende Schrift und die Darstellungen gäbe es im Mathematik- und Physikunterrichts nichts zu sprechen und zu verhandeln. Die Computerpräsentation liefert Stichworte für das Unterrichtsgespräch und führt neues Wissen ein. Schülerantworten werden im Abgleich mit den sich nach und nach zeigenden Definitionen und Erläuterungen als falsche oder richtige Antworten markiert. Anders als die Wandtafel trennt sie anzeigende Fläche und Operationsfläche. Bei der Präsentation mit Computer und Beamer sind die Möglichkeiten zum operierenden Gebrauch gegenüber der Wandtafel eingeschränkt. Die Computerpräsentation liefert fertige Abfolgen von Folien. Zwar können auch Rechnungen vorgeführt werden, indem die Lehrperson z. B. eine Berechnung Schritt für Schritt erscheinen lässt, aber es zeigt sich ein wichtiger Unterschied zur mathematischen Schrift an der Tafel: Die Fläche, auf der sich etwas zeigt, ist getrennt von der Fläche, auf der man operiert. Die Lehrperson operiert am Bildschirm des Laptops, die Schüler schauen auf die Projektion. Bei der Tafel bilden Anzeige- und Operationsfläche hingegen eine

Einheit. Das heißt auch, dass die Schüler beim Operieren am Computer nicht in gleicher Weise beteiligt sind wie bei der Wandtafel. Entweder sie folgen der operierenden Lehrperson oder der projizierten Rechnung.

Meist fallen das Anschreiben und das Präsentieren bei der Computerpräsentation zeitlich und räumlich auseinander. In der Regel bereiten die Lehrpersonen ihre Präsentationen zuhause vor. Die einzelnen Folien und ihr Inhalt »erscheinen« dann nur noch wie von Geisterhand auf der Wand. Damit trennen die Präsentationen auch die Lehrperson und ihre Folien voneinander. Sie wird zum Vorführer: statt vorzumachen, führt sie vor – und sie führt aus, was sie zuhause bereits als Abfolge von Folien vorbereitet hat. Dadurch sind die Schüler von der Entstehung einer gemeinsamen Anschrift ausgeschlossen. Statt ›ihres‹ Tafelbildes begegnet ihnen Frau Schmidts vorgefertigte Präsentation. Ferner sind so Schreiben und Veröffentlichung voneinander getrennt. Die Lehrperson kommentiert, was erscheint. Ihr vergangenes Schreiben als situierten Entstehungsprozess kann sie aber im Unterricht nicht mehr kommentieren. Die Wandtafel, aber auch der Tageslichtprojektor erlauben hingegen ein paralleles Sprechen und Schreiben. Schreiben und Veröffentlichen fallen zusammen.

Mit der Computerpräsentation entstehen mehrere Asynchronitäten im Unterricht, die sich mit der Wandtafel so nicht finden lassen. (1) Das Abspeichern und Versenden der Präsentationen setzt die zeitliche Nähe von Präsentieren und Abschreiben außer Kraft. Die Fixierung des Wissens kann jenseits des eigentlichen Unterrichtsgeschehens stattfinden. (2) Anzeige- und Operationsfläche fallen auseinander. Aus dem anschreibenden und damit auch vorführenden Operieren der Lehrperson wird ein zweigeteiltes Geschehen, dem die Schüler höchstens sukzessive folgen können. (3) Schreiben und Präsentieren sind zeitlich voneinander getrennt. Einerseits entfallen so die schreibbegleitenden Kommentare der Lehrer – sie können nur bereits Projiziertes im Nachhinein kommentieren. Andererseits sind dadurch die Schüler von der vorgelagerten Entstehung des Projizierten ausgeschlossen. Die Punkte (1) und (3) deuten noch auf etwas anderes hin: Mit den Computerpräsentationen entgrenzt sich Schulunterricht räumlich und zeitlich. Während die Wandtafel durch die situative Überschneidung von Sprechen, Schreiben und veröffentlichender Darstellung gekennzeichnet ist, verteilt sich der Unterricht mit der computergestützten Präsentation in größerem Maße auf verschiedene Orte. Die Gestaltung der Folien ist bereits vor Unterrichtsbeginn an den Schreibtischen der Lehrer erfolgt. Der vom Arbeitszimmer der Lehrperson versandte E-Mailanhang erreicht die Schüler am Nachmittag fernab der Schule.

5.3 Operationsschirme. Interaktive Whiteboards

Derzeit steht besonders ein digitales Medium im Zentrum der Aufmerksamkeit des öffentlichen Bildungsdiskurses: das interaktive Whiteboard. Auf Bildungsmessen wie der *didacta* oder der *BETT Show* (*British Educational Training and Technology Show*) nehmen die interaktiven Whiteboards in den letzten Jahren großen Raum ein und ziehen neugierige Messebesucher an, auf Lehrertagungen und -fortbildungen finden sich Workshops zu ihrem Gebrauch in der Unterrichtspraxis, in der Presse und im Radio sind sie Thema der Berichterstattungen zur Bildungslandschaft.[63]

Womit haben wir es zu tun? Das interaktive Whiteboard ist in der Regel ein etwa tafelgroßes Gerät, das eine weiße Projektionsfläche mit einem Kurzdistanzbeamer verbindet (Schlieszeit 2010). Über einen angeschlossenen Computer können die Lehrer so den jeweiligen Bildschirminhalt im Großformat zeigen und jede auf dem Computer lauffähige Software kann Bestandteil des gemeinsamen Unterrichts werden. Darin unterscheiden sich die digitalen Whiteboards nicht von der gängigen Computerpräsentation. Hinzu kommt aber eine berührungsempfindliche Oberfläche, die es den Nutzern erlaubt, Markierungen und Manipulationen direkt auf dem Dargestellten vorzunehmen. So können Lehrer und Schüler am interaktiven Whiteboard (und nicht notwendigerweise am Computer) handschriftlich anschreiben, hervorheben und rechnen oder gar interaktive Schaltflächen bedienen. Einige Modelle benötigen hierzu spezielle Stifte, bei anderen genügt der Druck des Fingers oder eines beliebigen Gegenstandes. Zum Lieferumfang der interaktiven Whiteboards gehört eine vom jeweiligen Hersteller bereitgestellte Software, um beispielsweise Tafelbilder abspeichern und für die Schüler per E-Mail oder Lernplattform (z. B. *Moodle*) zur Verfügung stellen zu können.

Marketing und Gestaltung

Um die interaktiven Whiteboards wird ein breiter öffentlicher Diskurs geführt. Einzelne Bundesländer – etwa Rheinland-Pfalz – fördern die Ausstattung ihrer Schulen mit dem neuen Unterrichtsmedium (Fischer/Weißer 2010). Viele Hoffnungen sind mit dem interaktiven Whiteboard verbunden. Befördert werden diese Hoffnungen durch das Marketing der Hersteller, die dadurch versu-

---

[63] Diesen massenmedialen und diskursiven Rummel haben sie mit der Etablierung anderer einst >neuer< Medien in der Mediengeschichte gemein (Kümmel et al. 2004).

chen, das interaktive Whiteboard als neues Unterrichtsmedium zu etablieren. Die Marketingabteilungen preisen dabei nicht einfach nur an, was die Entwicklungsabteilung erdacht hat, sondern konstituieren selbst das Ding als marktfähiges Objekt. Sie vermitteln so zwischen Herstellern und Kunden (Cochoy 1998) und erzeugen dabei einen Bedarf für ein Objekt, auf das andere (hier: z. B. Schulleiter und Bildungspolitiker) sich beziehen können. Was für ein Objekt schaffen also die Marketingabteilungen der die interaktiven Whiteboards herstellenden Betriebe?

In ihren Prospekten preisen die Hersteller die interaktiven Whiteboards z. B. als »spannende Unterrichtswerkzeuge« an und versprechen »begeisterte Schüler« und ein »packendes Erlebnis« (*SMART*). Der Hersteller *Promethean* verkündet, dass das Klassenzimmer zum Ort wird, »where we unleash the potential of every student and every teacher every day« und in dem aus Schülern »Stars« werden und Unterricht »lebendig wird«. Begründet wird dies unter anderem damit, dass die interaktiven Whiteboards multimediale und interaktive Medien sind. Das Abspeichern des Tafelbildes ermögliche zudem, statt dem Abschreiben das Diskutieren und Problemlösen in den Vordergrund des Unterrichts zu rücken. Angesichts dieser Euphorie warnen einige mediendidaktische Artikel davor, die Whiteboards ohne eine entsprechende Schulung der Lehrpersonen einzusetzen (etwa Aufenanger/Bauer 2010: 7ff.). Eine weitere Gefahr wird darin gesehen, dass die Schüler staunend, aber passiv der Multimediapräsentation ihrer Lehrer folgen.

Die Wandtafel ist hingegen vielerorts das Gegenmodell zum interaktiven Whiteboard. Sie gilt als veraltetes und langweiliges Medium. Gängig ist beispielsweise die Formulierung: »Das Ende der Kreidezeit«. Sie findet sich sowohl bei den Herstellern der interaktiven Whiteboards als auch bei Schulleitern sowie überregionalen Massenmedien.[64] So verwendet etwa die Firma *Legamaster* für das Titelbild ihres Prospekts neben dem Motiv eines Dinosauriers ein interaktives Whiteboard, auf dem sich eben dieser Slogan wiederfindet.

Die Hersteller der interaktiven Whiteboards legen großen Wert darauf, den Lehrern und Schülern den Übergang vom alten zum neuen Medium so einfach wie möglich zu machen. In ihren Prospekten betonen sie die einfache Handhabung

---

[64] Beispielsweise wählt der *Stern* vom 26. Oktober 2008 die Formulierung als Überschrift für einen Artikel zu den interaktiven Whiteboards und *SWR2* benennt so eine Sendung vom 5. März 2011 zum Thema. Die *Süddeutsche Zeitung* vom 12. Januar 2009 berichtet in ähnlicher Weise über einen Berliner Schulleiter, der das »Ende der Kreidezeit« an seiner Grundschule ausgerufen hat.

der Geräte: »Die intuitive, einfache Bedienbarkeit der Produkte gibt auch An-
fängern schon ein gutes Gefühl« (*SMART*); »kinderleichte Handhabung« (*Legamaster*). Die Hersteller begründen dies mit der Gestaltung der interaktiven
Whiteboards, die sich an vertraute Medien anlehnt. Insbesondere die zur Bedienung vorgesehenen Stifte werden hier hervorgehoben: »Vorteil 4: Stift als bekanntes Schreibinstrument« (*Legamaster*).

Design und Benutzeroberfläche der interaktiven Whiteboards lehnen sich an das
analoge Whiteboard und die Wandtafel an. So ist die weiße Bearbeitungs- bzw.
Projektionsfläche im ausgeschalteten Zustand zunächst kaum von einem klassischen Whiteboard zu unterscheiden. Einige Lehrer, die mit mir einen Work-
shop zum Einsatz von interaktiven Whiteboards im Unterricht besuchten, waren dann auch überrascht, als sich das vermeintliche analoge Whiteboard im Se-
minarraum als digitales entpuppte. Bei den Modellen des Herstellers *SMART*
stehen vier farbige »Stifte« sowie ein »Schwamm« in Mulden unterhalb der
Projektionsfläche zur Verwendung bereit. Es handelt sich um einfache Plastik-
gegenstände, die ihren analogen Vorbildern ähneln, anders als diese aber nur am
eingeschalteten Gerät funktionieren. Mit den »Stiften« können die Schultoilet-
ten nicht mit obszönen Schmierereien verunstaltet und mit dem »Schwamm«
keine Wasserschlachten ausgetragen werden. Am eingeschalteten interaktiven
Whiteboard kann man jedoch schnell den Gebrauch dieser Dinge nachvollziehen. Wenn ich in die rote Mulde greife, um daraus den »Stift« hervorzuholen,
der mich an einen großen roten Filzstift oder Whiteboardmarker erinnert, ist
mir schnell klar, dass ich damit etwas in roter Farbe an die Fläche schreiben oder
zeichnen kann. Die Designer des interaktiven Whiteboards haben hier einen einfachen Weg gefunden, die Benutzer an das neue Medium heranzuführen. Sie zitieren die Symbolik der alten Medien, um eine ähnliche Gebrauchsweise nahezulegen.[65]

Auch ich konnte mich bei mehreren Gelegenheiten am interaktiven Whiteboard
– genauer an einem Modell von *SMART* – versuchen. Wenn man darauf schreibt,
dann bietet sich dem »Stift« ein leichter Widerstand, ganz so wie man es von
den analogen Medien gewohnt ist. Viele Modelle weisen bei näherer Betrachtung eine raue Oberfläche auf, so dass die glatte Spitze des Plastikstifts nicht ohne weiteres darauf gleitet. Die »Stifte« selbst liegen gut in der Hand. In Work-

---

[65] In der Designtheorie kennt man dieses Phänomen als »Skeuomorphismus« (Basalla 1988:
107). Neue technische Artefakte zitieren die Designsprache der alten, um den Benutzern den
Gebrauch zu erleichtern. Man denke etwa an die zahlreichen Icons und Bedienelemente der Be-
triebssysteme unserer Computer, die auf analoge Äquivalente verweisen: ›Ordner‹, ›Fenster‹,
›Knöpfe‹, ›Adressbücher‹ etc.

shops zu den interaktiven Whiteboards weisen die Seminarleiter auf diese intuitive Bedienbarkeit hin und stellen dies als Vorteil der Geräte dar: »Stift ist Stift, Schwamm ist Schwamm, und mit Schwamm kann man Stift wegwischen!« In einem Prospekt des Herstellers *SMART* findet sich eine ähnliche Formulierung:

> »Die intelligente Stiftablage des SMART Board™ Interactive Whiteboards erkennt mithilfe von Sensoren, welches Werkzeug der Nutzer entnommen hat. Dabei gilt: Der Stift ist der Stift, der Schwamm ist der Schwamm und der Finger ist die Maus.«

Besonderen Wert legt *SMART* ferner darauf, dass – zumindest bei einigen Modellen – »durch Filzspitzen in den Stiften« ein »natürliches Schreibgefühl« vermittelt wird. Auch ein Seminarleiter betont die »Natürlichkeit« des Schreibens am interaktiven Whiteboard: »handschriftlich, wie auf der Tafel. Nur dass die Tafel halt nicht rechnen kann.« Auffällig ist, dass die Wandtafel trotz aller Überwindungsgesten immer noch das Referenzmedium ist. Das interaktive Whiteboard soll mindestens das bieten können, was schon die Kreidetafel geleistet hat, darüber hinaus aber auch einiges mehr.

Auch die Software der unterschiedlichen Modelle weist eine intuitive Bedienoberfläche auf. Die Hersteller greifen hier einerseits auf gängige Konventionen der Gestaltung von Softwareoberflächen zurück: Buttons und Menüs am oberen Rand mit der zentralen Bearbeitungsfläche darunter, Disketten als Speichersymbol, Hand- und Stifticons für unterschiedliche Modi der Bedienung etc. Andererseits finden sich auch innerhalb der Software Elemente, die das interaktive Whiteboard in Kontinuität zur klassischen Wandtafel bzw. zum analogen Whiteboard setzen. So können Lehrer und Schüler ein virtuelles Tafelgeodreieck aufrufen, um damit gerade Linien zu zeichnen oder Winkel auf der Darstellungsfläche auszumessen. Auf Bildungsmessen preisen die Vertreter der Hersteller und Vertriebsmitarbeiter die tafelanalogen Funktionen – wie etwa die Geodreieckfunktion – als »naturgetreu« an. Nicht nur die Oberfläche des Geräts, sondern auch die der Software ist weiß und orientiert sich dadurch am analogen *White*board. Ebenso sind die Linien, die man auf der Oberfläche hinterlassen kann, in den gängigen Farben der Whiteboardstifte gehalten: grün, rot, schwarz und blau.

Folgendes lässt sich festhalten: Sowohl die Prospekte der Hersteller als auch die Gestaltung der interaktiven Whiteboards beschwören das bewährte Medium des Schulunterrichts – die Wandtafel. Dadurch sollen die Geräte für Lehrpersonen und Schüler in Kontinuität zur vertrauten Wandtafel treten und auch im Gebrauch ähnlich zu handhaben sein. Gleichzeitig kann das neue Medium aber mehr, so das Versprechen des Marketings. In einem Gestus der Überbietung verheißen Multimedialität und Digitalität einen fesselnden Unterricht, in dem neue Formen des Lehrens und Lernens möglich sind.

Gebrauch und ›Missbrauch‹

Auch das interaktive Whiteboard ist in Praktiken des Anzeigens eingebunden und lebt vom Wechselspiel des Sprechens und Anschreibens. Wie bei der Wandtafel kommentieren sich Anschrieb und Diskurs gegenseitig. Überschriften geben das Thema einer Unterrichtseinheit vor (etwa Das Haus der Vierecke), mündliche Kommentare heben einzelne Teile des Projizierten hervor oder dienen seiner Erläuterung:

> »Also die Anzahl der Symmetrieachsen sieht man hier ((zeigt auf ein Vieleck am interaktiven Whiteboard))«.
> (Mathematik, 8. Klasse)

> Schließlich geht es um das Trapez. Herr Kerner ruft die entsprechende PDF-Datei auf und lenkt die Aufmerksamkeit auf das dort abgebildete Trapez, indem er rechts vom Gerät stehend darauf zeigt: »Was für ein Trapez ist das?« Eine Schülerin weiß es, es ist ein gleichschenkliges Trapez. Dies schreibt Herr Kerner neben das Trapez ans interaktive Whiteboard.
> (Mathematik, 8. Klasse)

Man sieht hier, dass die Unterrichtsteilnehmer ebenfalls mit der Schrift und anderen Zeichen auf die dargestellten Dinge (etwa Vielecke) zugreifen. Mit ihren Zeigegesten und Kommentaren heben die Lehrpersonen einzelne Teile hervor und etablieren sie als relevante Foki des Unterrichtgesprächs. Im zweiten Beispiel erstellen Lehrer und Schüler gemeinsam das Tafelbild. Die Schülerantworten erhalten auch hier ihre Weihe als gesichertes Wissen der Klasse dadurch, dass sie klassenöffentlich vom Lehrer angeschrieben werden. Noch etwas fällt auf: Herr Kerner bereitet dem neuen Medium die Bühne und setzt das dort Projizierte auch dadurch zentral, dass er sich seitlich vom Gerät positioniert. Damit steht er abseits vom Zentrum der Stirnwand und hält die Projektionsfläche des interaktiven Whiteboards frei. Das technische Artefakt ist für einen Moment zentrale Instanz des Unterrichtens.

Die Kontinuität im Gebrauch hat ihren Ursprung in den Bemühungen der Hersteller, Gestaltung und Bedienung der interaktiven Whiteboards möglichst an vertrauten Unterrichtsmedien auszurichten. Das interaktive Whiteboard nimmt im Klassenzimmer ferner einen tafelanalogen Ort ein. Die Ausrichtung der Klassenzimmer auf die Mitte der Stirnwand setzt auch dieses Wissensmedium als zentral sichtbare Fläche ein. Die mobile Version im Klassenzimmer der 8 b bei Herrn

Abbildung 5.3: Das interaktive Whiteboard im Klassenzimmer

Kerner wird stets vor der alten Wandtafel platziert und bringt diese so teilweise hinter sich zum Verschwinden (siehe Abb. 5.3).

Selbstredend unterscheidet sich das interaktive Whiteboard in vielerlei Hinsicht vom analogen Whiteboard und der Wandtafel. Obwohl in der Klasse von Herrn Kerner das interaktive Whiteboard an einen tafelanalogen Platz gestellt wird, drängt sich die omnipräsente und fest installierte Wandtafel hin und wieder auf:

> Ein Schüler schaltet das Smartboard ein, der blaue Startbildschirm ist zu sehen. Zwei andere Schüler wischen die Tafel hinter dem interaktiven Whiteboard. Erst als sich diese wieder setzen, merkt Herr Kerner, dass sie die Tafel sauber gewischt haben. Der Lehrer kommentiert: »Ich weiß nicht, wieso ihr Tafeldienst gemacht habt, wenn wir das Smartboard benutzen.«
> (Mathematik, 8. Klasse)

Noch besetzt meist die Wandtafel den zentralen Platz und beherrscht von dort aus das Klassenzimmer, mit dessen Wand sie fest verbunden ist. Für die Schüler ist der Dienst an der Tafel dementsprechend eine selbstverständliche Aufgabe. Das interaktive Whiteboard hat die Wandtafel hingegen noch nicht vollständig ersetzt und erscheint als optionales Medium, das seinen angestammten Platz im Klassenzimmer noch nicht gefunden hat. Dass die Tafel für eine Unterrichtsstunde außer Kraft gesetzt und durch das interaktive Whiteboard abgelöst ist, muss den Schülern deshalb an dieser Stelle explizit in Erinnerung gerufen werden.

Ferner unterscheidet sich das Seitenverhältnis der gängigen interaktiven Whiteboards von dem der Kreidetafel. Stellt die Tafel – insbesondere im ausgeklappten Zustand – ein liegendes Rechteck dar, so orientiert sich sein digitales Pendant an der klassischen Bildschirmaufteilung der Computer (4:3).[66] Dies hat Folgen für das ›Tafel‹bild. Statt eines gleichzeitigen Nebeneinanders verschiedener Flügel findet sich hier zunächst eine eher vertikale Abfolge. Neue Rechnungen und Merksätze werden meist unter das bereits Angeschriebene hinzugefügt. Mit der entsprechenden Software können die Unterrichtsteilnehmer ein kontinuierliches und quasi-unendliches vertikales Tafelbild erzeugen, durch das man mithilfe der Scroll-Funktion navigieren kann.

Genau wie bei den Computerpräsentationen können die Lehrer jedoch auch hier schnell zwischen verschiedenen Folien, aber auch Programmen und anderen Fenstern wechseln. Sind die Computerpräsentationen eher durch eine lineare Abfolge (trotz grundsätzlicher Umkehrbarkeit) geprägt, haben wir es hier mit einem schnellen Hin-und-Her-Springen zu tun: Ein Arbeitsblatt folgt auf eine Folie mit Erläuterungen zu einem neuen Thema, auf dieses folgt Geometriesoftware, dann wieder die Erläuterungsfolie und schließlich abermals das Arbeitsblatt. Diese Wechsel erzeugen – wie bei der Computerpräsentation – Aufmerksamkeitsimpulse.

Anders als die Computerpräsentation kennt das interaktive Whiteboard keine Trennung von Anschreibe- und Präsentationsfläche. Die Lehrperson kann zwar auch am Computer das interaktive Whiteboard bedienen, sie muss es aber nicht. Meistens arbeitete Herr Kerner zu Beginn des Unterrichts noch am Computer (um beispielsweise Dateien aufzurufen), später aber fast ausschließlich an der Projektionsfläche selbst, um dort anzuschreiben oder zwischen Dateien zu wechseln. Die Schüler können ihm so beim Operieren mit den Zeichen zusehen und sind im gemeinsamen Erstellen eines Tafelbilds sichtbar an dessen Entstehung beteiligt. Auch ihre Lösungen können am neuen Medium angeschrieben und festgehalten werden.

---

[66] Aktuelle Modelle sind zunehmend im neueren 16:9-Format gehalten und folgen damit einer allgemeinen Entwicklung der Bildschirmmedien (Schlieszeit 2010: 36).

Wie bei den Computerpräsentationen können die Lehrer das Tafelbild abspeichern und ihren Schülern zukommen lassen. Das interaktive Whiteboard akzentuiert durch die Entlastung des Abspeicherns stärker das diskursive und erarbeitende Moment des Unterrichts. In der Klasse von Herrn Kerner zeigte sich dies daran, dass er oft weit weg vom Gerät im Raum stand, um bestimmte Punkte noch einmal setzen zu lassen oder zur Disposition zu stellen:

> Die Klasse bearbeitet ein Aufgabenblatt im PDF-Format am interaktiven Whiteboard. Einzelne Schüler kommen nach vorne und tragen ihre Lösungen ein. Immer wieder geht Herr Kerner einige Schritte zur rechten Seite des Klassenzimmers, fast steht er in der Tür. Hier erläutert er in längeren Passagen oder fragt schwierigere Reflexions- und Übertragungsfragen. Das Wissen der Schüler soll sich setzen können. Längere Pausen werden geduldet, das Frage-Antwort-Spiel unterbrochen. Wenn er am interaktiven Whiteboard steht und dort etwas erläutert, fasst er sich kürzer. Er wendet sich beim Schreiben dem Gerät zu und dreht den Körper nur halb in Richtung der Schüler. Mit dem Wechsel der Position im Raum verschiebt sich auch der Fokus der Klasse vom interaktiven Whiteboard zum Lehrer und wieder zurück.
> (Mathematik, 8. Klasse)

Dieser summarische Abschnitt eines Beobachtungsprotokolls macht deutlich, wie im Unterricht mal das digitale Medium, dann wieder die Lehrperson und das Unterrichtsgespräch im Vordergrund stehen. Herr Kerner löst sich oft vom interaktiven Whiteboard und setzt sich dadurch deutlich vom Angeschriebenen bzw. Projizierten ab. Zwar ist dies grundsätzlich bei der Wandtafel auch möglich (und kommt dort selbstverständlich auch vor). Das digitale Medium ermöglicht dies aber in besonderem Maße. Woran liegt das? Die Wandtafel kann nur dann etwas zur Darstellung bringen, wenn die Unterrichtsteilnehmer dort etwas im Unterricht anschreiben oder anzeichnen. Durch das Anschreiben binden sowohl Wandtafel als auch interaktives Whiteboard die Anschreibenden an sich, sie müssen sich ihnen mit ihren Körpern zuwenden. Beim interaktiven Whiteboard können – wie bei den Computerpräsentationen – aber auch vorbereitete Folien zur Anwendung kommen. Hier ist es ein vorgefertigtes Aufgabenblatt in Form einer PDF-Datei. Die Lehrperson ist dadurch davon entlastet, alles selbst anschreiben zu müssen. Beim Anschreiben kann sich die Klasse auf das Wesentliche konzentrieren: etwa das Bearbeiten und Lösen einer Aufgabe. Dadurch ist Herr Kerner weniger stark an das interaktive Whiteboard gebunden als an eine Wandtafel. So wie die Lehrer davon befreit sind, alles Projizierte anschreiben zu müssen, so sind die Schüler davon entbunden, alles abschreiben zu müssen. In den von mir beobachteten Unterrichtsstunden mit dem interaktiven Whiteboard führt dies dazu, dass sich der typische Wechsel von fixierendem An- und Abschreiben des Tafelunterrichts hier weniger stark ausgeprägt findet. Stattdessen kann das Lösen von mathematischen Problemen und Übungsaufgaben in den Vordergrund rücken.

Teilweise zeigen Schüler und Lehrpersonen im Umgang mit dem interaktiven Whiteboard eine erstaunliche Kontinuität zur Wandtafel: Oft sprechen sie von der »Tafel« und meinen damit das interaktive Whiteboard. So bittet etwa ein Schüler: »Herr Kerner, können sie die Tafel, äh das Smartboard 'n bisschen hochmachen.« Als ein Schüler Probleme mit dem Anschreiben einer Rechnung am interaktiven Whiteboard hat und ihn seine Mitschüler deswegen aufziehen, kommentiert Herr Kerner wiederum: »Das ist nicht so einfach an der Tafel!« In meinen Feldnotizen finden sich ebenso einige Male der Begriff »Tafel«, obwohl es doch dessen digitaler Nachfolger war, der da vor unseren Augen stand. Auch nutzen die Schüler das interaktive Whiteboard für dieselben Streiche, wie man sie an der Wandtafel spielen kann. Als ich das interaktive Whiteboard in der Klasse von Herrn Kerner photographieren will, der Unterricht ist bereits beendet, spielt sich folgende kleine Szene ab:

> Ich gehe nach vorne zum interaktiven Whiteboard. Eine Reihe von Schülern steht dort herum, eine von ihnen zeichnet mit roter Farbe ein Herz an die Oberfläche. Ich bitte die Schüler auf die Seite zu gehen, wenn sie nicht mit auf das Bild wollen. Etwas zögerlich tun sie das auch. Schnell mache ich ein Photo. Zwei Jungs animiert dies dazu, Obszönitäten (einen stilisierten Penis) an das interaktive Whiteboard zu malen.
> (Mathematik, 8. Klasse)

Der Witz, Obszönitäten, Blödsinn oder ein Herz an die Wandtafel oder aber das interaktive Whiteboard zu schreiben bzw. zu zeichnen, lebt von der Spannung zwischen der eigentlichen Stellung des Tafelbildes im Unterricht und den unterrichtssubversiven Botschaften. Nicht nur die Wandtafel, auch das interaktive Whiteboard hält Aufschreibenswertes fest und autorisiert das Angeschriebene als korrektes Wissen. Insofern wirkt ein angezeichneter Penis – zumindest außerhalb des Biologieunterrichts – deplatziert. Damit bestätigen die Schüler aber auch das interaktive Whiteboard als würdigen Nachfolger der Wandtafel. Auch ihr weisen sie die Rolle eines fixierenden und autorisierenden Mediums zu. Die Anwesenheit des photographierenden Ethnographen fördert diese Zuschreibung in verdichteter Form zutage. Fixierung und Relevanz sowie deren Unterlaufen sind nicht mehr nur an die Klassenöffentlichkeit gerichtet, sondern an einen weiteren Kreis von Personen, die ebenfalls um die Wirkung dieser Unterrichtsmedien wissen. Wenn die Schüler dem Forscher die Schmiererei unterjubeln, dann sind Reichweite sowie Dauerhaftigkeit des Streichs erhöht. Das Beispiel zeigt, dass das interaktive Whiteboard von den Unterrichtsteilnehmern in ähnlicher Weise verwendet wird wie die Wandtafel: zur Autorisierung und Veröffentlichung des Angeschriebenen.

Die Hersteller wissen um den – aus Lehrersicht – möglichen Missbrauch der interaktiven Whiteboards durch die Schüler. Beim *SMART Board*, das Herr Kerner benutzt, gibt es deshalb eine Funktion namens »Vorhang«, die den Zugriff der Schüler auf die berührungsempfindliche Projektionsfläche blockiert:

> Es gongt und die Pause beginnt. Herr Kerner setzt sich an sein Pult. Einige Jungs spielen am interaktiven Whiteboard herum. Der Lehrer sieht dies und mahnt: »Das letzte Mal hat es danach nicht mehr funktioniert.« Er kündigt deshalb an, den »Vorhang drüber« zu machen. Er hantiert am Computer herum, eine graue Fläche erscheint. Die Jungs drücken zwar weiter auf der Projektionsfläche des interaktiven Whiteboards herum, aber nichts passiert. Bald verlieren die Schüler das Interesse am Gerät.
> (Mathematik, 8. Klasse)

Die Schüler reagieren auf die zahlreichen Möglichkeiten, die das digitale Medium anbietet, mit spielerischer Neugier. Während die Tafel zwar das Anschreiben von Sprüchen und Schimpfwörtern ermöglicht, können sie am interaktiven Whiteboard auf einen Computer zurückgreifen, mit dem sich alle Arten von Programmen ausführen lassen. Mit Herrn Kerners Mahnung erscheinen die digitalen Medien abermals als fragil und pannenbeladen. Sobald der »Vorhang« die Bedienelemente des interaktiven Whiteboards blockiert, verliert es seinen Reiz – ohne den Zugriff auf den Computer bietet es nur eine einfache graue Fläche dar.

Insgesamt ist die Gestaltung der interaktiven Whiteboards – wie bei den Lehrmitteln überhaupt (siehe 4.1) – vom Modell des vandalistischen Schülers geprägt. Zumindest versuchen die Hersteller in ihren Prospekten oder über ihre Stellvertreter auf den Bildungsmessen und Lehrerfortbildungen, antizipierte Zerstörungsängste auszuräumen. Immer wieder ist davon die Rede, dass die Geräte »robust« sind. Messemitarbeiter prügeln demonstrativ auf die Projektionsflächen ein, um deren unverwüstliche Stabilität zu beweisen. Der Hersteller *Legamaster* spricht Vandalismus in seinem Prospekt gar explizit an:

> *Vorteil 2: Dauerhafter Einsatz*
>
> Die Gefahr von Schäden durch Vandalismus ist nahezu ausgeschlossen – durch eine emaillierte, robuste und kratzfeste Metalloberfläche mit *25 Jahren Garantie*. Damit sind unsere qualitativ hochwertigen Projektionsflächen dauerhaft einsetzbar, denn sie wurden für den strapazierfähigen Einsatz konzipiert.

Deutlich wird an diesem Beispiel abermals der Einfluss der Ethnotheorien des Unterrichtens und des Wissens über die Belastungen, denen die Geräte ausgesetzt sein werden. Die Auswahl der Materialien und ihre Verarbeitung berücksichtigen – laut dieser Werbung –, dass Unterricht aus Sicht der Akteure des Feldes ein für die Dinge gefährliches Unterfangen ist: robust und kratzfest müssen sie sein, denn ihnen stehen Strapazen bevor. Das Versprechen auf 25 Jahre Garantie soll Dauerhaftigkeit suggerieren – eine Eigenschaft, die man den digitalen Medien wohl weniger zuspricht als der bewährten Wandtafel.

5.4 Neue Medien – neuer Unterricht?

Inwiefern verändern die digitalen Medien die sozio-materielle Praxis des Unterrichts? Auch mit interaktivem Whiteboard und Computerpräsentation werden präsente Dinge und mündliches Unterrichtsgespräch in Zeichenform überführt. Lehrer und Schüler behandeln die digitalen Medien als teilweisen (Computerpräsentationen) oder völligen (interaktives Whiteboard) Ersatz für das Wissensmedium Wandtafel. Sie sollen etwas projizieren, ohne dass die Projektion oder die daran beteiligten Geräte (z. B. der Beamer) selbst in den thematischen Vordergrund treten. Unsere Aufmerksamkeit können sie deshalb gefangen nehmen, weil wir uns ihnen als transparenten Bildschirmen zuwenden und das, was sie zeigen, als wichtig erachten. Dies macht ihre »screenness« (Introna/Ilharco 2006: 58) aus. Es hat sich aber gezeigt, dass sich die neuen Unterrichtsmedien im Gebrauch immer wieder als präsente Dinge aufdrängen. Statt der unaufdringlichen Verlässlichkeit der transparenten Wandtafel begegnet uns hier eine fragile Transparenz. Die Unterrichtsteilnehmer müssen sich ihnen selbst zuwenden und sich um sie sorgen. Dies hat mehrere Gründe. (1) Sie sind vielerorts (noch) kein fester Bestandteil des sozio-materiellen Arrangements des Unterrichts und müssen erst in relativ langwierigen Aufbauprozessen zum Teilnehmer des Unterrichts gemacht werden. (2) Ihnen ist eine eigene Zeitlichkeit zu eigen, der sich die menschlichen Unterrichtsteilnehmer unterordnen müssen. (3) Digitale Medien sind in sehr viel größerem Maße anfällig für Pannen und Bedienfehler als die Wandtafel. Ihr Gebrauch ist voraussetzungsreicher und führt neue Unbestimmtheiten in den Unterricht ein. Bei der Wandtafel kann ›nur‹ die (äußerst robuste) Oberfläche oder die (leicht zu ersetzende) Kreide zu Bruch gehen, bei den digitalen Wissensmedien gibt es mehre mögliche Fehlerquellen: etwa Beamer, Laptop, Stromversorgung, Übertragungskabel, aber auch die Software und das Betriebssystem der Computer. Daneben kann auch die Einstellung der Geräte (die Kalibrierung) fehlerhaft sein. Die Wandtafel ist hingegen stets korrekt ›kalibriert‹ und kann – sieht man einmal vom Tafeldienst ab – ohne eine solche vorbereitende Maßnahme sofort beschrieben werden. Kurzum, wir haben es hier mit Wissensmedien zu tun, die ihren Dienst derzeit noch unzureichend verrichten. Sie drängen sich in den Vordergrund, obwohl die Leistung der Wissensmedien des Schulunterrichts gerade darin besteht, sich unauffällig im Hintergrund zu halten.

Als digitale Wissensmedien leisten sie aber auch mehr als die Wandtafel. Auffällig ist zunächst einmal die Möglichkeit, das Tafelbild bzw. die Folien abzuspeichern und den Schülern zukommen zu lassen. Das Abschreiben verliert seinen verpflichtenden Charakter. Mit dem Anschreiben verhält es sich ähnlich. Es kann bereits weit vor Unterrichtsbeginn erfolgen und das zu Projizierende kann mit einem Schlag den Unterricht betreten. Mit dem Wegfall des Zwangs, alles an- bzw. abschreiben zu müssen, was zur visuellen Darstellung gebracht werden soll, gewinnen die Unterrichtsteilnehmer vor allem Zeit. Bisweilen können dadurch offenere Unterrichtseinheiten mit stärker diskursiven und problemorientierten Elementen Einzug halten. Im Gegensatz zur Wandtafel passiert beim interaktiven Whiteboard alles auf der Hauptfläche, da die meisten Modelle keine Seitenflügel kennen. Die räumliche Aufteilung des Triptychons der Flügeltafel ist zugunsten einer zeitlichen Abfolge aufgegeben. Computerpräsentation und interaktives Whiteboard teilen dies. Das schnelle Aufblitzen neuer Information ist beiden Medien eingeschrieben. Im schnellen Wechsel der Folien (und damit der Themen) als Ganzes ziehen die digitalen Medien punktuell Aufmerksamkeit auf sich. Gleichzeitig kann man jederzeit wieder zur alten Information zurückkehren. Die Wandtafel vergisst hingegen mit dem Auswischen unwiderruflich, was sie gezeigt hat. Was sie bewahrt, sind die Spuren ihres Gebrauchs etwa in Form von Wischspuren. Mit dem Wechsel der Folien, Fenster und Dateien ist man hingegen sofort bei einem neuen Thema, muss sich auf einen ständigen Wechsel einstellen. Kommentiert die Wandtafel mit einzelnen Elementen ihrer Anschrift über einen längeren Zeitraum, so ist die Folie bzw. das Fenster hier einerseits langlebiger (Rückkehr zu bereits gezeigten Folien, Abspeichern), durch die Möglichkeit zum schnellen Wechsel aber auch kurzlebiger.

Wir haben es also einerseits mit zu umsorgenden Wissensmedien zu tun, die ihren Platz erst noch finden müssen. Andererseits öffnet sich vor allem das alte Prinzip des autorisierenden An- und Abschreibens zugunsten eher offener Unterrichtsformen. Abermals wird deutlich, wie bestimmte Vorstellungen des Unterrichtens über die Dinge in die Schulstunden Einzug halten. An den digitalen Medien – und hier insbesondere am interaktiven Whiteboard – zeigt sich so, was passiert, wenn neue Dinge den Schulunterricht betreten. Das Alte ist noch nicht verschwunden, das Neue hat sich aber noch nicht richtig etabliert. Wandtafel und digitale Medien existieren nebeneinander her, von einer Ablösung kann noch nicht gesprochen werden. Die Wandtafel ist immer noch das Referenzmedium der Unterrichtsteilnehmer. Einerseits finden sich im Gebrauch der digitalen Medien zahlreiche Kontinuitäten zur Wandtafel, die sich auch in der Gestaltung der digitalen Wissensmedien widerspiegeln. Andererseits entstehen mit dem interaktiven Whiteboard neue Formen des Unterrichts, erste Veränderungen werden sichtbar. Von einer tiefgreifenden Medien- bzw. einer damit einhergehenden »Bildungsrevolution« (Bosse 2012) kann zumindest zu diesem Zeitpunkt nicht gesprochen werden.

Das folgende Kapitel beschließt die Studie mit einer Zusammenführung der zugrundeliegenden sozio-materiellen Heuristik und zeigt Konsequenzen einer solchen Perspektive für Unterrichtsforschung und soziologische Theorie auf.

6 Praxis der Dinge – Dinge in der Praxis

Ich verlasse nun die konkreten Praktiken und Dinge des Schulunterrichts und ziehe auf Grundlage der empirischen Beobachtungen theoretische Schlussfolgerungen. Im Sinne einer »theoretischen Empirie« (Kalthoff et al. 2008) geht es dabei um zweierlei. Zum einen erhält der untersuchte Gegenstand Schulunterricht eine Neubestimmung. Zum anderen skizziere ich ein Konzept, mit dem Dinge in der (praxistheoretischen) Soziologie angemessen berücksichtigt werden können. Die Studie versteht sich deshalb auch als Beitrag zu einem allgemeinen Problem innerhalb der Soziologie.

Im Folgenden befasse ich mich zunächst mit dem Schulunterricht und seinen Wissenspraktiken (6.1) und gehe dann zur sozio-materiellen Praxis im Allgemeinen über (6.2). Abschließend werden mögliche Anschlüsse an die hier vorgestellte Perspektive einer sozio-materiellen Unterrichtsforschung skizziert (6.3).

6.1 Schulische Wissenspraktiken

Zuerst einige Vorbemerkungen zu den *Dingen des Wissens* als Begrifflichkeit: Sie versammelt so unterschiedliche Gegenstände wie eine Wandtafel, das Modell eines Prismas oder einen Versuchsaufbau zur Induktion. Als Ausgangspunkt der Studie hat diese begriffliche Indifferenz dazu gedient, dingsoziologische Überlegungen für die Erforschung der Materialität des Schulunterrichts fruchtbar zu machen und sich in theoretischer Enthaltsamkeit gegenüber der Funktion einzelner Dinge zu üben. Sowohl Wissensobjekte als auch Wissensmedien sind an der Darstellung schulischen Wissens beteiligt. Sie sind Dinge *des Wissens*, da sie das Wissen verfügbar machen und zur Darstellung bringen. Und sie sind allesamt insofern *Dinge*, als es – sowohl aus Sicht des Ethnographen als auch der Unterrichtsteilnehmer – um relativ klar umrissene materielle Entitäten geht.

Wie spielen nun die einzelnen Elemente der zu Beginn der Studie vorgestellten und in den vorhergehenden Kapiteln verwendeten sozio-materiellen Heuristik zusammen? Die *räumlichen Arrangements* des Unterrichts setzen nicht nur Schüler und Lehrer in eine Verhaltens- und Wissensordnung ein, sondern auch die Dinge des Wissens. Die Schüler nehmen ihnen gegenüber eine distanzierte Position in den Klassenzimmern und Physikräumen ein. Die Dinge sind ihnen als zu betrachtende Objekte in der Regel fern. Sie tauchen auf einer Schaubühne im Pult- und Tafelbereich auf und sind dort den Lehrern zugeordnet. Die Unterrichtsräume bieten ferner einen symbolischen Kontext an, der den Dingen vor allem im Physikunterricht einen Ort in einer Wissensordnung zuweist. Die Sammlungen stellen darüber hinaus einen geschützten Ort bereit, in dem die (teils pannenbeladene) Vorbereitung und Zusammenstellung der Dinge vor den Schülern verborgen bleiben kann. Hier und in den Schränken in den Physikräumen sind die Dinge den Schülern entzogen. Nur die Lehrperson hat auf sie Zugriff und tritt so als Meister der Dinge auf. Die räumlichen Arrangements legen – so lässt sich abschließend festhalten – eine bestimmte Form des Aufeinandertreffens von Unterrichtsteilnehmern und schulischen Gegenständen nahe.

Rund um die schulischen Dinge versammeln sich zudem unterschiedliche *Gebrauchsweisen*. Experimentelle Arrangements und Anschauungsobjekte sind in Praktiken des Zeigens eingebunden, die sie zu Wissensobjekten machen. Die Lehrer selektieren relevante Bestandteile und machen so deutlich, was es an ihnen zu sehen gibt. Die Dinge werden dadurch auch als von den Unterrichtsteilnehmern unterschiedene und unabhängige Objekte enaktiert. Wandtafel und Schrift sind hingegen Ziel von anzeigenden und operierenden Praktiken. *An* der Wandtafel zeigen die Lehrer etwas, nicht aber auf sie. Die Wandtafel erscheint entsprechend als selbstverständliches, nicht weiter zu beachtendes Wissensmedium. Mit der Schrift können die Unterrichtsteilnehmer einerseits Wissen verfügbar machen, andererseits (vor allem mathematisch) operieren. An der Wandtafel wird mit der Schrift etwas dargestellt, auf das sich die Unterrichtsteilnehmer vor allem diskursiv und mit weiteren schriftlichen Zeichen beziehen können. Schon am Gebrauch wird deutlich, dass die Dinge bestimmte Gebrauchsweisen aufrufen. Die Wandtafel ist als Ding (in der Regel) nicht in Praktiken des Zeigens eingebunden. Man wird wohl keine Lehrperson sagen hören: »Wir haben hier eine Wandtafel, die hat zwei Flügel und die gucken wir uns jetzt mal genauer an!« Umgekehrt ist etwa die Elektronenstrahlablenkröhre kein mittelbarer Teilnehmer in Praktiken des Anzeigens oder Operierens: Die Lehrer zeigen nicht an Wissensobjekten, sondern auf sie, und sie operieren auch nicht mit ihnen. Was leisten die unterschiedlichen Gebrauchsweisen nun? Mit ihnen rahmen und performieren die Unterrichtsteilnehmer die Dinge und bringen sie als Wissensobjekte oder Wissensmedien hervor. Eine bestimmte dingliche Praxis kompetent auszuführen, zeigt ferner nicht nur Anderen, sondern in einem Akt der »Selbstinterpretation« (Dreyfus 1991: 348) auch uns selbst an, wer wir sind. Im unterschiedlichen Umgang mit den Dingen stellen sich die Unterrichtsteilnehmer folglich als Lehrer bzw. Schüler dar. Zugleich werden diese Positionen in der Interaktionsordnung des Klassenzimmers erzeugt: Wer über die klassenöffentlichen Dinge des Wissens wie z. B. die Tafel verfügt, kann auch das Unterrichtsgeschehen bestimmen. Wer hingegen nur private Aufzeichnungsmedien wie etwa ein Schulheft vor sich liegen hat, kann damit schwerlich etwas vor einer Klasse bewirken.

Mit dem Begriff der *Aufforderung* kommt hier die *Praxis der Dinge* ins Spiel. Wissensobjekte und Wissensmedien fordern die Unterrichtsteilnehmer auf ganz unterschiedliche Art zu bestimmten Praktiken auf. Die Dinge wirken dabei als Mittler: Dinge und menschliche Unterrichtsteilnehmer treten einander in unterschiedlichen Mensch-Ding-Beziehungen entgegen und sind dadurch auf verschiedene Art und Weise präsent. Die Unterrichtsteilnehmer sind gegenüber den Wissensobjekten als Zeugen ihrer Präsenz angelegt, gegenüber der Schrift als Protokollanten des Sinns. Wissensobjekte rufen die Körper zu sich: Schüler lehnen sich gen Demonstrationsexperiment oder gehen vor Unterrichtsbeginn nahe an die Objekte heran (ohne sie aber zu berühren). Bei vielen Schülern zeigt sich eine freudige Erwartung gegenüber den Wissensobjekten. Wandtafel und Schrift setzen die Schülerkörper hingegen als abschreibende Körper ein: Die Schüler sitzen – im Idealfall – ruhiggestellt auf ihren Stühlen und lassen ihre Blicke von ihren Heften hin zur Wandtafel und wieder zurück wandern. Anders als die Wissensobjekte ruft sie keine begeisterten Reaktionen hervor, ihre Anwesenheit und Funktion als fixierendes Wissensmedium gilt als selbstverständlich. Die Unterrichtsteilnehmer verlassen sich auf sie.

Dinge rufen verschiedene Gebrauchsweisen und Rezeptionshaltungen ihnen gegenüber hervor. In einem Fall sind sie den Schülern gegenübergestellte und unabhängige Objekte, denen es sich in ihrer Präsenz zuzuwenden gilt. Im anderen Fall sind es quasi-transparente Medien, die hinsichtlich eines sich zeigenden Sinns betrachtet werden sollen – wie sie dies als präsente Dinge (z. B. als Stahlemaillefläche) leisten, ist für die Unterrichtsteilnehmer irrelevant und findet keine Beachtung. Mit den unterschiedlichen Aufforderungen sind damit auch drei sinnliche Modi der Dinge sichtbar geworden: Transparenz, Sinn und Präsenz. Im Schulunterricht gehen diese Modi in zweierlei Hinsicht ineinander über: (1) durch *Instabilitäten* sowie durch (2) *Übersetzungen* verschiedener Modi ineinander.

Zu (1): Die vorgestellten schulischen Dinge changieren zwischen den Modi und sind diesbezüglich durch *Instabilitäten* gekennzeichnet. Sichtbar wird dies vor allem an den Pannen und Vieldeutigkeiten, aber auch am spielerischem und teils subversiven Umgang der Schüler mit den Dingen: Die Schüler schenken den

Schlieren auf der quasi-transparenten Wandtafel mehr Aufmerksamkeit als dem Sinn der Zeichen auf ihr; eine Schülerin nimmt einen Stapel Kopierpapier als Symbol der schulischen Wissensüberprüfung, nicht aber als Wissensobjekt wahr usw. Deshalb kann man davon ausgehen, dass die Dinge als schulische Wissensobjekte oder Wissensmedien nur dann auffordern, wenn weitere praktische Voraussetzungen erfüllt sind. Erst die räumlichen Arrangements und Gebrauchsweisen der Unterrichtsteilnehmer performieren die Dinge entsprechend und machen ihren gelungenen Auftritt als schulische Mittler wahrscheinlicher.

Mit den räumlichen Arrangements und den Gebrauchsweisen sind zwei Möglichkeiten einer Stabilisierung und didaktischen Zurichtung der Dinge benannt. Sie rahmen die Dinge so, dass bestimmte Mensch-Ding-Beziehungen aufgerufen werden. Darüber hinaus gilt, dass die Dinge in der Lehrmittelindustrie und auch in den Sammlungen in einer Weise gestaltet werden, dass sie sich genau für diesen Gebrauch im Unterricht eignen. Die Aufforderung der Dinge ist meist eine für den Unterricht bereits gestaltete und vorbereitete. Sowohl die Gestaltungsbemühungen der Lehrmittelindustrie als auch die der Lehrer (etwa beim Zusammenstellen der Experimente) zielen darauf ab, die Dinge schon vor dem eigentlichen Unterrichtsbeginn zu bändigen. Wenn die Dinge die Klassenzimmer und Physikräume betreten, sind sie dementsprechend bereits mehr oder minder auf ihn vorbereitet. Diese didaktische Zurichtung der Dinge arbeitet dabei gegen eine Vieldeutigkeit und Unzuverlässigkeit der Dinge, die sich nicht immer dem schulischen Gebrauch fügen wollen.

Schulunterricht zielt so auf eine Schließung der Dinge des Wissens in zweierlei Hinsicht: im Hinblick auf ihre Vieldeutigkeit und im Hinblick auf Pannen. Nur dadurch ist gewährleistet, dass die Dinge in schulisch adäquater Weise auffordern. Diese Schließung findet an verschiedenen Stellen statt: in der Lehrmittelindustrie, in den Arrangements der Unterrichtsräume, in der Vorbereitung und Inventarisierung in den Sammlungen sowie im Unterricht selbst. Die Lehrmittelindustrie vereindeutigt die Dinge, minimiert die Anfälligkeit für Pannen und stabilisiert sie gegenüber Vandalismus. Die Arrangements der Unterrichtsräume setzen sie als in erster Linie zu betrachtende, distanzierte Objekte ein und rahmen sie als Teil einer schulischen Wissensordnung. In der Vorbereitung wirken die Lehrpersonen auch Pannen und anderen materiellen Widrigkeiten (etwa ungenauen Messwerten) entgegen.

Damit zeigt sich auch, dass Schulunterricht nicht erst mit dem Gong beginnt, sondern bereits vorher. Das in die Lehrmaterialien eingegangene praktische Wissen verbindet die Lehrmittelindustrie, die Sammlung und den Unterricht miteinander. Lehrmittelindustrie und schulische Administration geben dem Unterricht vermittels der Dinge bzw. der Unterrichtsräume eine »Form« (Thévenot 1984). Sie nehmen dadurch eine Ordnung des Unterrichthaltens vorweg und legen Gebrauchsweisen mit den Dingen nahe. Mit den Dingen stabilisieren Lehrer und Lehrmittelindustrie daher auch die Unterrichtspraxis und disziplinieren die Schüler. Bestimmte Praktiken werden wahrscheinlicher, andere unwahrscheinlicher. Im Unterrichtsgeschehen überschneiden sich nicht nur verschiedene Modi des Dings (etwa an der Tafel), sondern schließen auch verschiedene Situationen der Herstellung, Induzierung und Verwendung schulischer Dinge aneinander an.

Der Umgang mit den Wissensobjekten im Unterricht ist vor allem darauf angelegt, ihre Bedeutung im Unterricht interpretativ zu schließen. Beständig setzen deshalb die Lehrpersonen mit ihren Zeigepraktiken die Dinge als relativ eindeutige Objekte ein. Die Schließung solcher Objekte darf aber niemals abgeschlossen sein. Sie müssen als Wissensobjekte für die Schüler hinreichend offen sein, um so Fragen aufwerfen zu können, auf die sie Antworten liefern sollen. Die Wandtafel als zurückhaltendes Wissensmedium und fester wie vertrauter Bestandteil der sozio-materiellen Arrangements des Schulunterrichts ist hingegen bereits größtenteils geschlossen. Ihre Bestimmung als Wissensmedium des Schulunterrichts ist in der Sekundarstufe eindeutig, materielle Pannen sind selten. Schreiben und Lesen ist für die Schüler eine Routinepraxis geworden. Allerdings verweist die Schrift mittels des repräsentierten Sinns immer wieder auf Neues und liefert dadurch Themen für das Unterrichtsgespräch, fordert zu Kommentierungen und Erläuterungen auf.

Die Dinge werden also an verschiedenen Orten stabilisiert und auf den didaktischen Gebrauch zugeschnitten: in den Räumen des Unterrichts, den Sammlungen oder aber in den Fertigungshallen der Lehrmittelindustrie. Damit verteilt sich auch die Arbeit an den Lehrmaterialien – als *Praxis mit den Dingen* – auf verschiedene Instanzen: Mal muss im Unterricht nachgeholt werden, was andernorts ausblieb (etwa bei nicht-didaktischen Alltagsgegenständen); mal ist bereits eine Vielzahl von gestaltenden Praktiken in die Dinge eingegangen, so dass im Unterricht nur relativ wenig Aufwand nötig ist, um mit den Dingen etwas zu zeigen (etwa bei den professionell gestalteten Lehrmitteln). Und je selbstverständlicher der Umgang mit einem Ding für die Unterrichtsteilnehmer geworden ist, desto weniger bedürfen sie der Zurichtung und Rahmung: Die Schüler der Sekundarstufe sind hinreichend mit der Wandtafel und der Schrift auf ihr vertraut; dementsprechend stabil ist ihr Gebrauch im Klassenzimmer. Die Wissensobjekte sind hingegen zwar als Typus keine unbekannten Gäste in den Unterrichtsräumen, als individuelle Gegenstände sind sie den Schülern jedoch zumeist fremd und bedürfen der erklärenden Rahmung.

Mit dem Blick auf die Praktiken, mit denen die Unterrichtsteilnehmer (aber auch die Mitarbeiter der Lehrmittelindustrie) die schulischen Dinge zurichten und schließen, erfährt der (post)phänomenologische Begriff der Aufforderung seine praxistheoretische Reformulierung. Zwar lehnen sowohl phänomenologische Pädagogik als auch postphänomenologische Technikphilosophie essentialistische Bestimmungen der Dinge ab und betonen etwa deren sozio-historische »Multistabilität« (Ihde 2009: 12ff.). Die situativen Rahmungen und Umdeutungen in der sozialen Interaktion, aber auch die praktische Arbeit an der Gestalt der Dinge geraten dort aber aus dem Blick. Ferner beklagt die Studie nicht den Verlust der Vieldeutigkeit der Dinge (Langeveld 1955), sondern nimmt die Zurichtungen und Schließungen ernst. Einen Stapel Kopierpapier als geometrisches Wissenobjekt (und nur als solches) zu betrachten, ist Ergebnis praktischer Bemühungen der Unterrichtsteilnehmer und kein defizitärer Umgang mit ihm. Der Schulunterricht sichert damit die Anschlussfähigkeit an ein naturwissenschaftlich-technisches Denken und Handeln. Insofern ist die vereindeutigende Schließung der Dinge eine wichtige kulturelle Leistung.

Zu (2): Gerade der mathematisch-naturwissenschaftliche Schulunterricht setzt auf *Übersetzungen*, bei denen präsente Wissensobjekte Schritt für Schritt in die Form sinnhafter Zeichen gebracht werden. Fangen wir beim Auftritt der Wissensobjekte im Unterricht an und blenden ihre vorschulische Geschichte einstweilen aus. Sie betreten die Klassenzimmer als zwar mehr oder minder gezähmte Dinge, müssen aber noch von den Lehrern in Zeigepraktiken bearbeitet werden. Die Lehrer gewähren dabei den Dingen eine kontrollierte Präsenz, die sie zum Fokus der Aufmerksamkeit macht und sie auf eine Transformation in Zeichenform vorbereitet. Die Klasse soll diese Präsenz kollektiv bezeugen. Schließlich transformieren die Unterrichtsteilnehmer die von ihnen bereits bearbeiteten Wissensobjekte in die schriftliche Form und halten sie dadurch an der Wandtafel fest. Die Schrift auf der Wandtafel macht Wissen verfügbar und ermöglicht Operationen. Die Schüler können nun die an der Tafel klassenöffentlich verfügbaren sinnhaften Schriftzeichen in ihren Heften reproduzieren, mit nach Hause nehmen und wieder in den Schulunterricht zurückbringen. Durch das kollektive Protokollieren überdauern die einst präsenten Wissensobjekte als übersetzter Sinn in den Heften des Klassenkollektivs und den Aufzeichnungen der Lehrer. In der kollektiven Vergegenwärtigung späterer Stunden ist die kontingente Geschichte der Wissensobjekte ausgelöscht.

Aufgelöst wird die Fiktion eines klassenkollektiven Wissen durch die immer wieder durchgeführten schulischen Prüfungen und Bewertungen (Kalthoff 1996; Zaborowski et al. 2011). Mit ihnen schreiben die Lehrpersonen das Wissen wieder einzelnen Schülern zu. In den schriftlichen Wissensüberprüfungen gilt es, sinnhafte Zeichen zu reproduzieren. Sie härten somit die Transformation der Wissensobjekte in die schriftliche Form. Wie im wissenschaftlichen Labor stehen am Ende schriftliche (Er-)Zeugnisse – in der Schule in zweierlei Hinsicht. Im Unterricht werden nicht nur bestimmte Dinge in Schriftform überführt und veröffentlicht. Auch das Wissen der Schüler über die Dinge wird letztlich in schriftlicher Form als Zeugnis festgehalten.

Auffällig ist die mediale Redundanz der schulischen Wissensvermittlung mit den Dingen. Wissen wird in unterschiedlicher Form und mittels verschiedener sinnlicher Kanäle mehrfach dargeboten und verhandelt: dinglich, gestisch, mündlich, schriftlich sowie visuell und akustisch. Schulischer Unterricht ist dementsprechend durch einen ständigen Medienwechsel gekennzeichnet. Damit sind es mal die Dinge, mal die Lehrer die in den Vordergrund treten und Wissen darbieten. Wenn die Lehrer den Dingen das Lehren überlassen, zeigen sie dies der Klasse gegenüber deutlich an und nehmen sich körperlich zurück: Sie setzen sich still an ihr Pult und schreiben etwas in ihre Unterlagen, während die Schüler von der Tafel abschreiben sollen. Wichtig für den Schulunterricht ist der Wechsel in das Medium der Sprache (mündlich und schriftlich). Von der Konfrontation mit einem Ding wechseln die Unterrichtsteilnehmer zum Hinweisen auf bestimmte Aspekte und landen schließlich beim Sprechen und Schreiben darüber. Mit der Schrift erhalten die Dinge ihre Bestimmung. Vom vieldeutigen Zeigen gelangen die Unterrichtsteilnehmer zum relativ eindeutigen Sprechen. Mit dem medialen Wechsel ändert sich auch die leibliche Haltung der Unterrichtsteilnehmer. Fordern präsente Dinge noch zu freudigen Ausrufen und zum Näherkommen auf, erzeugt die Wandtafel keine Aufregung mehr. Die Schüler bleiben ihr gegenüber gelassen sitzen. Mit anderen Worten: Der Medienwechsel steht nicht nur für eine Vereindeutigung der Dinge, sondern auch für eine zunehmende Kontrolle der Schülerkörper – relativ wilde, das Unterrichtsgeschehen gefährdende Körper werden zu gebändigten schreibenden Körpern, die ihre Affekte gemäß der Idee des westlichen Rationalismus kontrollieren können. Die schulische Disziplinierung trifft Dinge und Schüler gleichermaßen. Während die Dinge einen Platz in der schulischen Wissensordnung erhalten, sollen sich die Schüler in angemessener Weise verhalten.

Deutlich ist auch die im mathematisch-naturwissenschaftlichen Schulunterricht vorherrschende Privilegierung des Seh- und Hörsinns geworden. Die Wissensobjekte und Wissensmedien sind visuell wahrzunehmende Dinge. Der Hörsinn wird zwar in der Begegnung mit den Dingen nur selten relevant, wohl aber im Sprechen über sie. Die Hände sind allenfalls als manipulierendes Werkzeug vorgesehen, der Tastsinn an sich spielt eine untergeordnete Rolle. Zumindest im Mathematik- und Physikunterricht sind Riechen oder Schmecken als Erkenntnissinn überhaupt nicht von Bedeutung. Damit sind auch die Körper der Schüler in nur einem eingeschränkten Maße für den lehrerzentrierten Schulunterricht relevant. Sie sollen vor allem sitzend, schauend, zuhörend, redend und schreibend dem Unterricht beiwohnen. Relevant sind Augen und Ohren, Hände und Münder. Alle anderen Teile des Schülerkörpers sind gewissermaßen stillgestellt. Dementsprechend sind etwa die Unterkörper der Schüler durch Stühle und Tische an den Plätzen fixiert und verschwinden als irrelevante Bestandteile des Körpers unter den Tischen.

Ziel der schulischen Stabilisierungen und Übersetzungen ist eine *disziplinäre Sicht* auf die Wissensobjekte (hier: experimentelle Arrangements und Anschauungsobjekte). Die Schüler lernen diese Dinge derart zu betrachten, dass sie nur die nach Maßgabe einer schulischen Disziplin wesentlichen Merkmale herausgreifen, diese Merkmale thematisieren und damit auch (etwa als Formel) generalisierbar machen. Mit der disziplinären Sicht erfahren die Schüler auch, dass Dinge in Zeichenform überführt werden können und dass man so mit den Dingen operieren und über sie Neues erfahren kann. Diese Sicht beruht aber nicht nur auf konzeptuellen bzw. sprachlichen Grundlagen, sondern ist Ergebnis einer ganzen Reihe von unterschiedlichen praktischen Bemühungen, die aus didaktischer Sicht als profan gelten (etwa die Benennung des Dings und seine Positionierung im Raum), für den Schulunterricht als Praxis aber zentral sind. Erst wenn Schülerkörper an ihren Plätzen ruhig gestellt und vornehmlich ihr Seh- und Hörsinn auf das Geschehen im Pultbereich ausgerichtet sind und wenn die entsprechend gestalteten, vorbereiteten und sprachlich bzw. gestisch gerahmten Dinge dort auftreten, können die Schüler das fachlich Relevante an den Dingen sehen und eine solche Sicht einüben.

Der hier diskutierte mathematisch-naturwissenschaftliche Schulunterricht setzt dabei auf ein cartesianisch-kognitivistisches Modell der Erkenntnis, in dem erkennende Subjekte über einen Fernsinn, vornehmlich den Sehsinn, zu erkennende Objekte wahrnehmen sollen. Diese »Zuschauertheorie des Erkennens« (Dewey) fasst Erkenntnis als Ergebnis eines relativ voraussetzungslosen Wahrnehmens stabiler Objekte, die als gegeben vorausgesetzt werden (Balke 2008: 272). Und mit der Schrift vergessen die Unterrichtsteilnehmer nicht nur die kontingente Geschichte der Wissensobjekte, sondern auch die Praktiken des Zeigens und Schauens, durch die Lehrer und Schüler an der Entstehung der Dinge als Wissensobjekte beteiligt waren. Die Schule macht dadurch aus Schülern auch Menschen der Moderne im Sinne Latours (2008): Soziales und Materielles, Subjekt und Objekt werden deutlich voneinander getrennt. Der »idealistische Materialismus« (Latour 2007a: 139) des Schulunterrichts fasst die Dinge dabei als ihren konkreten Aufführungskontexten enthobene Entitäten, die in schriftlicher oder graphischer Form ihre fachlich relevante und eindeutige Bestimmung erhalten. Schriftlich und graphisch kann man auf sie problemlos zurückgreifen und sie kontrollieren.[67] Als derart geschlossene Objekte sind die Dinge somit in zweifacher Hinsicht dekontextualisiert: von den performativen Praktiken ihrer Hervorbringung und von den praktischen Verweisungszusammenhängen, in die sie eingebunden sind.

Damit findet sich hier eine Parallele zur wissenschaftssoziologischen Idee der *black box*. Obwohl Wissenschaftler praktisch an der Schöpfung wissenschaftlicher Objekte beteiligt sind, tauchen viele dieser hervorbringenden, oft tastenden Praktiken in den wissenschaftlichen Berichten nicht mehr auf (Garfinkel et al. 1981). Trotz dieser Parallele gibt es aber einen entscheidenden Unterschied zwischen Klassenzimmer und wissenschaftlichem Labor: Es handelt sich im Fall des Schulunterrichts um die *Vorführung* von Experimenten und anderen Methoden der Erkenntnisgewinnung vor einem nicht immer wohlwollenden Publikum, das den Schöpfungsakt bisweilen sabotiert. Ein die Schulstunde anleitender Unterrichtsplan und disziplinierende Praktiken der Lehrperson sichern deshalb, dass sich dennoch das gewünschte Ergebnis zeigt oder dies zumindest schriftlich festgehalten werden kann. In der Schule steht Wissen aber auch in ganz anderer Weise zur Debatte als in einem naturwissenschaftlichen Labor: Dominiert im Labor das praktische In-Gang-Setzen des Experiments (Knorr-Cetina 1984), so steht in der Schule die kognitive Aneignung im Mittelpunkt. Der Übersetzungskreislauf der Schule greift auf bestehende Wissensbestände zurück und kann das Wissen dadurch schneller prozessieren als eine Institution, die mit großen praktischen Unwägbarkeiten und der Ergebnisoffenheit ihres Tuns zurechtkommen muss.

---

[67] Insofern ist eine auf die sprachliche Dimension des Unterrichts fokussierende Unterrichtsforschung nachvollziehbar. Sie folgt den Versprachlichungen und dem expliziten Wissen der Unterrichtsteilnehmer, übersieht allerdings wie diese das implizite Wissen im Umgang mit den Dingen.

Ich halte fest: Schulunterricht als sozio-materielle Praxis ist durch eine Überschneidung unterschiedlicher dinglicher Modi gekennzeichnet, mit denen Wissen vermittelt und verhandelt wird. Betrachtet man die menschlichen Unterrichtsteilnehmer, geht es um unterschiedliche Gebrauchsweisen mit den Dingen,
die diesen einen Platz in der schulischen Praxis zuweisen. Richtet man den Blick
auf die Dinge selbst, so stellt man fest, dass die *Praxis der Dinge* im Schulunterricht als sinnliche Aufforderung unterschiedlich präsenter Dinge gefasst werden
kann. Außerdem wurde deutlich, dass Schulunterricht über das Klassenzimmer
hinausgeht. Die Lehrmittelindustrie, die Vorbereitungen der Lehrer, die schulische Organisation, aber auch vergangene Schulstunden ragen über die Dinge
und ihre Anordnung in räumlichen Arrangements in den Schulunterricht hinein. Schließlich kann der mathematisch-naturwissenschaftliche Schulunterricht
als Apparatur charakterisiert werden, die auf eine vereindeutigende schulische
Zurichtung der Dinge zielt und auf ein cartesianisch-kognitivistisches Modell
der Erkenntnis setzt.

6.2 Jenseits des Schulunterrichts

Was kann die Studie über den konkreten Fall hinaus zur anhaltenden Diskussion um die geeignete Berücksichtigung der Dinge innerhalb der soziologischen
Forschung und Sozialtheorie beitragen? Ich habe hier eine praxistheoretische
Perspektive eingenommen, die nach dem Beitrag der Dinge zur situierten Praxis
fragt und in Auseinandersetzung mit der neueren Technik- und Wissenschaftsforschung für eine (post)phänomenologische Erweiterung des Dingbegriffs um
seine sinnliche Dimension eintritt. Dinge sind so einerseits als im Gebrauch zu
bestimmende Entitäten gefasst, andererseits aber in ihrer auffordernden Eigenständigkeit. Neben einer akteursmäßigen *agency* findet sich der Beitrag der Dinge zur Praxis in einer Präfiguration menschlicher Praktiken durch ihre sinnliche
Aufforderung. Dinge fordern dazu auf, sie in bestimmter Weise zu nutzen, zu betrachten, in die Hand zu nehmen; sie laden uns zu bestimmten Handlungen ein,
drängen andere aber in den Hintergrund. Sie legen also verschiedene Weisen des
Umgangs mit ihnen nahe, nicht aber fest.

Im Alltag geht es häufig um solche praktischen Passungen, nicht aber um ein Ein-
schränken oder Festlegen (Schatzki 2002: 210ff.). Dem Wissensbegriff kommt
hier eine entscheidende Rolle zu. In viele Dinge ist Wissen eingeschrieben. Mal
wird dieses Wissen in Form eines Zwangs umgesetzt (wie beim Latourschen Türschließer), mal in Form eines zu gebrauchenden oder interpretierenden Dings

(wie im Fall von Werkzeugen oder Messgeräten). Im letzteren Fall kommt dem Gebrauchswissen der Teilnehmer eine entscheidende Rolle zu. Sie müssen über das nötige Wissen verfügen, damit die Dinge in einer dem Verwendungszusammenhang angemessenen Weise auffordern können. Man muss etwa einen Hammer kennen und praktisch um seinen richtigen Gebrauch wissen, um mit ihm ohne Weiteres einen Nagel einschlagen zu können. Und man muss die konventionalisierte Technik des Lesens beherrschen, um an einem Messgerät etwas ablesen und die Zeichen als vermittelte Erfahrung eines Zustands verstehen zu können. Mit anderen Worten: Die auffordernde Wirkung der Dinge ist in vielen Fällen an die praktische Umsetzung durch menschliche Akteure gebunden. Das hier vorgestellte sozio-materielle Vokabular macht auf diese unterschiedlichen Mensch-Ding-Beziehungen aufmerksam und öffnet den Blick für die je unterschiedliche Relevanz praktischen Wissens im Umgang mit den Dingen. Ein bloßes Reagieren (wie beim Türschließer) unterscheidet sich in dieser Hinsicht vom kompetenten Gebrauch (wie beim Werkzeug) oder der hermeneutischen Interpretation (wie beim Ablesen eines Messgeräts). Mit dem Gebrauch vieler Dinge erfahren sich folglich auch die menschlichen Teilnehmer der Praxis in unterschiedlichem Maße als »Experten des Alltags« (Hörning 2001) und stellen sich als solche auch vor anderen dar. Die eigene soziale Position ist auch Ergebnis solcher Gebrauchspraktiken. Im Dinggebrauch subjektivieren sich die menschlichen Nutzer und werden als geschickte Handwerker oder kundige Interpreten von Messergebnissen für sich und Andere erfahrbar.

Die drei Modi des Aufeinandertreffens von Dingen und menschlichen Teilnehmern, die uns hier im Schulunterricht begegnet sind, sind zugleich ganz grundsätzlicher Natur: präsentes Ding, (quasi-)transparentes Werkzeug und sinnhaftes Zeichen. Dinge in ihrer Präsenz begegnen uns beispielsweise im Alltag als der Ball im Spiel, der immer wieder unerwartet reagiert und deshalb ein Eigenleben zu besitzen scheint (Popitz 2000: 73ff.). Und selbstverständlich sind Werkzeuge und Zeichen ein ständiger Begleiter (nicht nur) des modernen Menschen. Dass es sich dabei um ein fragiles Schwanken zwischen verschiedenen Modi handelt, haben die Analysen gezeigt. Ein beständiges Arbeiten an den Dingen ist notwendig, um sie in den jeweiligen Modi zu halten. Diese *Praxis mit den Dingen* bringt die Dinge auf unterschiedliche Art hervor und kämpft gegen ihre Widerständigkeit an. In die Dinge ist aber auch ein sie gestaltendes Wissen eingegangen. Sie sind bereits Ziel von sie bestimmenden Praktiken gewesen. Deshalb erfordern sie auch ein ganz unterschiedliches Maß an situativer Zähmung. Damit verteilt sich nicht nur die *agency* auf verschiedene Träger (etwa Dinge und Menschen), sondern auch eine die Dinge hervorbringende und rahmende Praxis.

Mit diesen dinglichen Praktiken erweitert die Studie die (post)phänomenologischen Mensch-Ding-Beziehungen um eine mikrosoziologische Dimension, die das Zustandekommen solcher Beziehungen als *Ergebnis* der Praxis sieht.

Mit den Überlegungen zur Zurichtung und theoretischen Induzierung der Dinge gerät auch der klassische Situationsbegriff an seine Grenzen. Die Beschäftigung mit den Dingen führt deshalb auch zu einer transsituativen Mikrosoziologie, die ihr Heil nicht nur in der lokalen Situation sucht, sondern danach fragt, wie damit verbundene Situationen in das Hier und Jetzt hineinragen. Dabei geht es nicht um eine Auflösung und Rückführung der Situation auf ein ausuferndes Netzwerk. Dinge können nur dann sinnlich zu etwas auffordern, wenn sie lokal auf menschliche Körper gerichtet sind, die im Gebrauch die Dinge bestimmen. Deshalb muss man die Verknüpfung mit anderen Orten und zugleich die lokale Situation mit ihren Körpern ernst nehmen. Nur in der situierten Praxis können sich das Wissen der Körper, das Wissen in den Dingen und das in Zeichenform dargestellte Wissen für die Teilnehmer überschneiden. Soziale Ordnung kann mittels derlei materialisiertem Wissen über konkrete Situationen hinaus stabilisiert werden (Schatzki 2005: 475f.). Mit den Dingen kehren Praktiken wieder und die Komplexität von Interaktion wird reduziert. Wir wissen, was uns in der Regel erwartet, wenn sich zwei Menschen mit einer Frisbeescheibe gegenüber stehen. Und statt eines chaotischen Durcheinanders auf den Straßen begegnet uns ein mehr oder minder geregelter Verkehr. Staatliche Institutionen, Automobilhersteller und Baufirmen bestimmen über eine Reihe von materiellen Trägern mit, wie der Straßenverkehr vonstatten geht: Ampeln signalisieren Vorfahrt, Straßen bahnen den Weg und schaffen konventionalisierte Verbindungen zwischen Orten, Verkehrsschilder erinnern an die Verkehrsordnung, hiesige Autos legen den Rechtsverkehr nahe, Radarfallen und Bremsschwellen sorgen für gedrosselte Geschwindigkeiten usw. Umgekehrt verschwindet die lokale Situation nicht einfach in der Vergänglichkeit der Zeit. Sie schreibt sich in die Körper der Teilnehmer ein oder wird in Zeichenform gespeichert: Akten archivieren Krankheitsverläufe und Gesetzesübertretungen, Überwachungskameras zeichnen unsere Bewegungen im öffentlichen Raum auf. Und in und an den Dingen, die wir gebrauchen, hinterlassen wir Spuren: Eselsohren in Büchern, ausgelatschte Schuhe und Trampelpfade zeigen nicht nur Spuren menschlichen Gebrauchs, sondern bestimmen auch über den aktuellen Gebrauch mit. Damit wirkt auch das Lokale in die Zukunft hinein und figuriert es in übersetzter Form. Wie dieses Zusammenwirken von lokal präsenten und mittelbar anwesenden Entitäten bzw. Praktiken zu fassen ist, bleibt eine stets auf Neue empirisch zu beantwortende Frage. Im vorliegenden Fall des mathematisch-naturwissenschaftlichen Schulunterrichts wurde dieses Zusammenwirken als eine transsituativ verteilte Arbeit an den Dingen sichtbar, die auf eine vereindeutigende schulische Zurichtung zielt.

Anfänglich hatten wir es in der Studie zwar mit Dingen zu tun, sind dann aber zu Modi des Dings gelangt. Insbesondere die Beschäftigung mit den Zeichen deutet dabei in Richtung einer Auflösung der Dinglichkeit. Materielle Entitäten sind dementsprechend nicht immer als präsente Dinge relevant. Schon bei den Wissensobjekten weist die disziplinäre Sicht über eine einfache Präsenz hinaus. Es handelt sich um eine eingeschränkte Präsenz, die zugleich über das unmittelbar Anwesende hinausweist: Statt eines Stück Plastiks oder eines Stapel Kopierpapiers sehen die Unterrichtsteilnehmer geometrische Körper, die generalisierbare Objekte darstellen. Wenn die Unterrichtsteilnehmer vom Wissensobjekt zur Wandtafel wechseln, dann taucht das Ding an der Tafel als semiotische Repräsentation auf, das viele seiner materiellen Eigenschaften eingebüßt hat. Und beim An- und Abschreiben behandeln die Unterrichtsteilnehmer die Wandtafel eben nicht als Ding von Interesse, sondern die Schrift auf ihrer Oberfläche. Genausowenig denken wir beim Lesen der Zeitung in der Regel über die Beschaffenheit des Papiers nach, auf dem die Buchstaben gedruckt sind. Es geht nicht mehr um das Ding als Ding, sondern um den Sinn eines Zeichens, das mit dem Ding erscheint. Hier finden sich Anschlussmöglichkeiten zu Medienbegriffen, die Medialität als ein Wechselspiel von Vordergrund und Hintergrund verstehen (Krämer 2008; Wiesing 2008). Etwas tritt zurück (hier: das Ding als Ding), damit etwas anderes (hier: der Sinn) hervortreten kann. Umgekehrt können aber auch die Zeichen wieder in ihrer Dinglichkeit relevant werden: etwa wenn Pannen auftreten und das Wissensmedium sich als Ding in den Vordergrund drängt.

Mit der Hinwendung zu den Dingen landet man in vielen Feldern (etwa dem Schulunterricht) bei den Zeichen. Aber noch eine andere Materialität tritt zutage: die Körperlichkeit. Die Körper von Schülern und Lehrern waren hier etwa als sprechende und zeigende Körper relevant. Ferner sind sie als durch die Dinge affizierte und auf sie gerichtete Leiber aufgetaucht. Dinge fordern ganz unterschiedliche leibliche Beziehungen ihnen gegenüber ein: vom quasi-prothetischen Werkzeug als Teil unseres leiblichen Weltbezugs bis hin zum gegenübergestellten Objekt. Schließlich sind die Körper als disziplinierte und (mehr oder minder) ruhiggestellte Körper in Erscheinung getreten: In unterschiedlichen Feldern sind nur bestimmte Sinne und Körperbewegungen relevant und zulässig. Im Museum ist etwa eine andere Anwesenheit unseres Körpers gefragt als im Fußballspiel. Damit ist auch eine je unterschiedliche leibliche Haltung zu den

Dingen angelegt: zu betrachtendes distanziertes Objekt oder mit den Füßen zu beherrschender ›Spielpartner‹.

Die Beschäftigung mit den Dingen führt uns also schon immer zu anderen Dimensionen der Materialität, die aufeinander bezogen sind. Zugleich erscheint Materialität als eine Kehrseite von Medialität – mal sind die Dinge in ihrer materiellen Präsenz relevant und drängen sich auf, mal geht es um einen durch die Dinge medial übertragenen Sinn. Die Unterscheidung von präsenten Dingen und quasi-transparenten Medien verweist somit weniger auf trennscharfe Kategorien denn auf unterschiedliche Perspektiven – und zwar sowohl auf Seiten der Teilnehmer als auch auf Seiten der sie beobachtenden Ethnographen. Die Teilnehmer bringen mal diesen, mal jenen Aspekt im Umgang mit den Dingen hervor. Und ein an schulischen Gegenständen interessierter Unterrichtsforscher beginnt damit, Dinge zu betrachten, landet dann aber unweigerlich bei Medien und Zeichen. Insofern muss eine praxistheoretische Perspektive auf Materialität über die Beschäftigung mit den Dingen hinausgehen und sich beispielsweise mit Fragen der Medialität von Zeichen befassen.

6.3 Anschlüsse

Die Studie hat ihre Geschichte erzählt, indem sie Unterricht als sozio-materielle Praxis konzipiert hat. Selbstverständlich war dies nur eine Variante der Geschichte. Sie hatte ihre Protagonisten und ihren Spannungsbogen. Manche wichtige Dinge des Schulunterrichts hat sie nicht zu ihren Protagonisten gemacht: So zählte beispielsweise der für manche Mathematikstunde so zentrale (graphische) Taschenrechner genauso wenig dazu wie das Tafelgeodreieck. Über unterschiedliche Dinge des Mathematik- und Physikunterrichts hinaus kann das Projekt einer sozio-materiellen Unterrichtsforschung in verschiedene Richtungen fortgeführt werden. Für die hier skizzierten *Social Studies of Teaching and Education* sind folgende Aspekte wichtig:

(1) *Die Konstruktion der Dinge*: Erstens wäre empirisch zu erforschen, wie man in der Lehrmittelindustrie die Dinge entwickelt, erprobt und fertigt, die dann den Schulunterricht bevölkern. Die Lehrmittelindustrie ist ein bisher sträflich vernachlässigtes Feld der Bildungsforschung. Die humanistische Perspektive begreift Schulunterricht allein als Ergebnis menschlichen Handelns und versteht die Dinge des Wissens als willfährige Werkzeuge. Folglich hält sie auch die Praktiken der Herstellung dieser Dinge

für profan und nicht beachtenswert. Ein sozio-materieller Blick zeigt aber, dass die Gestaltung der Dinge für den Unterricht und die Praktiken des Zeigens hochgradig relevant ist. Umso schwerer wiegt das Desiderat. Es gilt, die ›Laboratorien‹ und Werkstätten der Lehrmittelindustrie aufzusuchen und den Designern und Konstrukteuren über die Schulter zu schauen. Welches pädagogische Wissen geht in die Dinge ein? Welche Ethnotheorien der Schule und des Unterrichts sind für die Konstruktion relevant? Hier konnte diese Idee über die Gestalt der Dinge und über die Prospekte der Lehrmittelindustrie nur angerissen werden; die Praktiken der Herstellung selbst kamen nicht in den Blick. Mit einer solchen Forschung kann auch die Idee der Transsituativität von Schulunterricht und anderen Felder weiter verfolgt werden. Lokale Situationen sind (unter anderem) über materielle Dinge mit anderen Situationen verbunden. Lokale Gebrauchspraktiken treten in ein Wechselspiel mit einem andernorts in die Dinge eingeschriebenen Wissen.[68]

(2) *Dingkulturen*: Es ist zu vermuten, dass sich in anderen Schultypen und Unterrichtsformen verschiedene Gebrauchsweisen im Umgang mit den Dingen oder gar andere Dingtypen ausfindig machen lassen. So stellen beispielsweise die reformpädagogischen Montessori- und Waldorfschulen einen interessanten Kontrastfall dar, da sie besonderen Wert darauf legen, die Dinge nicht nur anzuschauen, sondern mit den eigenen Händen zu ›begreifen‹. Ferner stellt sich die Frage, welche Praktiken der Dinge und mit den Dingen sich in anderen Schulfächern finden lassen. Die hier vorgestellten Dinge und der Umgang mit ihnen ist typisch für die mathematischen und naturwissenschaftlichen Disziplinen. In den Schulfächern herrschen aber unterschiedliche Fachkulturen vor. Im Deutschunterricht etwa sind gedruckte und handgeschriebene Texte, nicht aber Anschauungsobjekte und experimentelle Arrangements zentral. Schließlich ist an die Berufsausbildung und hier insbesondere an das Handwerk zu denken. Im richtigen Umgang mit Werkzeugen und Geräten, vor allem aber im Schaffen eines Werkstücks sind die Dinge vermutlich noch einmal ganz unterschiedlich präsent, widerstehen dem Gebrauch auf ihre Art, fordern anders auf. Dingkulturen sind in diesen Bildungskontexten auch als »Wissenskulturen« (Knorr-Cetina 2002) zu begreifen. Was und wie wir etwas wissen, hängt auch von den Dingen als Mittler des Wissens ab.

---

[68] Schon Max Weber postuliert hierzu ganz ähnlich: »Jedes Artefakt [...] ist lediglich aus dem Sinn deutbar und verständlich, den menschliches Handeln [...] der Herstellung und Verwendung dieses Artefakts verlieh« (2002: 3).

(3) *Dingsozialisation*: Um besser nachvollziehen zu können, wie die Schule
als Institution über die Dinge auch eine grundlegende Haltung vermittelt,
müsste man die gymnasiale Sekundarstufe verlassen und in den Primar-
schulbereich hineingehen. Hier – so ist zu vermuten – lernen die Kinder
auch den richtigen Umgang mit den Dingen, allen voran mit der Wandtafel. An ihr erlernen die meisten Schüler zum ersten Mal, wie Dinge in
Zeichen überführt werden. Dies geht über das Nachzeichnen der in den
Dingen inskribierten erzieherischen Absichten hinaus. Es geht um eine
grundsätzliche über die Dinge vermittelte Haltung (etwa ein mediales Sehen). Die Unterrichtsforscher könnten in den Grundschulen ferner beobachten, wie ein in der Sekundarstufe bereits domestiziertes Ding wie die
Wandtafel nach und nach erst gezähmt werden muss, damit es den Schülern als vertrautes und gefügiges Medium begegnet.

Mit diesen und weiteren offenen Fragen macht die Studie der qualitativen Unterrichtsforschung ein Angebot, eine neue Sichtweise auf Bildung und Erziehung
einzunehmen. Im Anschluss an Studien zum Schulunterricht, die sich auf die
neuere Technik- und Wissenschaftssoziologie beziehen, teilt sie den Anspruch,
Dinge nicht als bloße Werkzeuge, sondern als Mittler ernst zu nehmen. In Abgrenzung zu diesen präzisiert sie aber den Beitrag der Dinge zur unterrichtlichen
Praxis als auf menschliche Teilnehmer gerichtete sinnliche Aufforderung. Für die
soziologische Forschung im Allgemeinen bietet sie dadurch eine alternative Bestimmung der praktischen Leistung der Dinge, die über den Fokus auf ein ›har-
tes‹ Bewirken und die *agency* hinausgeht. Dinge nehmen an Praktiken teil. Sie
tun dies unter anderem, indem sie die menschlichen Teilnehmer der Praktiken
sinnlich auffordern und für sie auf ganz unterschiedliche Arten präsent sind. Damit verbinden die Dinge auch verschiedene räumlich und zeitlich entfernte Situationen miteinander und stabilisieren Praxis über die lokal begrenzte Situation
hinaus. Dies gilt sowohl für den Schulunterricht als auch für die Praxis im Allgemeinen. Vielleicht fordert ja gar dieser Text dazu auf, nicht nur Schulunterricht,
sondern auch die Praxis im Allgemeinen mit einem Augenmerk auf die sinnliche
Dimension der Dinge neu zu betrachten.

Literatur

Adams, Catherine A. (2008): »PowerPoint's Pedagogy«, *Phenomenology & Practice* 2(1), S. 63–79.

Adams, Catherine A./Thompson, Terry Lynn (2011): »Interviewing Objects. Including Educational Technologies as Qualitative Research Participants«, *International Journal of Qualitative Studies in Education* 24(6), S. 733–750.

Akrich, Madeleine/Latour, Bruno (1992): »A Summary of Convenient Vocabulary for the Semiotics of Human and Non-Human Assemblies«, in: Bijker, Wiebe E./Law, John (Hrsg.): *Shaping Technology, Building Society. Studies in Socio-Technical Change*, Cambridge, MA: MIT Press, S. 259–264.

Alkemeyer, Thomas/Pille, Thomas (2008): »Schule und ihre Lehrkörper. Das Referendariat als Trainingsprozess«, *Zeitschrift für Soziologie der Erziehung und Sozialisation* 28(2), S. 137–154.

Anderson, Charnel (1962): *Technology in American Education 1650–1900*, Washington, D.C.: Government Printing Office.

Aufenanger, Stefan/Bauer, Petra (2010): »Interaktive Whiteboards. Neue Chancen für Lehrer, Schüler und Schule«, *Computer+Unterricht* 20(78), S. 6–9.

Balke, Friedrich (2008): »Was ist ein Ding? Zum Pragmatismus der neueren Wissenschaftsforschung«, in: Hetzel, Andreas/Kertscher, Jens/Rölli, Marc (Hrsg.): *Pragmatismus. Philosophie der Zukunft*, Weilerswist: Velbrück, S. 269–283.

Basalla, George (1988): *The Evolution of Technology*, Cambridge: Cambridge University Press.

Bauersfeld, Heinrich (1995): »›Language Games‹ in the Mathematics Classroom. Their Function and Their Effects«, in: Cobb, Paul/Bauersfeld, Heinrich (Hrsg.): *The Emergence of Mathematical Meaning. Interaction in Classroom Cultures*, Hillsdale, NJ: Erlbaum, S. 271–292.

Becker, Rolf/Lauterbach, Wolfgang (Hrsg.) (2008): *Bildung als Privileg*, Wiesbaden: VS.

Benjamin, Walter (1996): *Das Kunstwerk im Zeitalter seiner technischen Reproduzierbarkeit. Drei Studien zur Kunstsoziologie*, Frankfurt a. M.: Suhrkamp.

Berg, Eberhard/Fuchs, Martin (Hrsg.) (1993): *Kultur, soziale Praxis, Text. Die Krise der ethnographischen Repräsentation*, Frankfurt a. M.: Suhrkamp.

Berg, Karen van den/Gumbrecht, Hans Ulrich (Hrsg.) (2010): *Politik des Zeigens*. München: Fink.

Berger, Peter L./Luckmann, Thomas (2004): *Die gesellschaftliche Konstruktion der Wirklichkeit. Eine Theorie der Wissenssoziologie*, Frankfurt a. M.: Fischer.

Biemel, Walter (1996): »Die Entfaltung von Heideggers Ding-Begriff«, in: ders.: *Gesammelte Schriften*, Bd. 1, Stuttgart: frommann-holzboog, S. 353–378.

Bijker, Wiebe E. (2010): »How Is Technology Made? That Is the Question!«, *Cambridge Journal of Economics* 34(1), S. 63–76.

Bijker, Wiebe E./Hughes, Thomas P./Pinch, Trevor (Hrsg.) (1987): *The Social Construction of Technological Systems. New Directions in the Sociology and History of Technology*, Cambridge, MA: MIT Press.

Birmingham, Peter/Davies, Chris/Greiffenhagen, Christian (2002): »Turn to Face the Bard. Making Sense of Three-Way Interactions Between Teacher, Pupils and Technology in the Classroom«, *Education, Communication & Information* 2(2), S. 139–161.

Bloomfield, Brian P./Latham, Yvonne/Vurdubakis, Theo (2010): »Bodies, Technologies and Action Possibilities. When is an Affordance?«, *Sociology* 44(3), S. 415–433.

Bloor, David (1991): *Knowledge and Social Imagery*, Chicago, IL: University of Chicago Press.

Bosse, Heinrich (2012): *Bildungsrevolution 1770–1830*, Heidelberg: Universitätsverlag Winter.

Bourdieu, Pierre (1993): »Das Haus oder die verkehrte Welt«, in: ders.: *Sozialer Sinn. Kritik der theoretischen Vernunft*, Frankfurt a. M.: Suhrkamp, S. 468–489.

Braun-Thürmann, Holger (2006): »Ethnografische Perspektiven. Technische Artefakte in ihrer symbolisch-kommunikativen und praktisch-materiellen Dimension«, in: Rammert, Werner/Schubert, Cornelius (Hrsg.): *Technografie. Zur Mikrosoziologie der Technik*, Frankfurt a. M.: Campus, S. 199–221.

Breidenstein, Georg (2002): »Interpretative Unterrichtsforschung. Eine Zwischenbilanz und einige Zwischenfragen«, in: Breidenstein, Georg/Combe, Arno/Helsper, Werner/Stelmaszyk, Bernhard (Hrsg.): *Forum Qualitative Schulforschung 2. Interpretative Unterrichts- und Schulbegleitforschung*, Opladen: Leske + Budrich, S. 11–27.

——— (2004): »KlassenRäume. Eine Analyse räumlicher Bedingungen und Effekte des Schülerhandelns«, *Zeitschrift für Bildungs-, Beratungs- und Sozialforschung* 5(1), S. 87–107.

——— (2006): *Teilnahme am Unterricht: Ethnographische Studien zum Schülerjob*, Wiesbaden: VS.

Burke, Catherine (2005): »Light. Metaphor and Materiality in the History of Schooling«, in: Lawn, Martin/Grosvenor, Ian (Hrsg.): *Materialities of Schooling. Design, Technology, Objects, Routines*, Oxford: Symposium Books, S. 125–143.

Callon, Michel (1986): »Some Elements of a Sociology of Translation. Domestication of the Scallops and the Fishermen of St Brieuc Bay«, in: Law, John (Hrsg.): *Power, Action and Belief. A New Sociology of Knowledge?*, London: Routledge, S. 196–233.

Callon, Michel/Latour, Bruno (1981): »Unscrewing the Big Leviathan. How Actors Macrostructure Reality and How Sociologists Help Them to Do So«, in: Knorr-Cetina, Karin/Cicourel, Aaron V. (Hrsg.): *Advances in Social Theory and Methodology. Toward an Integration of Micro- and Macro-Sociologies*, Boston, MA: Routledge, S. 277–303.

Cerulo, Karen A. (2009): »Nonhumans in Social Interaction«, *Annual Review of Sociology* 35, S. 531–552.

Charmaz, Kathy (2006): *Constructing Grounded Theory. A Practical Guide Through Qualitative Analysis*, London: Sage.

Clarke, Adele E. (2005): *Situational Analysis. Grounded Theory After the Postmodern Turn*, Thousand Oaks, CA: Sage.

Cochoy, Franck (1998): »Another Discipline for the Market Economy. Marketing as Performative Knowledge and Know-How for Capitalism«, in: Callon, Michel (Hrsg.): *The Laws of the Markets*, Oxford: Blackwell, S. 194–221.

Collins, Harry M. (1981): »Stages in the Empirical Programme of Relativism«, *Social Studies of Science* 11(1), S. 3–10.

Dant, Tim (2004): »The Driver-Car«, *Theory, Culture & Society* 21(4-5), S. 61–79.

De Laet, Marianne/Mol, Annemarie (2000): »The Zimbabwe Bush Pump«, *Social Studies of Science* 30(2), S. 225–263.

Delamont, Sara/Atkinson, Paul/Pugsley, Lesley (2010): »The Concept Smacks of Magic. Fighting Familiarity Today«, *Teaching and Teacher Education* 26(1), S. 3–10.

Doering, Hilke/Hirschauer, Stefan (1997): »Die Biographie der Dinge. Eine Ethnographie musealer Repräsentationen«, in: Hirschauer, Stefan/Amann, Klaus (Hrsg.): *Die Befremdung der eigenen Kultur*, Frankfurt a. M.: Suhrkamp, S. 267–297.

Döring, Klaus W. (1973): *Lehr- und Lernmittel. Medien des Unterrichts*, Weinheim: Beltz.

Dorr-Bremme, Donald W. (1990): »Contextualization Cues in the Classroom. Discourse Regulation and Social Control Functions«, *Language in Society* 19(3), S. 379–402.

Dreyfus, Hubert L. (1991): *Being-In-The-World. A Commentary on Heidegger's Being and Time, Division I*, Cambridge, MA: MIT Press.

Durkheim, Emile (1984): *Die Regeln der soziologischen Methode*, Frankfurt a. M.: Suhrkamp.

Eberbach, Catherine/Crowley, Kevin (2009): »From Everyday to Scientific Observation. How Children Learn to Observe the Biologist's World«, *Review of Educational Research* 79(1), S. 39–68.

Ehlich, Konrad/Rehbein, Jochen (1986): *Muster und Institution. Untersuchungen zur schulischen Kommunikation*, Tübingen: Narr.

Emerson, Robert M./Fretz, Rachel I./Shaw, Linda L. (1995): *Writing Ethnographic Fieldnotes*, University of Chicago Press.

Engert, Kornelia/Krey, Björn (2013): »Das lesende Schreiben und das schreibende Lesen. Zur epistemischen Arbeit an und mit wissenschaftlichen Texten«, *Zeitschrift für Soziologie* 42(5), S. 366–384.

Erlemann, Martina (2004): »Inszenierte Erkenntnis. Zur Wissenschaftskultur der Physik im universitären Lehrkontext«, in: Arnold, Markus/Fischer, Roland (Hrsg.): *Disziplinierungen. Kulturen der Wissenschaft im Vergleich*, Wien: Turia Kant, S. 53–90.

Eßbach, Wolfgang (2001): »Antitechnische und antiästhetische Haltungen in der soziologischen Theorie«, in: Lösch, Andreas/Schrage, Dominik/Spreen, Dierk/Stauff, Markus (Hrsg.): *Technologien als Diskurse. Konstruktionen von Wissen, Medien und Körpern*, Heidelberg: Synchron, S. 123–136.

Falkenberg, Monika (2013): *Schweigsame Schülerpraktiken. Der Klassenverband als Körpergemeinschaft*, Stuttgart: Lucius & Lucius.

Fenwick, Tara/Edwards, Richard (2010): *Actor-Network Theory in Education*, London: Routledge.

Fetzer, Marei (2010): »Reassembling the Social Classroom. Mathematikunterricht in einer Welt der Dinge«, in: Brandt, Birgit/Fetzer, Marei/Schütte, Marcus (Hrsg.): *Auf den Spuren interpretativer Unterrichtsforschung in der Mathematikdidaktik. Götz Krummheuer zum 60. Geburtstag*, Münster: Waxmann, S. 267–290.

Fischer, Katrin/Weißer, Michael (2010): »Interaktive Whiteboards an Hamburgs Schulen«, *Computer+Unterricht* 20(78), S. 38–39.

Foucault, Michel (1994): *Überwachen und Strafen. Die Geburt des Gefängnisses*, Frankfurt a. M.: Suhrkamp.

Gadamer, Hans-Georg (1986): »Zur Einführung«, in: Heidegger, Martin: *Der Ursprung des Kunstwerkes*, Stuttgart: Reclam, S. 93–114.

Garfinkel, Harold (1967): *Studies in Ethnomethodology*, Englewood Cliffs, NJ: Prentice Hall.

Garfinkel, Harold/Lynch, Michael/Livingston, Eric (1981): »The Work of a Discovering Science Construed with Materials from the Optically Discovered Pulsar«, *Philosophy of the Social Sciences* 11(2), S. 131–158.

Geertz, Clifford (1987): *Dichte Beschreibung. Beiträge zum Verstehen kultureller Systeme*, Frankfurt a. M.: Suhrkamp.

Gehlen, Arnold (1956): *Urmensch und Spätkultur. Philosophische Ergebnisse und Aussagen*, Frankfurt a. M.: Vittorio Klostermann.

Gibson, James J. (1977): » The Theory of Affordances «, in: Shaw, Robert/Bransford, John (Hrsg.): *Perceiving, Acting, and Knowing. Toward an Ecological Psychology*, Hillsdale, NJ: Lawrence Erlbaum Associates, S. 67–82.

Goffman, Erving (1978): » Response Cries «, *Language* 54(4), S. 787–815.

———— (1980): *Rahmen-Analyse. Ein Versuch über die Organisation von Alltagserfahrungen*, Frankfurt a. M.: Suhrkamp.

———— (1983): » The Interaction Order. American Sociological Association, 1982 Presidential Address «, *American Sociological Review* 48(1), S. 1–17.

———— (2003): *Wir alle spielen Theater. Die Selbstdarstellung im Alltag*, München: Piper.

Göhlich, Michael (1993): *Die pädagogische Umgebung. Eine Geschichte des Schulraums seit dem Mittelalter*, Weinheim: Deutscher Studien Verlag.

———— (2009): » Schulraum und Schulentwicklung. Ein historischer Abriss «, in: Böhme, Jeanette (Hrsg.): *Schularchitektur im interdisziplinären Diskurs. Territorialisierungskrise und Gestaltungsperspektiven des schulischen Bildungsraums*, Wiesbaden: VS, S. 89–102.

Göhlich, Michael/Wagner-Willi, Monika (2001): » Zur Ritualisierung innerschulischer Übergänge «, in: Liebau, Eckhardt/Schumacher-Chilla, Doris/Wulf, Christoph (Hrsg.): *Anthropologie pädagogischer Institutionen*, Weinheim: Beltz, S. 127–140.

Gomart, Emilie/Hennion, Antoine (1999): » A Sociology of Attachment. Music Amateurs, Drug Users «, in: Law, John/Hassard, John (Hrsg.): *Actor Network Theory and After*, Oxford: Blackwell, S. 220–247.

Goodwin, Charles (1994): » Professional Vision «, *American Anthropologist* 96(3), S. 606–633.

———— (1996): » Transparent Vision «, in: Ochs, Elinor/Schegloff, Emanuel A./Thompson, Sandra A. (Hrsg.): *Interaction and Grammar*, Cambridge: Cambridge University Press, S. 370–404.

———— (2003): » Pointing as Situated Practice «, in: Kita, Sotaro (Hrsg.): *Pointing. Where Language, Culture and Cognition Meet*, Mahwah, NJ: Lawrence Erlbaum, S. 217–241.

Göttlich, Andreas (2008): » Sociologia perennis? Überlegungen zur Problematik prototheoretischer Aussagen in der Soziologie «, in: Raab, Jürgen/Pfadenhauer, Michaela/Stegmaier, Peter/Dreher, Jochen (Hrsg.): *Phänomenologie und Soziologie. Theoretische Positionen, aktuelle Problemfelder und empirische Umsetzungen*, Wiesbaden: VS, S. 97–107.

Graver, William W. (1991): » Technology Affordances «, *CHI 91. Reaching Through Technology* April 27-May 02, S. 79–84.

Greiffenhagen, Christian (2008): » Video Analysis of Mathematical Practice? Different Attempts to > Open Up< Mathematics for Sociological Investigation «, *Forum Qualitative Sozialforschung* 9(3),

Grint, Keith/Woolgar, Steve (1997): *The Machine at Work. Technology, Work, and Organization*, Cambridge: Polity.

Gumbrecht, Hans Ulrich (2004): *Diesseits der Hermeneutik. Über die Produktion von Präsenz*, Frankfurt a. M.: Suhrkamp.

Hackl, Bernd (2010): » True Lies. Über die Dilemmata einer reformpädagogischen Aneignung tayloristisch entworfener Lernräume «, in: Egger, Rudolf/Hackl, Bernd (Hrsg.): *Sinnliche Bildung? Pädagogische Prozesse zwischen vorprädikativer Situierung und reflexivem Anspruch*, Wiesbaden: VS, S. 163–194.

Hahn, Hans Peter (2005): *Materielle Kultur. Eine Einführung*, Berlin: Reimer.

Hamilton, David (1990): *Learning about Education. An Unfinished Curriculum*, Buckingham: Open University Press.

Hammersley, Martyn (1990): *Classroom Ethnography. Empirical and Methodological Essays*, Milton Keynes: Open University Press.

Harman, Graham (2009): *Prince of Networks. Bruno Latour and Metaphysics*, Melbourne: Re.Press.

───── (2010): »Technology, Objects and Things in Heidegger«, *Cambridge Journal of Economics* 34(1), S. 17–25.

Have, Paul ten (2004): *Understanding Qualitative Research and Ethnomethodology*, London: Sage.

Heath, Christian/Luff, Paul (2000): *Technology in Action*, Cambridge: Cambridge University Press.

Heidegger, Martin (1959): »Das Ding«, in: ders.: *Vorträge und Aufsätze*, Pfullingen: Neske, S. 163–181.

───── (1986): *Der Ursprung des Kunstwerkes*, Stuttgart: Reclam.

───── (2003): »Die Zeit des Weltbildes«, in: ders.: *Holzwege*, Frankfurt a. M.: Vittorio Klostermann, S. 75–113.

───── (2006): *Sein und Zeit*, Tübingen: Niemeyer.

Heintz, Bettina (1993): »Wissenschaft im Kontext. Neuere Entwicklungstendenzen der Wissenschaftssoziologie«, *Kölner Zeitschrift für Soziologie und Sozialpsychologie* 45(3), S. 528–552.

───── (2000): *Die Innenwelt der Mathematik*, Wien: Springer.

Helsper, Werner/Keuffer, Josef (2010): »Unterricht«, in: Krüger, Heinz-Hermann/Helsper, Werner (Hrsg.): *Einführung in Grundbegriffe und Grundfragen der Erziehungswissenschaft*, Opladen: Budrich, S. 91–102.

Hemmings, Terry/Randall, Dave/Marr, Liz/Francis, David (2000): »Task, Talk and Closure. Situated Learning and the Use of an ›Interactive‹ Museum Artefact«, in: Hester, Stephen/Francis, David (Hrsg.): *Local Educational Order. Ethnomethodological Studies of Knowledge in Action*, Amsterdam: John Benjamins, S. 223–244.

Hentig, Hartmut von (1984): *Das allmähliche Verschwinden der Wirklichkeit. Ein Pädagoge ermutigt zum Nachdenken über die Neuen Medien*, München: Hanser.

Hericks, Uwe/Meyer, Meinert (2006): »Unterricht/Didaktik«, in: Krüger, Heinz-Hermann/Grunert, Cathleen (Hrsg.): *Wörterbuch Erziehungswissenschaft*, Opladen: Budrich, S. 472–478.

Hesse, Alexander (2004): »Unentbehrlich oder überflüssig? Zur Geschichte der Schultafel«, *Zeitschrift für Museum und Bildung* 62(2), S. 8–16.

Hillman, Thomas (2012): »A Geography of Connections. Networks of Humans and Materials in Mathematics Classrooms Using Handheld Technology«, *Forum Qualitative Sozialforschung / Forum: Qualitative Social Research* 13(1),

Hindmarsh, Jon/Heath, Christian (2000): »Sharing the Tools of the Trade: The Interactional Constitution of Workplace Objects«, *Journal of Contemporary Ethnography* 29(5), S. 523–562.

Hirschauer, Stefan (2001): »Ethnografisches Schreiben und die Schweigsamkeit des Sozialen«, *Zeitschrift für Soziologie* 30(6), S. 429–451.

───── (2004): »Praktiken und ihre Körper. Über materielle Partizipanden des Tuns«, in: Hörning, Karl H./Reuter, Julia (Hrsg.): *Doing Culture. Neue Positionen zum Verhältnis von Kultur und sozialer Praxis*, Bielefeld: Transcript, S. 73–91.

Hitzler, Ronald (1993): »Verstehen. Alltagspraxis und wissenschaftliches Programm«, in: Jung, Thomas/Müller-Doohm, Stefan (Hrsg.): *›Wirklichkeit‹ im Deutungsprozeß. Verstehen und Methoden in den Kultur- und Sozialwissenschaften*, Frankfurt a. M.: Suhrkamp, S. 223–240.

Hnilica, Sonja (2010): »Schulbank und Klassenzimmer. Disziplinierung durch Architektur«, in: Egger, Rudolf/Hackl, Bernd (Hrsg.): *Sinnliche Bildung? Pädagogische Prozesse zwischen vorprädikativer Situierung und reflexivem Anspruch*, Wiesbaden: VS, S. 141–162.

Hörning, Karl H. (2001): *Experten des Alltags. Die Wiederentdeckung des praktischen Wissens*, Weilerswist: Velbrück.

————— (2005): »Lob der Praxis. Praktisches Wissen im Spannungsfeld zwischen technischen und sozialen Uneindeutigkeiten«, in: Gamm, Gerhard/Hetzel, Andreas (Hrsg.): *Unbestimmtheitssignaturen der Technik. Eine neue Deutung der technisierten Welt*, Bielefeld: Transcript, S. 297–310.

Hoskins, Janet (1998): *Biographical Objects. How Things Tell the Stories of Peoples' Lives*, New York, NY: Routledge.

Hutchins, Edwin (1996): *Cognition in the Wild*, Cambridge, MA: MIT Press.

Ihde, Don (1974): »The Experience of Technology. Human-Machine Relations«, *Philosophy & Social Criticism* 2, S. 267–279.

————— (1979): *Technics and Praxis. A Philosophy of Technology*, Dordrecht: Reidel.

————— (1990): *Technology and the Lifeworld. From Garden to Earth*, Bloomington, IN: Indiana University Press.

————— (1993): »Deromanticizing Heidegger«, in: ders.: *Postphenomenology. Essays in the Postmodern Context*, Evanston, IL: Northwestern University Press, S. 103–115.

————— (2002): »Failure of the Nonhumans. A Science Studies Tale«, in: ders.: *Bodies in Technology*, Minneapolis, MN: University of Minnesota Press, S. 88–100.

————— (2003a): »If Phenomenology Is an Albatross, Is Post-Phenomenology Possible?«, in: Haraway, Donna/Ihde, Don/Latour, Bruno/Pickering, Andrew (Hrsg.): *Chasing Technoscience. Matrix for Materiality*, Bloomington, IN: Indiana University Press, S. 131–144.

————— (2003b): *Postphenomenology – Again?*, Aarhus: Department of Information & Media Studies, University of Aarhus.

————— (2009): *Postphenomenology and Technoscience. The Peking University Lectures*, New York, NY: State University of New York Press.

Introna, Lucas/Ilharco, Fernando/Fay, Eric (Hrsg.) (2008): *Phenomenology, Organisation and Technology*, Lissabon: Universidade católica editora.

Introna, Lucas D./Ilharco, Fernando M. (2006): »On the Meaning of Screens. Towards a Phenomenological Account of Screenness«, *Human Studies* 29(1), S. 57–76.

Jackson, Philip W. (1968): *Life in Classrooms*, New York, NY: Holt, Rinehart and Winston.

Joerges, Bernward (1979): »Überlegungen zu einer Soziologie der Sachverhältnisse. ›Die Macht der Sachen über uns‹ oder ›Die Prinzessin auf der Erbse‹«, *Leviathan* 7(1), S. 125–137.

Johnson, Jim (1988): »Mixing Humans and Nonhumans Together. The Sociology of a Door-Closer«, *Social Problems* 35(3), S. 298–310.

Jonas, Julia/Lembeck, Karl-Heinz (Hrsg.) (2006): *Mensch – Leben – Technik. Aktuelle Beiträge zur phänomenologischen Anthropologie*, Würzburg: Königshausen & Neumann.

Kaiser, Gabriele (1999): *Unterrichtswirklichkeit in England und Deutschland*, Weinheim: Beltz.

Kalthoff, Herbert (1996): »Das Zensurenpanoptikum. Eine ethnographische Studie zur schulischen Bewertungspraxis«, *Zeitschrift für Soziologie* 25(1), S. 106–124.

————— (1997): *Wohlerzogenheit. Eine Ethnographie deutscher Internatsschulen*, Frankfurt a. M.: Campus.

————— (2000): »›Wunderbar, richtig‹. Zur Praxis mündlichen Bewertens im Unterricht«, *Zeitschrift für Erziehungswissenschaft* 3(3), S. 429–446.

————— (2003): »Die beobachtende Differenz. Instrumente der ethnografisch-soziologischen Forschung«, *Zeitschrift für Soziologie* 32(1), S. 70–90.

———— (2008): »Einleitung. Zur Dialektik von qualitativer Forschung und soziologischer Theoriebildung«, in: Kalthoff, Herbert/Hirschauer, Stefan/Lindemann, Gesa (Hrsg.): *Theoretische Empirie. Zur Relevanz qualitativer Forschung*, Frankfurt a. M.: Suhrkamp, S. 8–32.

———— (2009): »Die Finanzsoziologie: Social Studies of Finance. Zur neuen Soziologie ökonomischen Wissens«, in: Beckert, Jens/Deutschmann, Christoph (Hrsg.): *Kölner Zeitschrift für Soziologie und Sozialpsychologie (Sonderheft 49: Wirtschaftssoziologie)*, Wiesbaden: VS, S. 266–287.

———— (2011): »Social Studies of Teaching and Education. Skizze einer sozio-materiellen Bildungsforschung«, in: Šuber, Daniel/Schäfer, Hilmar/Prinz, Sophia (Hrsg.): *Pierre Bourdieu und die Kulturwissenschaften. Zur Aktualität eines undisziplinierten Denkens*, Konstanz: UVK, S. 107–131.

———— (2014): »Dinge, Objekte, Artefakte und ihre Daseinsweisen. Zur Relevanz von Heideggers Ding- und Technikphilosophie«, in: Tasheva, Gallina/Weiß, Johannes (Hrsg.): *Existenzialanalytik und Soziologie*, Tübingen: Mohr Siebeck, im Erscheinen.

Kalthoff, Herbert/Röhl, Tobias (2011): »Interobjectivity and Interactivity. Material Objects and Discourse in Class«, *Human Studies* 34(4), S. 451–469.

Kalthoff, Herbert/Hirschauer, Stefan/Lindemann, Gesa (Hrsg.) (2008): *Theoretische Empirie. Zur Relevanz qualitativer Forschung*, Frankfurt a. M.: Suhrkamp.

Kelly, Gregory J. (2007): »Discourse in Science Classrooms«, in: Abell, Sandra K./Lederman, Norman G. (Hrsg.): *Handbook of Research on Science Education*, Hillsdale, NJ: Erlbaum, S. 443–469.

Kidwell, Peggy Aldrich/Ackerberg-Hastings, Amy/Roberts, David Lindsay (2008): *Tools of American Mathematics Teaching, 1800-2000*, Baltimore, MD: Johns Hopkins University Press.

Kircher, Ernst/Girwidz, Raimund/Häußler, Peter (2002): *Physikdidaktik. Eine Einführung*, Berlin: Springer.

Kittler, Friedrich (1985): *Aufschreibesysteme 1800/1900*, München: Fink.

Knoblauch, Hubert (2007): »Die Performanz des Wissens. Zeigen und Wissen in der Powerpoint-Präsentation«, in: Schnettler, Bernt/Knoblauch, Hubert (Hrsg.): *Powerpoint-Präsentationen. Neue Formen der gesellschaftlichen Kommunikation von Wissen*, Konstanz: UVK, S. 117–138.

Knorr-Cetina, Karin (1984): *Die Fabrikation von Erkenntnis. Zur Anthropologie der Naturwissenschaft*. Frankfurt a. M.: Suhrkamp.

———— (1989): »Spielarten des Konstruktivismus. Einige Notizen und Anmerkungen«, *Soziale Welt* 40, S. 86–96.

———— (2002): *Wissenskulturen. Ein Vergleich naturwissenschaftlicher Wissensformen*, Frankfurt a. M.: Suhrkamp.

———— (2007): »Umrisse einer Soziologie des Postsozialen«, in: Pahl, Hanno/Meyer, Lars (Hrsg.): *Kognitiver Kapitalismus. Soziologische Beiträge zur Theorie der Wissensökonomie*, München: Metropolis, S. 25–39.

———— (2009): »The Synthetic Situation. Interactionism for a Global World«, *Symbolic Interaction* 32(1), S. 61–87.

Köhler, Sigrid G./Metzler, Jan Chr./Wagner-Egelhaaf, Martina (Hrsg.) (2004): *Prima Materia. Beiträge zur transdisziplinären Materialitätsdebatte*, Königstein: Helmer.

Kolbe, Fritz-Ulrich/Reh, Sabine/Fritzsche, Bettina/Idel, Till-Sebastian/Rabenstein, Kerstin (2008): »Lernkultur. Überlegungen zu einer kulturwissenschaftlichen Grundlegung qualitativer Unterrichtsforschung«, *Zeitschrift für Erziehungswissenschaft* 11(1), S. 125–143.

Konrad, Franz-Michael (2007): *Geschichte der Schule. Von der Antike bis zur Gegenwart*, München: Beck.

Kopytoff, Igor (1986): »The Cultural Biography of Things. Commoditization as Process«, in: Appadurai, Arjun (Hrsg.): *The Social Life of Things. Commodities in Cultural Perspective*, Cambridge: Cambridge University Press, S. 64–94.

Koschmann, Timothy (2008): »CHAT, Ethnomethodology, Distributed Cognition, Actor-Network Theory. Pick One«, *Mind, Culture, and Activity* 15(4), S. 361–365.

Krämer, Sybille (1988): *Symbolische Maschinen. Die Idee der Formalisierung in geschichtlichem Abriß*, Darmstadt: Wissenschaftliche Buchgesellschaft.

——— (1997): »Kalküle als Repräsentationen. Zur Genese des operativen Symbolgebrauches in der Neuzeit«, in: Rheinberger, Hans-Jörg/Hagner, Michael/Wahrig-Schmidt, Bettina (Hrsg.): *Räume des Wissens. Repräsentation, Codierung, Spur*, Berlin: Akademie.

——— (2003): »›Schriftbildlichkeit‹ oder: Über eine (fast) vergessene Dimension der Schrift«, in: Krämer, Sybille/Bredekamp, Horst (Hrsg.): *Bild – Schrift – Zahl*, München: Fink, S. 157–176.

——— (2008): *Medium, Bote, Übertragung. Kleine Metaphysik der Medialität*, Frankfurt a. M.: Suhrkamp.

Krummheuer, Götz (1997): *Narrativität und Lernen*, Weinheim: Beltz.

——— (2002): *Der mathematische Anfangsunterricht*, Weinheim: Beltz.

——— (2008): »Inskription, Narration und diagrammatisch basierte Argumentation. Narrative Rationalisierungspraxen im Mathematikunterricht der Grundschule«, in: Jungwirth, Helga/Krummheuer, Götz (Hrsg.): *Der Blick nach innen. Aspekte der täglichen Lebenswelt Mathematikunterricht*, Bd. 2, Münster: Waxmann, S. 7–36.

Kümmel, Albert/Scholz, Leander/Schumacher, Eckhard (Hrsg.) (2004): *Einführung in die Geschichte der Medien*, München: Fink.

Künzli, Rudolf (2008): »Schule als Ort des Wissens und seiner Bewertung«, *Zeitschrift für Erziehungswissenschaft* 4(3), S. 405–414.

Labudde, Peter/Möller, Kornelia (2012): »Stichwort: Naturwissenschaftlicher Unterricht«, *Zeitschrift für Erziehungswissenschaft* 15(1), S. 11–36.

Lange, Hermann (1967): *Schulbau und Schulverfassung der frühen Neuzeit. Zur Entstehung und Problematik des modernen Schulwesens*, Weinheim: Beltz.

Langeveld, Martinus J. (1955): »Das Ding in der Welt des Kindes«, *Zeitschrift für Pädagogik* 1(1), S. 69–83.

——— (1968): *Studien zur Anthropologie des Kindes*, Tübingen: Niemeyer.

Latour, Bruno (1987): *Science in Action*, Cambridge, MA: Harvard University Press.

——— (1990): »Drawing Things Together«, in: Lynch, Michael/Woolgar, Steve (Hrsg.): *Representation in Scientific Practice*, Cambridge, MA: MIT Press, S. 19–68.

——— (1991): »Technology Is Society Made Durable«, in: Law, John (Hrsg.): *A Sociology of Monsters. Essays on Power, Technology, and Domination*, London: Routledge, S. 103–131.

——— (1994a): »On Technical Mediation. Philosophy, Sociology, Genealogy«, *Common Knowledge* 3(2), S. 29–64.

——— (1994b): »Where Are the Missing Masses? The Sociology of a Few Mundane Artefacts«, in: Bijker, Wiebe/Law, John (Hrsg.): *Shaping Technology. Building Society*, Cambridge, MA: MIT Press, S. 225–258.

——— (1996): »Der ›Pedologenfaden‹ von Boa Vista. Eine photo-philosophische Montage«, in: ders.: *Der Berliner Schlüssel*, Berlin: Akademie, S. 191–248.

——— (2001): »Eine Soziologie ohne Objekt? Anmerkungen zur Interobjektivität«, *Berliner Journal für Soziologie* 11(2), S. 237–252.

——— (2007a): »Can We Get Our Materialism Back, Please?«, *Isis* 98, S. 138–142.

――――― (2007b): *Eine neue Soziologie für eine neue Gesellschaft*, Frankfurt a. M.: Suhrkamp.

――――― (2008): *Wir sind nie modern gewesen. Versuch einer symmetrischen Anthropologie*, Frankfurt a. M.: Suhrkamp.

――――― (2010): »A Plea for Earthly Sciences«, in: Burnett, Judith/Jeffers, Syd/Thomas, Graham (Hrsg.): *New Social Connections. Sociology's Subjects and Objects*, London: Palgrave, S. 72–84.

Latour, Bruno/Woolgar, Steve (1979): *Laboratory Life*, Princeton, NJ: Princeton University Press.

Law, John (1999): »After ANT. Complexity, Naming and Topology«, in: Law, John/Hassard, John (Hrsg.): *Actor Network Theory and After*, Oxford: Blackwell, S. 1–14.

――――― (2002): »Objects and Spaces«, *Theory, Culture & Society* 19(5-6), S. 91–105.

――――― (2004): *After Method. Mess in Social Science Research*, London: Routledge.

Lemke, Jay Leno (1990): *Talking Science. Language, Learning and Values*, Norwood, NJ: Ablex.

Levin, David Michael (Hrsg.) (1993): *Modernity and the Hegemony of Vision*, Berkeley, CA: University of California Press.

Lind, Gunter (1999): »Der Physikunterricht an den deutschen Gymnasien vom Beginn des 18. Jahrhunderts bis zum Beginn des 20. Jahrhunderts«, in: Goodson, Ivor F./Hopmann, Stefan/Riquarts, Kurt (Hrsg.): *Das Schulfach als Handlungsrahmen. Vergleichende Untersuchung zur Geschichte und Funktion der Schulfächer*, Köln: Böhlau, S. 109–150.

Linde, Hans (1972): *Sachdominanz in Sozialstrukturen*, Tübingen: Mohr Siebeck.

Lindemann, Gesa (2009): *Das Soziale von seinen Grenzen her denken*, Weilerswist: Velbrück.

Löw, Martina (2001): *Raumsoziologie*, Frankfurt a. M.: Suhrkamp.

Lynch, Michael/Macbeth, Douglas (1998): »Demonstrating Physics Lessons«, in: Greeno, James G./Goldman, Shelley V. (Hrsg.): *Thinking Practices in Mathematics and Science Learning*, Mahwah, NJ: Lawrence Erlbaum Associates, S. 269–297.

Lynch, Michael/Livingston, Eric/Garfinkel, Harold (1985): »Zeitliche Ordnung in der Arbeit des Labors«, in: Bonß, Wolfgang/Hartmann, Heinz (Hrsg.): *Soziale Welt (Sonderband 3: Entzauberte Wissenschaft)*, S. 179–206.

Macbeth, Douglas (1994): »Classroom Encounters with the Unspeakable. ›Do You See, Danelle?‹«, *Discourse Processes* 17(2), S. 311–335.

――――― (2000): »On an Actual Apparatus for Conceptual Change«, *Science Education* 84(2), S. 228–264.

Marcus, George E. (1998): »Ethnography in/of the World System. The Emergence of Multi-Sited Ethnography«, in: ders.: *Ethnography Through Thick and Thin*, Princeton, NJ: Princeton University Press, S. 79–104.

Markus, Thomas A. (1996): »Early Nineteenth Century School Space and Ideology«, *Paedagogica Historica* 32(1), S. 9–50.

Martial, Ingbert von/Ladenthin, Volker (2002): *Medien im Unterricht. Grundlagen und Praxis der Mediendidaktik*, Baltmannsweiler: Schneider Verlag Hohengehren.

Martinez, Pedro L. Moreno (2005): »History of School Desk Developments in Terms of Hygiene and Pedagogy in Spain (1838-1936)«, in: Lawn, Martin/Grosvenor, Ian (Hrsg.): *Materialities of Schooling. Design, Technology, Objects, Routines*, Oxford: Symposium Books, S. 71–95.

McHoul, Alexander (1978): »The Organization of Turns at Formal Talk in the Classroom«, *Language in Society* 7(2), S. 183–213.

――――― (1990): »The Organization of Repair in Classroom Talk«, *Language in Society* 19(3), S. 349–377.

McLuhan, Marshall (2001): *Understanding Media*, London: Routledge.

Mehan, Hugh (1979): *Learning Lessons. Social Organization in the Classroom*, Cambridge, MA: Harvard University Press.

———— (1998): »The Structure of Classroom Discourse«, in: Van Dijk, Teun Adrianus (Hrsg.): *Handbook of Discourse Analysis III: Discourse and Dialogue*, London: Academic Press, S. 120–132.

Merleau-Ponty, Maurice (1976): *Phänomenologie der Wahrnehmung*, Berlin: De Gruyter.

———— (2004): *Das Sichtbare und das Unsichtbare*, München: Fink.

Meyer-Drawe, Käte (1999): »Herausforderung durch die Dinge. Das Andere im Bildungsprozeß«, *Zeitschrift für Pädagogik* 45, S. 329–342.

Mikelskis-Seifert, Silke/Rabe, Thorid (Hrsg.) (2007): *Physik-Methodik. Handbuch für die Sekundarstufe I und II*, Berlin: Cornelsen.

Miller, Daniel (Hrsg.) (1998): *Material Cultures. Why Some Things Matter*, London: UCL Press.

Mol, Annemarie/Law, John (1994): »Regions, Networks and Fluids. Anaemia and Social Topology«, *Social Studies of Science* 24(4), S. 641–671.

Mortimer, Eduardo/Scott, Philip (2003): *Meaning Making in Secondary Science Classrooms*, Maidenhead: Open University Press.

Murdoch, Jonathan (1998): »The Spaces of Actor-Network Theory«, *Geoforum* 29(4), S. 357–374.

Nohl, Arnd-Michael (2011): *Pädagogik der Dinge*, Bad Heilbrunn: Klinkhardt.

Norman, Donald A. (1988): *The Design of Everyday Things*, New York, NY: Basic Books.

Ochs, Elinor/Gonzales, Patrick/Jacoby, Sally (1996): »›When I come down I'm in the domain state‹. Grammar and Graphic Representation in the Interpretive Activity of Physicists«, in: Ochs, Elinor/Schegloff, Emanuel A./Thompson, Sandra A. (Hrsg.): *Interaction and Grammar*, Cambridge: Cambridge University Press, S. 328–369.

Parsons, Talcott (1987): »Die Schulklasse als soziales System. Einige Funktionen in der amerikanischen Gesellschaft«, in: Plake, Klaus (Hrsg.): *Klassiker der Erziehungssoziologie*, Düsseldorf: Schwann, S. 103–124.

Peirce, Charles Sanders (1983): *Phänomen und Logik der Zeichen*, Frankfurt a. M.: Suhrkamp.

Petrat, Gerhardt (1979): *Schulunterricht. Seine Sozialgeschichte in Deutschland 1750–1850*, München: Ehrenwirth.

Pickering, Andrew (1984): *Constructing Quarks. A Sociological History of Particle Physics*, Chicago, IL: University of Chicago Press.

———— (1995): *The Mangle of Practice. Time, Agency, and Science*, Chicago, IL: University of Chicago Press.

Pimm, David (1987): *Speaking Mathematically. Communication in Mathematics Classrooms*, London: Routledge.

———— (1995): *Symbols and Meanings in School Mathematics*, Routledge.

Pinch, Trevor (2010): »On Making Infrastructure Visible. Putting the Non-Humans to Rights«, *Cambridge Journal of Economics* 34(1), S. 77–89.

Pinch, Trevor J./Bijker, Wiebe E. (1987): »The Social Construction of Facts and Artifacts. Or How the Sociology of Science and the Sociology of Technology Might Benefit Each Other«, in: Bijker, Wiebe E./Hughes, Thomas/Pinch, Trevor (Hrsg.): *The Social Construction of Technological Systems. New Directions in the Sociology and History of Technology*, Cambridge, MA: MIT Press, S. 17–51.

Pitsch, Karola (2007): »Unterrichtskommunikation revisited. Tafelskizzen als interaktionale Ressource«, *Bulletin Suisse de Linguistique Appliquée* 85, S. 59–80.

Popitz, Heinrich (1976): *Technik und Industriearbeit*, Tübingen: Mohr Siebeck.

———— (2000): »Was tun wir, wenn wir spielen?«, in: ders.: *Wege der Kreativität*, Tübingen: Mohr Siebeck, S. 52–81.

Pötzsch, Frederik S. (2007): »Der Vollzug der Evidenz. Zur Ikonographie und Pragmatik von Powerpoint-Folien«, in: Schnettler, Bernt/Knoblauch, Hubert (Hrsg.): *Powerpoint-Präsentationen. Neue Formen der gesellschaftlichen Kommunikation von Wissen*, Konstanz: UVK, S. 85–101.

Prange, Klaus (2005): *Die Zeigestruktur der Erziehung. Grundriss der Operativen Pädagogik*, Paderborn: Schöningh.

Preda, Alex (1999): »The Turn to Things. Arguments for a Sociological Theory of Things«, *The Sociological Quarterly* 40(2), S. 347–366.

Rammert, Werner (2006): »Technik in Aktion. Verteiltes Handeln in soziotechnischen Konstellationen«, in: Rammert, Werner/Schubert, Cornelius (Hrsg.): *Technografie. Zur Mikrosoziologie der Technik*, Frankfurt a.M./New York: Campus, S. 163–195.

Rammert, Werner/Schubert, Cornelius (2006): »Technografie und Mikrosoziologie der Technik«, in: dies. (Hrsg.): *Technografie. Zur Mikrosoziologie der Technik*, Frankfurt a.M./New York: Campus, S. 11–22.

Rammert, Werner/Schulz-Schaeffer, Ingo (2002): »Technik und Handeln. Wenn soziales Handeln sich auf menschliches Verhalten und technische Artefakte verteilt«, in: dies. (Hrsg.): *Können Maschinen handeln?*, Frankfurt a. M.: Campus, S. 11–64.

Reckwitz, Andreas (2003): »Grundelemente einer Theorie sozialer Praktiken. Eine sozialtheoretische Perspektive«, *Zeitschrift für Soziologie* 32(4), S. 282–301.

Rheinberger, Hans-Jörg (2006): *Experimentalsysteme und epistemische Dinge. Eine Geschichte der Proteinsynthese im Reagenzglas*, Frankfurt a. M.: Suhrkamp.

Rieger-Ladich, Markus/Ricken, Norbert (2009): »Macht und Raum. Eine programmatische Skizze zur Erforschung von Schularchitekturen«, in: Böhme, Jeanette (Hrsg.): *Schularchitektur im interdisziplinären Diskurs. Territorialisierungskrise und Gestaltungsperspektiven des schulischen Bildungsraums*, Wiesbaden: VS, S. 186–203.

Röhl, Tobias (2012): »Disassembling the Classroom. An Ethnographic Approach to the Materiality of Education«, *Ethnography and Education* 7(1), S. 109–126.

Roth, Wolff-Michael (1999): »Discourse and Agency in School Science Laboratories«, *Discourse Processes* 28(1), S. 27–60.

Roth, Wolff-Michael/McGinn, Michelle K. (1997): »Science in School and Everywhere Else. What Science Educators Should Know about Science and Technology Studies«, *Studies in Science Education* 29, S. 1–44.

Roth, Wolff-Michael/McGinn, Michelle K./Woszczyna, Carolyn/Boutonné, Sylvie (1999): »Differential Participation during Science Conversations. The Interaction of Focal Artifacts, Social Configurations, and Physical Arrangements«, *The Journal of the Learning Sciences* 8(3/4), S. 293–347.

Rouncefield, Mark/Slack, Roger/Hartswood, Mark (2011): »Technology«, in: Rouncefield, Mark/Tolmie, Peter (Hrsg.): *Ethnomethodology at Work*, Farnham: Ashgate, S. 191–210.

Schatzki, Theodore R. (2002): *The Site of the Social. A Philosophical Account of the Constitution of Social Life and Change*, University Park, PA: Pennsylvania State University Press.

———— (2005): »Peripheral Vision. The Sites of Organization«, *Organization Studies* 26(3), S. 465–484.

———— (2010): »Materiality and Social Life«, *Nature and Culture* 5(2), S. 123–149.

Schenk, Barbara (1984): »Geschichte des Physikunterrichts im allgemeinen Schulwesen und Anfänge des Technikunterrichts«, in: Mannzmann, Anneliese (Hrsg.): *Geschichte der Unterrichts-*

fächer, Bd. III (Biologie, Physik, Mathematik, Chemie, Haushaltslehre, Handarbeit), München: Kösel, S. 54–102.

Schiffler, Horst/Winkeler, Rolf (1994): *Tausend Jahre Schule. Eine Kulturgeschichte des Lernens in Bildern*, Stuttgart: Belser.

Schindler, Larissa (2011): *Kampffertigkeit. Eine Soziologie praktischen Wissens*, Stuttgart: Lucius & Lucius.

Schlieszeit, Jürgen (2010): »Whiteboard-Konzepte im Überblick«, *Computer+Unterricht* 20(78), S. 33–37.

Schmidt, Rudolf (1967): »Die geschichtliche Entwicklung des Volksschulbaues in Deutschland (1)«, *Paedagogica Historica* 7(1-2), S. 519–550.

———— (1968): »Die geschichtliche Entwicklung des Volksschulbaues in Deutschland (2)«, *Paedagogica Historica* 8(1-2), S. 153–193.

Schnettler, Bernt/Tuma, René (2007): »Pannen – Powerpoint – Performanz. Technik als ›handelndes Drittes‹ in visuell unterstützen mündlichen Präsentationen«, in: Schnettler, Bernt/Knoblauch, Hubert (Hrsg.): *Powerpoint-Präsentationen. Neue Formen der gesellschaftlichen Kommunikation von Wissen*, Konstanz: UVK, S. 163–188.

Schnettler, Bernt/Knoblauch, Hubert/Pötzsch, Frederik S. (2007): »Die Powerpoint-Präsentation. Zur Performanz technisierter mündlicher Gattungen in der Wissensgesellschaft«, in: Schnettler, Bernt/Knoblauch, Hubert (Hrsg.): *Powerpoint-Präsentationen. Neue Formen der gesellschaftlichen Kommunikation von Wissen*, Konstanz: UVK, S. 9–34.

Schulze, Gottlob Leberecht (1826): *Die vorzüglichsten Gegenstände des Landschulwesens und der Verbesserung desselben mit besonderer Rücksicht auf die Königlich-Sächsische Oberlausitz*, Budissin.

Schütz, Alfred (1971): »Wissenschaftliche Interpretation und Alltagsverständnis menschlichen Handelns«, in: ders.: *Gesammelte Aufsätze*, Bd. 1, Den Haag: Martinus Nijhoff, S. 3–54.

Sharrock, Wes/Button, Graham (2011): »Conclusion. Ethnomethodology and Constructionist Studies of Technology«, in: Rouncefield, Mark/Tolmie, Peter (Hrsg.): *Ethnomethodology at Work*, Farnham: Ashgate, S. 211–228.

Simmel, Georg (1957): »Brücke und Tür«, in: ders.: *Brücke und Tür. Essays des Philosphen zur Geschichte, Religion, Kunst und Gesellschaft*, Stuttgart: K. F. Koehler, S. 1–7.

———— (1995): »Der Bildrahmen«, in: ders.: *Aufsätze und Abhandlungen 1901–1908*, Bd. 1, Frankfurt a. M.: Suhrkamp, S. 101–108.

Simms, Eva M. (2008): *The Child in the World. Embodiment, Time, and Language in Early Childhood*, Detroit, MI: Wayne State University Press.

Sørensen, Estrid (2009): *The Materiality of Learning. Technology and Knowledge in Educational Practice*, Cambridge: Cambridge University Press.

Star, Susan Leigh (1991): »Power, Technology and the Phenomenology of Conventions. On Being Allergic to Onions«, in: Law, John (Hrsg.): *A Sociology of Monsters. Essays on Power, Technology, and Domination*, London: Sage, S. 26–56.

Steindorf, Gerhard (2000): *Grundbegriffe des Lehrens und Lernens*, Bad Heilbrunn: Julius Klinkhardt.

Stieve, Claus (2008): *Von den Dingen lernen. Die Gegenstände unserer Kindheit*, München: Fink.

Strässle, Thomas/Torra-Mattenklott, Caroline (Hrsg.) (2005): *Poetiken der Materie. Stoffe und ihre Qualitäten in Literatur, Kunst und Philosophie*, Freiburg i. Br.: Rombach.

Strauss, Anselm/Corbin, Juliet (1996): *Grounded Theory. Grundlagen Qualitativer Sozialforschung*, Weinheim: Beltz.

Strauss, Anselm L. (2007): *Grundlagen qualitativer Sozialforschung. Datenanalyse und Theoriebildung in der empirischen soziologischen Forschung*, München: Wilhelm Fink.

Strübing, Jörg (2008): »Pragmatismus als epistemische Praxis. Der Beitrag der Grounded Theory zur Empirie-Theorie-Frage«, in: Kalthoff, Herbert/Hirschauer, Stefan/Lindemann, Gesa (Hrsg.): *Theoretische Empirie. Zur Relevanz qualitativer Forschung*, Frankfurt a. M.: Suhrkamp, S. 279–311.

Suchman, Lucy (2007): *Human-Machine Reconfigurations. Plans and Situated Actions*, Cambridge, MA: Cambridge University Press.

Tesch, Maike/Duit, Reinders (2004): »Experimentieren im Physikunterricht. Ergebnisse einer Videostudie«, *Zeitschrift für Didaktik der Naturwissenschaften* 10, S. 51–69.

Thévenot, Laurent (1984): »Rules and Implements. Investment in Forms«, *Social Science Information* 23(1), S. 1–45.

Thomas, Gary/James, David (2006): »Reinventing Grounded Theory. Some Questions About Theory, Ground and Discovery«, *British Educational Research Journal* 32(6), S. 767–795.

Tilley, Christopher (2006): »Introduction. Identity, Place, Landscape and Heritage«, *Journal of Material Culture* 11(7), S. 7–32.

Traweek, Sharon (1992): *Beamtimes and Lifetimes. The World of High Energy Physicists*, Cambridge, MA: Harvard University Press.

Trondman, Mats (2008): »Bypass Surgery. Rerouting Theory to Ethnographic Study«, in: Walford, Geoffrey (Hrsg.): *How to Do Educational Ethnography*, London: Tufnell, S. 115–139.

Vanderstraeten, Raf (2001): »The School Class as an Interaction Order«, *British Journal of Sociology of Education* 22(2), S. 267–277.

Verbeek, Peter-Paul (2005): *What Things Do. Philosophical Reflections on Technology, Agency, and Design*, University Park, PA: Penn State Press.

————— (2011): *Moralizing Technology. Understanding and Designing the Morality of Things*, Chicago, IL: University of Chicago Press.

Wagner, Wolf-Rüdiger (2004): *Medienkompetenz revisited. Medien als Werkzeuge der Weltaneignung – Ein pädagogisches Programm*, München: Kopäd.

Wahrig, Gerhardt (Hrsg.) (1984): *Deutsches Wörterbuch*, Bd. 6. STE-ZZ, Wiesbaden: Brockhaus.

Waldenfels, Bernhard (2006): »Phänomenologie und Phänomenotechnik«, in: Jonas, Julia/Lembeck, Karl-Heinz (Hrsg.): *Mensch – Leben – Technik. Aktuelle Beiträge zur phänomenologischen Anthopologie*, Würzburg: Königshausen & Neumann, S. 367–380.

Walford, Geoffrey (2008): »The Nature of Educational Ethnography«, in: Walford, Geoffrey (Hrsg.): *How to Do Educational Ethnography*, London: Tufnell, S. 1–15.

Waltz, Scott B. (2004): »Giving Artifacts a Voice? Bringing into Account Technology in Educational Analysis«, *Educational Theory* 54(2), S. 157–172.

Weber, Max (2002): *Wirtschaft und Gesellschaft. Grundriß der Verstehenden Soziologie*, Tübingen: Mohr Siebeck.

Wiesemann, Jutta (2006): »Die Sichtbarkeit des Lernens. Empirische Annäherung an einen pädagogischen Lernbegriff«, in: Cloos, Peter/Thole, Werner (Hrsg.): *Ethnografische Zugänge. Professions- und adressatInnenbezogene Forschung im Kontext von Pädagogik*, Wiesbaden: VS, S. 171–183.

Wiesemann, Jutta/Amann, Klaus (2002): »Situationistische Unterrichtsforschung«, in: Breidenstein, Georg/Combe, Arno/Helsper, Werner/Stelmaszyk, Bernhard (Hrsg.): *Forum Qualitative Schulforschung 2. Interpretative Unterrichts- und Schulbegleitforschung*, Opladen: Leske & Budrich, S. 133–158.

Wiesing, Lambert (2000): *Phänomene im Bild*, München: Fink.

Wiesing, Lambert (2008): »Was sind Medien?«, in: Münker, Stefan/Roesler, Alexander (Hrsg.): *Was ist ein Medium?*, Frankfurt a. M.: Suhrkamp, S. 235–248.

———— (2013): *Sehen lassen. Die Praxis des Zeigens*, Berlin: Suhrkamp.

Willems, Katharina (2007): *Schulische Fachkulturen und Geschlecht. Physik und Deutsch – natürliche Gegenpole?*, Bielefeld: Transcript.

Winner, Langdon (1980): »Do Artifacts Have Politics?«, *Daedalus* 109(1).

———— (1993): »Upon Opening the Black Box and Finding It Empty. Social Constructivism and the Philosophy of Technology«, *Science, Technology, & Human Values* 18(3), S. 362–378.

Wirth, Joachim/Thillmann, Hubertina/Künsting, Josef/Fischer, Hans E./Leutner, Detlev (2008): »Das Schülerexperiment im naturwissenschaftlichen Unterricht. Bedingungen der Lernförderlichkeit einer verbreiteten Lehrmethode aus instruktionspsychologischer Sicht«, *Zeitschrift für Pädagogik* 54(3), S. 361–375.

Wittgenstein, Ludwig (2003): *Philosophische Untersuchungen*, Frankfurt a. M.: Suhrkamp.

Wolff, Stephan (1987): »Rapport und Report. Über einige Probleme bei der Erstellung plausibler ethnograpischer Texte«, in: Ohe, Werner von der (Hrsg.): *Kulturanthropologie. Beiträge zum Neubeginn einer Disziplin*, Berlin: Duncker & Humblot, S. 334–364.

Zaborowski, Katrin Ulrike/Meier, Michael/Breidenstein, Georg (Hrsg.) (2011): *Leistungsbewertung und Unterricht. Ethnographische Studien zur Bewertungspraxis in Gymnasium und Sekundarschule*, Wiesbaden: VS.

Abbildungsverzeichnis

Darstellungskonventionen

Längere Auszüge aus den Beobachtungsprotokollen sind eingerückt und einzeilig gesetzt. Wörtliche Wiedergaben von emischen Begriffen und gesprochenen Äußerungen sind mit Anführungszeichen gekennzeichnet, dabei habe ich die mündliche Sprache dem Schriftdeutschen angepasst. Folgende Tabelle gibt eine Übersicht über die verwendeten Darstellungskonventionen:

Darstellungskonvention	Erläuterung
»Stifte weg! Herschauen!«	wörtliche Wiedergabe mündlicher Rede
3 • 4 dm²	Angeschriebenes auf Wandtafel, Projektionsfläche oder interaktivem Whiteboard
(kurze Pause)	Angaben zu merklichen Pausen
sehr	betont gesprochen
jaaaa	Dehnung
((zeigt auf Tafel))	Einfügungen und Anmerkungen zu außersprachlichen Handlungen und Ereignissen innerhalb mündlicher Rede

Qualitative Soziologie

Jörg R. Bergmann, Stefan Hirschauer, Herbert Kalthoff (Hrsg.)

Band 10: Heike Mónika Greschke

Daheim in www.cibervalle.com

Zusammenleben im medialen Alltag der Migration

2009. X/258 S., kt. € 34,-. ISBN 978-3-8282-0466-9

Wie ist globales Zusammenleben möglich? Wie verändert die Verfügbarkeit des Internets Alltag und Zusammenleben in der Migration? In diesem Buch wird ein ‚fremdes Volk' vorgestellt, das gemeinsam einen virtuellen Raum bewohnt, während seine Mitglieder, die zumeist paraguayischer Herkunft sind, über den Globus verstreut leben. Mit Hilfe von ethnographischen und kommunikationsanalytischen Verfahren, die am und für den Gegenstand entwickelt wurden, untersucht die Autorin den Zusammenhang von (trans-nationaler) Migration und globalen Kommunikationstechnologien. Sie zeigt, wie sich die soziale Aneignung und technologische Weiterentwicklung des Internets wechselseitig beeinflussen, wie Medien als Substitutionsmechanismus für migratorisch bedingte Ab-wesenheiten fungieren und welche neuen, globalisierten Formen von Sozialität dabei entstehen.

Band 11: Antonia Krummheuer

Interaktion mit virtuellen Agenten?

Zur Aneignung eines ungewohnten Artefakts

2010. VIII/350 S., kt. € 46 . ISBN 978-3-8282-0489-9

Diese empirische Studie untersucht den Austausch zwischen Menschen und virtuellen Agenten aus soziologischer Perspektive. Virtuelle Agenten sind verkörperte Softwarepro-gramme, die wie Menschen kommunizieren sollen. Während die Programmentwickler von einer ‚Interaktion' zwischen Menschen und Agenten sprechen, schließt der soziolo-gische Interaktionsbegriff nichtmenschliche Gesprächspartner aus. Es stellt sich daher die Frage, mit welchen Konzepten die Soziologie dieses neue Phänomen fassen kann. Vor dem Hintergrund der techniksoziologischen Debatte um die Handlungsträgerschaft von Artefakten werden die Zuschreibungspraktiken analysiert, die im Austausch zwischen Menschen und Agenten beobachtbar sind. Wird der Agent im Austausch als sozialer Akteur konzeptionalisiert? Behandeln Mensch und Agent den Austausch als Interaktion? Auf der Basis einer konversationsanalytischen Interpretation von Videoaufnahmen wer-den die besonderen Qualitäten des hybriden Austauschs aufgezeigt. Charakteristisch für den Austausch ist seine spezifische ‚So-Tun-als-ob'-Rahmung, innerhalb derer ähnlich wie in zwischenmenschlicher Kommunikation Interaktionsrituale zu beobachten sind.

ℓ LUCIUS et LUCIUS   Stuttgart

Qualitative Soziologie

Jörg R. Bergmann, Stefan Hirschauer, Herbert Kalthoff (Hrsg.)

Band 12: Michael Liegl

Digital Cornerville

Technische Leidenschaft und musikalische
Vergemeinschaftung in New York

2010. VIII/360 S., kt. € 44,-. ISBN 978-3-8282-0525-3

„Cornerville" – so nannte William Foote Whyte in einem Gründungsdokument soziologischer Ethnographie eine „Street Corner Society", in der sich entgegen den Großstadtdiagnosen der klassischen europäischen Soziologie inmitten der anonymen Großstadtgesellschaft eine ethnisch organisierte Gemeinschaft auf der Grundlage von persönlicher Bekanntschaft behauptete.

Fast ein Jahrhundert später fragt die Ethnografie von Michael Liegl nach den Formen der Gemeinschaftsbildung unter den Bedingungen gesteigerter Urbanität: in der avantgardistischen, den Laptop veralltäglichenden Musikszene New Yorks. Sie findet eine nicht mehr ethnisch, sondern technisch und musikalisch integrierte Gemeinschaft, in der die Sehnsucht nach Nähe und persönlicher Bekanntschaft geblieben sind, aber die sozialen Formen sich radikal geändert haben.

Das Buch findet Ergänzung auf http://digital-cornerville.net

Band 13: Larissa Schindler

Kampffertigkeit

Eine Soziologie praktischen Wissens

2011. VIII/204 S., kt. € 29,00. ISBN 978-3-8282-0539-0

Wie findet ein schweigsames, in den Körpern fundiertes Wissen Verbreitung, wie lässt es sich kommunizieren? Im Zuge der körpersoziologischen Wende bekommt diese alte Frage nach der impliziten Dimension des Wissens neue Virulenz. Mit einer videogestützten ethnografischen Studie über Kampfkunsttrainings untersucht Larissa Schindler, wie implizite Wissensdimensionen in verschiedenen Praktiken expliziert werden. Der Befund: Auch implizite oder schweigsame Kommunikation hat eine positive Form. Das in der Didaktik verbreitete Problem, die richtigen Worte zu finden, lässt sich nämlich im Rahmen abwechselnder Demonstrations- und Übungsphasen auf andere Kommunikationskanäle verschieben: Wissen wird auf verbalem, visuellem, technischem und somatischem Wege kommuniziert. Das praktische Wissen der Kampfkunst vermittelt sich so sukzessive durch die Verschränkung und Koppelung von vier elementaren Kommunikationsformen. Die Explikation praktischen Wissens beruht, so die These des Buches, auf einem jeder Praktik inhärenten didaktischen Grundmoment.

LUCIUS
& LUCIUS   Stuttgart

Qualitative Soziologie

Jörg R. Bergmann, Stefan Hirschauer, Herbert Kalthoff (Hrsg.)

Band 14: Elke Wagner

Der Arzt und seine Kritiker

Zum Strukturwandel medizinkritischer Öffentlichkeiten
am Beispiel klinischer Ethik-Komitees

2011. VII/293 S., kt. € 46,-. ISBN 978-3-8282-0551-2

Die Kritik am Arzt ist so alt wie die Medizin. Doch haben sich die Plausibilitäten des Kritischen gewandelt. Elke Wagner zeigt in ihrer Studie, wie sich im Fall der Medizin Formen des Kritischen einstellen, die sich nicht mehr länger auf den bürgerlichen Meinungsstreit begrenzen lassen, den Habermas in seiner Öffentlichkeitssoziologie vorgestellt hat.

Die Studie erarbeitet historisch und anhand aktueller medizinkritischer Debatten einen instruktiven Blick auf die Diskussion um den Arzt und die medizinische Entscheidungsfindung. Im Fokus stehen klinische Ethik-Komitees, Forschungs-Ethikkommissionen des Arzneimittelgesetzes und Lebendspendekommissionen des Transplantationsgesetzes.

Elke Wagner zeigt, wie der Mediziner der Gegenwart zwar nach wie vor als Experte seines professionellen Handelns erhalten bleibt, dabei aber zunehmend mit einem kritischen Publikum konfrontiert wird, auf das er sich einzustellen hat. Neben der medizinischen Praxis werden im Krankenhaus ethische Praxen sichtbar, die das einst allein herrschende professionelle Handeln des Arztes ergänzen und die Medizin nun auf ihren eigentlichen Kern reduzieren: das Heilen von Krankheiten.

Band 15: Monika Falkenberg

Stumme Praktiken

Die Schweigsamkeit des Schulischen

2013. VI/314 S., zahlr. farb. Abb., kt. € 39,-. ISBN 978-3-8282-0586-4

Was passiert, wenn man dem Geschehen in einer Schulklasse den Ton abdreht? Man sieht in ungewohnter soziologischer Schärfe das Kippeln gegen die Disziplin des Stillsitzens, überflüssige oder hochpräsente Körper, beschäftigte Hände und vieles mehr. Unterhalb des Unterrichtsgesprächs zeigen sich stumme Praktiken und eigensinnige Körper und als ,Gegenpart des Diskursiven' – die Schweigsamkeit des Schulischen. Die Studie will für die Soziologie verstehen, was ein Schüler zu sein – und gewesen zu sein – für einen Körper bedeutet. Sie rekonstruiert die körperlichen Bedingungen eines körperlosen Blicks auf die Welt, wie ihn die Schule einübt – und die Wissenschaft elaboriert.

ʟʟ LUCIUS LUCIUS · Stuttgart

www.ingramcontent.com/pod-product-compliance
Lightning Source LLC
Chambersburg PA
CBHW050643280326
41932CB00015B/2760